장일순 평전

무위당의 아름다운 삶

장일순 평전

무위당의 아름다운 삶

김삼웅 지음
무위당사람들 감수

두레

일러두기

1. 책은 『 』, 글이나 논문 등은 「 」, 잡지나 신문 등 정기간행물은 《 》, 그 밖의
   시나 노래 제목은 〈 〉 등으로 표기했습니다.
2. 본문에 사용된 사진들은 무위당 장일순 선생 유족 측과 ㈜무위당사람들에서
   제공했습니다.

무위당의 생애를 단정하고 아름답게 그린 귀한 책

이철수(판화가)

사분세기라는 표현은 조금 낡았습니다만 무위당 선생님께서 세상을 떠나시고 그쯤 시간이 흘렀습니다. 세상과 사람들이 고인을 잊기도 좋을 만한 시간입니다.

선생님께서야 좋은 사람들 속에서 다정하고 너그러웠던 사람으로 기억되면 족하다 하실 터입니다. 당신을 기리는 일은 '해서 안 될 짓'이라 하시겠지요. 그 뜻을 잘 아는 주변에서는 1994년 이후 여러 해를 정말로 아무 일 하지 않았습니다. 늘 모내기가 한창인 오월 봄날 기일이 되면 지인들이 조용히 모여 수암리 선영 묘소에 참배하고 두부찌개나 막국수 한 그릇씩 나누고 헤어졌습니다.

그렇게 아무 일이 없었지만, 돌이켜보면 우리 마음속에는 늘 무위당이 계셨습니다. 당신과 나누는 마음의 대화도 내내 이어졌지요. 많은 사람들 마음에 자주 무위당 선생님이 와 계셨던 겁니다. 『장일순의 노자 이야기』(1993)와 『나락 한 알 속의 우주』(1997)를 아시지요?

당신의 육성을 듣는 듯 생생하게 선생님을 느낄 수 있었습니다.

큰 공력이 깃든 책입니다.

선생님을 기억하는 사람들 모두 선생님을 그리워하고 자랑스러워했습니다. 생전에 뵐 기회를 얻지 못한 이들은 아쉬워하고 부러워했습니다. 언제부터인지 모르지만, 휴전선 이남의 나라 곳곳에서 선생님을 호명하는 듯도 했습니다.

"원주인, 청강, 무위당, 일속자, 조한알, 장일순…."
"그것 봐! 선생님은 종교가 될 소지가 있었다고. 감춘다고 감추어지는 목소리가 아니라니까?"

무위당을 모르던 이들조차 선생님을 사모하고 그리워하고 있으니 그런 짐작이 터무니없지는 않습니다. 그래도, 시대가 무위당을 불러내고 있었다고 하면 조금 더 합리적인 설명이 되겠지요?

고속 경제성장과 군부 독재시대를 지나면서 "부자 되세요!" "잘 살아보세!" 따위가 국민구호처럼 되었습니다. 주어는 '우리'가 아니라 '나'였습니다. 각자의 욕망이 부풀어 오르고, 나남 없이 욕심 사나와진 거지요. 1997년 IMF 국제외환위기는 우리 경제를 외국자본과 거대기업의 사냥터로 만들었습니다. 이후로 더 값싸진 노동력과 불안정한 고용은, 가진 것 없이 욕망만 커진 서민을 허기지게 하고 무기력하게 만들었습니다. 체념과 분노가 만연하는가 하면, 각자도생을 꿈꾸는 고립되고 개별화한 개인을 만들어냈습니다. 돈이 돈을 낳는 시대는 그렇게 살풍경해지는 중입니다.

게다가 인공지능 로봇이랍니다. 미세먼지, 석면, 라듐, 세슘…,

유전자 조작 농산물…, 식품첨가제, 1회용 포장용기, 플라스틱, 환경호르몬…. 화학물질의 공격도 전방위적입니다.

묻지 마 살인, 묻지 마 폭력, 인터넷 중독, 쇼핑 중독, 마약…, 함께 살아가야 하는 이웃의 정신상태조차 의심해야 합니다. '총체적 난국'이라는 말이 실감 납니다.

올 데까지 오고, 갈 데까지 간 거지요?

각성이라는 말이 한가하게 들릴 만큼 상황은 다급합니다.

인류가 목숨만 부지하고 살자고 해도 화급하게 처리하고 가야 할 일이 한두 가지가 아닙니다.

그런 시대가, 안전한 먹을거리와 다정한 인간관계를 생각하게 합니다.

지속가능한 생태적 삶과, 인간은 물론 뭇 생명들과도 함께 사는 상생의 시대를 고민하게 합니다. 내면의 자유와 평화는 더없이 절박한 존재의 요구입니다. 모르는 사람들은 모르고도 살지만, 스스로 저를 부르고 스스로 대답해야 합니다. 존재의 의미도 그렇게 알아가야 하지요.

그런 시대이니 친근하게 언제나 불러낼 수 있는 지혜존자가 필요하겠습니다.

유연하되 원칙을 흔드는 일이 없고, 계산되지 않은 공손과 너그러움을 갖춘 위에 넘치는 지혜가 있는 선지식! 도무지 인간적 약점을 찾을 수 없는 동시대인을 알고 계시는지요?

판화가 이철수가 장일순을 생각하며 그린 판화(1993).

이런 시대, 이런 현실에서도, 이런 인간이 살아있었습니다. 우리 마음에는 여전히 살아계시지요. 무위당 장일순 선생님입니다.

김성동 선생은 '진인(眞人)'이라고 했습니다. 그랬습니다. '하늘사람' 같았습니다. '인부지처신선락(人不知處神仙樂, 사람들이 알지 못하는 곳에 신선의 즐거움이 있다)', 우리 모르는 당신만의 내면이 있으신 듯했습니다.

말씀은 알아듣기 쉽게 하셨습니다. 소박? 어눌? 천만의 말씀입니다. 모두 결례의 표현입니다. 편하고 꾸밈없는 옷차림처럼 당신의 말씀도 편하고 쉽고 단순했지만 넉넉하고 명쾌하고 깊었습니다. 넓고 깊은 데다 소탈한 표정과 자애로운 웃음을 곁들인 천의무

봉(天衣無縫)이었지요.

무엇보다 말씀을 나누고 사람을 만나는 데 차별이 없으셨습니다.

고위인사에서 거리행상에 이르는 누구에게나 늘 너그럽고 다정하셨습니다.

편하게 대하셨지요. 넘치는 법이 없으셨습니다.

선생님의 그 태도를 한 글자로 요약하면 모실 '시(侍)'가 되지 않을까요? 선생님은 온 생명을 '모시는' 사람이셨습니다.

위도 모시고 아래도 모시고 좌도 우도 섬기셨습니다.

일 이 삼 사 오 육 칠 팔… 예외 없었습니다.

당신 생애의 하루하루와 매 시간을 아낌없이 세상 사람들에게 내어주셨습니다.

그게 공생(共生)이지요. 그 기억이 무엇보다 고맙고 그립고 애틋해서 당신을 이야기하게 됩니다.

모시고 기리고 싶어집니다.

모르는 이들은 선생님의 육성을 글로 정리한 책을 읽거나 풍문과 소문을 들을 터입니다.

말씀은 가히 '법문!'입니다. 소문에는 흥이 담겨 있을 리 없습니다.

귀 있으면 듣고, 안목 있으면 판단할 수 있습니다. 그러나 선생님의 가르침을 귀하게 여기고 지혜를 얻으려는 영혼은 여전히 일부에 지나지 않습니다.

선생님의 생애를 정리한 '평전' 한 권쯤 고대하게 되는 소이연(所以然)입니다.

당대의 논객이자 우리 근현대 인물연구의 권위자이신 김삼웅 선생님께서 『장일순 평전: 무위당의 아름다운 삶』을 쓰셨습니다. 무위당 선생님의 첫 '평전'이 됩니다.

『장일순 평전』은 다른 여러분들이 시도했다가 중도에 접기도 한 어려운 일입니다. 무엇보다 마음에 부담이 있는 일입니다.

그 어려운 일을 마치고 이제 짐을 내려놓으신 김삼웅 선생님께 깊이 감사하고 축하드립니다. 선생님은 『리영희 평전』과 『조봉암 평전』의 저자이기도 한 터라 무위당의 사상과 삶에 큰 영향을 주고받은 두 인물을 통해서 이미 무위당을 깊이 살피셨을 줄 압니다.

『장일순 평전』에서는 우리 현대사의 정치적 변곡점들과 인물을 적절히 배치하면서, 원주 지역 인사들과 무위당의 역할을 설명하고 있습니다. 그 사회적 배경을 이해하고 함께 선생님의 삶의 궤적을 따라가다보면 선생님의 내면에서 움직여갔을 생각의 변화도 조금씩 더 분명하게 알 수 있게 됩니다. 그간에 축적된 자료를 적절히 활용해서 생명사상의 얼개도 짐작하게 하셨습니다. 모두 쉬운 일이 아닙니다. 무엇보다 선생님의 삶을 객관화해서 볼 수 있는 기회가 되었습니다.

생전에 직접 뵐 기회를 놓치게 된 것을 안타까워하고 자책한다 하셨지만, 그래서 오히려 객관의 자리를 얻으셨을 거라고 짐작합니다.

선생님을 직접 알던 분이라면 궤적의 어디쯤에서 선생님과 함께 할 수 있었는지 확인하는 즐거움이 있습니다. 어디서 은혜를 입고 언제 어떻게 폐를 끼쳤는지도 생각할 기회가 되었습니다. 모르던 이들에게는 이 '평전'이 더없이 좋은 문이 되어주지 싶습니다.

『장일순 평전』을 통해 무위당의 삶과 사상의 집에 초대를 받게 되는 거지요. 무위당께서는 당신이 일생 계시던 변방의 초야를 소중히 여기셨습니다.

'촌가가친(村家可親)'이라 쓰시고 가히 친해질 만하다고 하신 '촌가'에서 봉산동 낡은 자택을 떠올리게 됩니다. 선생님 생전에도 변방의 그 소박한 집은 당신이 계셔야 할 제자리였습니다. 그와 마찬가지로, 우리가 찾아가 만나게 될 무위당의 '사상의 집'도 변방의 검박한 집 같았으면 합니다.

소박하기 짝이 없는 자택에서 그리고 선영의 묘소에서 여전히 원주사람으로 계시는 선생님 영전에, 김삼웅 선생님의『장일순 평전』을 올리게 되었습니다. 무위당의 생애를 느낌표 많은 글로 단정하고 아름답게 그려주신 귀한 책입니다.

눈을 크게 뜨고 놀라실 선생님을 상상해봅니다.

이런 사람들을 봤나!
지금 무슨 짓들을 하신 거여?
내게 평전이 가당키나 한가?

선생님께서야 그러시겠지만, 저희로서는 기쁜 일입니다.

2019년 봄꽃 많은 날

이철수 삼가

차례

1. 글을 시작하면서

생전에 만나지 못한 죄책감에서

시대 구분의 편의상 일제강점기에서 해방된 뒤의 역사를 현대사라고 치면, 한국 현대사 70여 년은 다른 나라(민족)의 700년에 버금가는 격변과 격동의 시기였다. 2차 세계대전 이후 한국(한반도)처럼 변화와 변혁이 극심한 나라는 세계에서 그 유례를 찾아보기도 힘들다.

해방과 함께 찾아온 분단, 그리고 미 군정과 단독정부 수립, 백색 독재와 군부 독재, 이어진 민주화와 경제발전, 사회 불평등 구조의 고착화, 냉전·열전·신냉전·탈냉전 구도의 남북관계, 미·소에 이어 미·중이 한반도에서 벌이는 각축, 환경 파괴와 이상기온 현상, 출산율 저하와 인구 노령화 등 수많은 변혁(변화)을 겪어왔고 지금도 겪고 있다.

정치·경제·사회 분야의 변화도 크지만, 문명사적·문화사적 변혁도 적지 않았다. 부분적으로는 세계사적 조류이기도 하고, 또 부분적으로는 우리가 스스로 일구어낸 변혁이기도 하다.

이 변혁의 시기에 다양한 인사와 인재들이 등장하고 활동했다. 시대정신에 따라 정도를 바르게 걷는 인물들이 있는가 하면, 시대

흐름에 거스르거나 반동하고 또는 게걸음으로 횡보하는 군상도 수 없이 많았다. 그런데 안타깝게도 시간이 지날수록 시대정신을 구현하는 인사들은 사회에서 뒤처지고, 낡은 이데올로기와 독재자의 주술에 북 치며 추종하는 부류는 주류가 되는 현상이 벌어졌다. 그런 세월이 70여 년 동안 지속되었다.

어느 시대나 선각자·선지자가 존재한다. 이들은 예리한 시각으로 현상을 분석하고 비판하며 미래상을 제시한다. 일반 지식인들이 자신이 처한 시대를 바라보는 데 그치는 반면, 이들은 짧게는 한 세대, 길게는 한 세기를 내다본다. 그러나 이러한 이들을 흔히 만날 수 있는 것은 아니다.

필자는 박정희·전두환·노태우로 이어지는 군사폭압시대에 비판적인 매체에 몸담으면서, 재야·종교계 등 각계의 양심적인 인사들을 두루 만나 인터뷰하거나 원고를 청탁하는 일을 했다. 이때의 경험과 인연은 모두 삶의 소중한 자양분이 되었다. 그런데 한 사람을 놓쳤다. '놓쳤다'는 표현은 '나중에' 찾아뵙기로 하고 차일피일 미루다가 그분이 뜻밖에, 너무 일찍 하세(下世)함으로써 이승에서의 인연을 맺지 못하고 말았다는 뜻이다. 그 '죄책감'에서 이 평전을 쓰게 되었다고 할까.

유신과 5공 시대에 민주인사들이 모이는 자리에서는 어김없이 이분의 이름이 거론되었다. 각종 시위의 배후인물인 것 같았고, 주모자인 듯도 했다. 종합하면 이분은 독재세력에 쫓기는 자들의 피신처 또는 고뇌하는 지식인들의 구원자, 그리고 당시만 해도 생소한 생태주의자, 생명운동가였다.

벙거지를 즐겨 쓴 무위당 장일순.

    무위당(无爲堂) 장일순은 엄혹한 시대를 절망하면서도 '길이 없
는 길'을 찾아 나선 후학들에게 '길'을 제시하고, 양심수들을 위로하
고, 청년들에게 미래의 눈을 틔운 구도자 또는 경세가의 모습으로
존재했다. 그러나 그는 나서기를 꺼리고, 지도자인 체하지 않았다.
    한국 사회의 모순이 겹겹이 쌓인 채 독재자와 추종자들의 감언이
설이 민중의 이성을 가리던 시절, 장일순은 어디에도(무엇에도) 종속
되지 않은 자유로운 영혼으로서 시대를 내다보는 심원하고 예리한
통찰력으로 민중(민족)의 앞길을 제시했다. 그래서 누군가는 장일순
을 20세기를 산 '21세기형 인물'이라 평한다. 참언론인의 표상 같은
인물인 리영희는 장일순의 영전에 다음과 같은 글을 바쳤다.

삼가 고 일속자(一粟子) 장일순 선생의 영전에 바치나이다. 병든 시대가 반기기에는 선생께서는 너무나 올곧은 삶으로 일관하셨습니다. 사악하고 추악한 것들은 목에 낀 가시처럼 선생님을 마다하고 박해하셨습니다.

그럴수록 선생님이 계신 강원도 원주시 봉산동 935-6번지는 인권과 양심과 자유와 민주주의의 대의에 몸 바치려는 수많은 사람이 찾아오니, 하나의 작은 성지였습니다. 진정 그랬습니다. (중략)

선생님은 한 시대를 변혁한 그토록 큰 업적과 공로에도 불구하고 평생을 한 알의 작은 좁쌀(一粟子)을 자처하며 사셨습니다.

원주시 봉산동의 한 누옥에서 오로지 먹과 벼루와 화선지를 벗 삼아, 한낱 이름 없는 선비로 생을 마치셨습니다. 참으로 고결한 삶이었습니다.[1]

그 자신이 폭압의 시대에 '사상의 은사'로 불리며 힘겨운 삶을 살았던 리영희의 추모사라면 장일순의 위상이 어떠한지를 짐작하게 된다.

장일순은 도저한 언변으로 시대를 비판하고 미래상을 제시하는 연설과 인터뷰를 많이 했지만, 글 한 편도 책 한 권도 남기지 않았다. '글의 씨'가 되는 글씨(휘호)는 수없이 많이 썼으나(특히 양심수들의 후원금 모금용으로) 글은 쓰지 않았다. 하긴 공자·예수·석가·소크라테스 등의 성인들도 글을 쓰지 않았다. 그러나 그들의 사상·철학·신앙은 수천 년 동안 우리 인류에게 전해져오고 있다.

헨리 데이비드 소로와 무위당 장일순

무위당 장일순은 한국 현대사의 거친 들판에서 일관된 자세로 시대 정신을 구현하면서 정직하게 살아온 야인이다. '일관→시대정신→ 정직'이라는 등식의 생애가 여간해서 성립되기 어려운 한국적 풍토에서 그는 이 어려운 일을 해냈다. 역풍과 반동이 극심했던 시절에 그는 의롭게 살았다. 자연히 따르는 사람도 많았다.

장일순의 길은 20세기 후반 한국 지식인으로서 걷기 쉬운 노선이 아니었다. 그의 삶은 다음과 같이 몇 단계로 구분해볼 수 있다.

첫째, 미군 대령의 국립 서울대학 총장 부임에 반대 투쟁한 학창 시절.

둘째, 혁신정당 후보로 총선에 나왔다가 실패한 시절.

셋째, 중립화 평화통일론을 주창했다가 5·16 쿠데타 세력에 의해 투옥된 30대 시절.

넷째, 농촌과 광산촌을 살리고자 신용협동조합운동을 시작한 중년 시절.

다섯째, 지학순 주교 등과 박정희 독재정권에 맞서 투쟁한 시기.

여섯째, 민청학련 사건 관련자와 민주인사들을 보호한 시기.

일곱째, 농민·노동운동을 생명운동으로 승화시킨 시기.

여덟째, 민주세력을 통일운동으로 결집한 민족통일국민연합을 결성한 시기.

아홉째, 도농직거래 조직인 '한살림'을 창립한 시기.

열째, 본격적인 생명사상운동을 벌인 시기.

이것은 필자가 임의로 구분한 것이다. 중년 이후에는 몇 가지 사업(과제)이 동시에 진행되기도 하고 앞뒤가 바뀌어 추진되는 경우도 있었다. 하지만 어느 때도, 어느 것도 사적인 이익을 취하거나 명예를 탐하지 않았다. 물론 세속적인 욕망과도 거리가 멀었다.

장일순은 시대마다 자신에게 맡겨진 소명을 찾았고, 소임을 마다하지 않았다. 역사를 통해 자신의 삶과 가치관을 정립하고 역사에서 자신이 서야 할 자리를 알았다. 그리고 그 자리를 자신의 것만으로 굳히려 하지 않았다. 맡은 소명을 진득하고 성심껏 실천하고는 자리를 비워두었다.

그를 만나본 이들은 말한다. 도인(道人)인가 하면 그런 티를 전혀 내지 않는 소탈한 성품이고, 곰살갑고 다정다감했다고. 일부 진보적 인사들의 의식이 마치 봉인된 병 속에 갇힌 듯이 도그마에 빠져 있을 때, 그리고 더러는 과격한 주장을 펼 때에도 그는 한결같았다. 궁핍함 속에서도 생활의 여유가 있었고, 분망함 속에서도 유유자적했다. 그리고 늘 소외되고 핍박받는 민초들과 어울렸다.

필자는 여러 해 전 미국 동부 보스턴의 콩코드 마을에서 남쪽으로 약 2킬로미터 떨어져 있는 월든 호숫가로 헨리 데이비드 소로(1817~1862)가 살던 집을 찾은 적이 있다. 그가 손수 지은 통나무집은 사라지고 똑같은 모양의 집이 멀리서 온 동양의 길손을 맞았다.

'미국 같은 물질문명, 기계문명 사회에서 어떻게 소로 같은 자연주의 철인이 나왔을까?' 필자가 오래전부터 품어온 의문이었다.

헨리 데이비드 소로.

소로는 월든 호숫가에 살던 어느 날 일기에 다음과 같이 썼다.

아, 평생 한결같은 그런 삶을 살 수 있다면!

평범한 계절에 작은 과일이 무르익듯

내 삶의 과일도 그렇게 무르익을 수 있다면!

항상 자연과 교감하는 그런 삶을 살아갈 수 있다면!

계절마다 꽃피는 자연의 특성에 맞춰

나도 함께 꽃피는 그런 삶을 살아갈 수 있다면!

아, 그러면 나는 앉으나 서나 잠들 때나 자연을 경애하리라.

시냇가를 따라 걸으며 새처럼 노래하는 기도자가 되어

커다란 목소리로 혹은 혼잣소리로 기도한다면 얼마나 좋을까![2]

뜬금없이 소로를 이야기하는 이유는 무위당 장일순과 이미지가 겹치기 때문이다. 소로가 살았던 미국 사회 못지않은 물질주의, 퇴폐한 신자유주의, 군사문화주의가 난무하는 한국에서는 여간해서 장일순과 같은 인물이 나오기 어렵다. 미국의 노예제를 반대하고 멕시코 침략전쟁을 비판했던 소로가 감옥행을 마다하지 않았듯이, 장일순은 남북 간의 동족전쟁을 반대하고 평화적인 중립화 통일론을 주창하다가 감옥살이를 해야 했다.

장일순이 소로를 닮은 대목은 자연주의 사상에서 꼭짓점을 이룬다. 월든 호숫가에서 소로는 이렇게 홀로 말했다.

전에는 듣지 못하던 귀와 보지 못하던 눈이
이제는 들리고 보인다.
세월을 살던 내가 순간을 살고
배운 말만 알던 내가 이제는 진리를 안다.[3]

장일순은 어느 강연에서 '한살림'에 대한 자신의 생각을 다음과 같이 밝혔다.

지금 세계 문명은 핵무기, 공해 같은 여러 문제를 안고 있어요. 그 원인이 어디에 있느냐. 사람의 욕심에서 온 거란 말이에요. 지구가 병이 들고 숨쉬기 어려울 정도로 대기가 오염된 이런 공해의 일체가 욕심에서 온 거란 말입니다.

자연보호 하자고 하면서도, 자연을 착취하는 생산을 계속하고 있단 말이에요. 병 주고 약 주는 거지. 그렇지 않습니까? 원인에 대한 방향 전환을 하지 않고, 문제의 결과만 땜질을 하려 드니까 그게 되나요? 되지를 않지요.

장일순은 20세기 한국에서 대단히 보기 드문 유형의 인물이다. '21세기형 인물'이라는 평은 그래서 그와 잘 어울린다. '21세기형 인물'은 생태주의 사상뿐만 아니라, 지난 10여 년 동안 신자유주의라는 이름 아래 더욱 심화된 빈부격차 등 한국 사회의 중층적인 모순 구조를 해결하는 방안으로 '한살림' 운동 등을 전개하지 않았을까 싶다.

지구의 종말을 재촉하는 물질문명 대신 생태문명론을 줄기차게 제시해온 무위당 장일순. 어떤 권력이나 권위에도 굴복하지 않고, 그 어떤 유혹에도 흔들리지 않고, 자기의 신념에 따라 행동하고 사유한 사람, 대단히 정직했고, 군림하지 않고, 지극히 평범했던, 그러나 범상했던, 장일순의 발자취와 사유의 조각들을 찾고자 먼 길을 떠난다.

이 책을 펴내는 데 많은 자료를 보내주시고 내용을 감수해주신 무위당 장일순 선생 유족들과 '무위당사람들'의 김찬수 이사님께 고마운 말을 전한다.

2. 출생과 성장

부농의 아들, 비범한 선대

나라를 일제에 빼앗긴 지 18년째 되던 1928년 10월 16일, 강원도 원주시 평원동 406번지에서 한 생명이 태어났다. 인간에게 출생의 시기와 장소는 타율의 산물이지만, 감당하는 것은 순전히 자신의 몫이다.

1920년대 식민지 조선에서 태어난 사람은 잔혹한 세월만큼이나 어렵고 각박한 세상을 살아야 하는 불운한 세대였다. 일제의 식민지배체제가 완벽하게 굳혀지고, 1937년 중일전쟁 이후에는 탄압과 수탈이 더욱 강화되었다.

일제가 1941년 태평양전쟁을 도발하면서부터 조선 천지는 거대한 인육시장이 되었다. 징용·징병·위안부 등 각종 명목을 붙여 이 땅의 청장년들을 침략전선으로 끌어가고, 자원이라고 이름 붙은 모든 쇠붙이를 일본으로 반출했다. 그리고 해방과 분단, 6·25 동족상잔과 이승만·박정희 독재시대를 거쳤다. 광기의 시대에 용케 살아남은 사람들은 또다시 신산한 삶을 살아야 했다.

장일순은 아버지 장복흥(張福興)과 어머니 김복희(金福姬) 사이의 6

1941년에 찍은 장일순의 가족사진. 당시 장일순은 서울에 유학 가 있어서 이 사진에는 없다.

남매 중 차남으로 태어났다. 장남 철순이 열다섯 살에 사망하여 일
순은 사실상 장남이 되었다. 할아버지는 원주초등학교와 원주농업
고등학교를 설립하는 데 토지를 기증하는 등 교육사업에 관심이 많
았고 열의도 보였다. 큰 사찰의 시주(侍主)였으나 천주교로 개종한
뒤에는 충실한 천주교 신자로 살아갔다.

　장일순의 집은 원주에서 세 번째로 부유한, 시골에서는 상당히
여유 있는 집안이었다. 집은 500평 정도의 부지에, 안채는 기와집
이고 사랑채는 초가집이었다. 장일순의 둘째 동생 장화순은 당시
의 집을 이렇게 기억한다.

사랑채는 큰 방이 2개 있었고 가운데 마루가 길게 있었고, 방 하나는 할아버지가 쓰셨고, 하나는 외지에서 온 손님, 말하자면 식객들이 오시면 묵어가는 방이었어요. 식객들이 묵어가는 방은 내 기억으로 거의 비는 날이 없었어요. 어떤 분들은 이틀 사흘 묵어가기도 했어요. 손님이 주무시는 방이 굉장히 컸어요. 벽장도 있었고, 방 두 배 크기의 마루가 있었고, 마루 반대편에 할아버지 방이 있었지요. 어머니가 부엌일을 하셨지만 어머니 밑에 밥을 하시는 분이 두 분 계셨어요. 이분들이 밥을 해서 손님 대접을 했어요. 사랑채로 들어오는 문은 늘 열려 있었어요. 오전 10시부터 오후 5시까지는 사랑손님이 끊이지 않았어요.[1]

장일순의 할아버지 여운(旅雲) 장경호(張慶浩)는 포목상을 하면서 집안 살림을 크게 일궜다. 본점은 원주에 두고 서울까지 다니면서 장사를 했다. 남은 돈으로 원주 시내 곳곳의 농지를 사들여, 지주가 되었다. 장일순이 첫째가는 스승으로 여긴 할아버지는 범상한 인물이 아니었다. 일찍부터 서울을 오가면서 문물을 익히고, 독립운동가들과도 교우했다. 어린 장일순 눈에도 할아버지의 모습은 평범하지 않았다.

잊혀지지 않는 일은 형이 한 분 있었는데 열다섯 나이로 일찍 돌아가셨어요. 형의 상여가 나가는데 할아버지가 상여를 향해 큰절을 하시더란 말이여. 부모를 두고 먼저 가는 사람은 불효막심이라 하는데도 말야! 그래서 내가 할아버지에게 "왜 나이 어린 손자에

장일순의 할아버지 장경호.

게 큰절을 하시느냐?"고 물었더니 "이 세상 사는 동안에는 네 형이 내 손자였지만 저승에는 먼저 갔으니 거기서는 내 어른이다"라는 거여. 그때에는 무슨 뜻인지 몰랐는데 그것은 인격·물격에 대해 공경하는 마음을 어려서부터 심어주려는 그분의 뜻이었어요.[2]

장일순과 같은 비범한 인격체가 형성되기에는 가정이라는 거푸집의 '가격(家格)'이 있어서이지 않을까. 아버지는 어떤 인물이었을까. 장화순의 이야기를 들어보자.

아버지는 할아버지 땅과 가게를 경영하셨어요. 할아버지가 가게를 그만두신 뒤로는 소작인들에게 준 토지를 경영하셨어요. 아버지는 착하신 분이셨어요. 돈을 꿔주고 이자를 받기도 하셨는데 돈을 갚지 못하면 절대 독촉을 하지 않으시고, 형편상 갚지 못하면 그냥 내버려두셨다고 해요. 소작인들이 도지 가져오는 것도 독촉하지 않으셨어요. 가져오는 대로 받고. 옛날에는 지주가 소작인들이 벼 심고, 밭을 부칠 때 자주 가서 봤거든요. 벼가 여물 때 가서 낱알을 세보고 이 논에서 얼마가 수확되겠다고 짐작을 하는 거죠. 내가 어려서 보니까 소작인들이 아버지에게 농사짓기 전이나 추수하기 전에 땅을 보러 오라고 하면, 절대 가지 않으셨어요. 그냥 소작인들에게 맡겨서 수확하게 하고 가져오는 대로 도지를 받으셨어요. 그저 지적도를 보고 우리 땅이 어디어디 있다는 정도만 알고 계셨어요.

할아버지도 마찬가지셨다고 해요. 논에 모를 심고 추수할 때 절대 가보지 않으셨어요. 소작인들이 할아버지와 아버지를 엄청 존경했어요. 6·25 때 원주 평원동이 폭격을 당하여 우리 집이 잿더미가 되었어요. 다행히 가족들 피해는 없었지만 우리 가족들은 피란을 못 갔어요. 인공치하에 있을 때 소작인들이 서로 자기 집에 와서 숨어 있으라고 해서 우리는 피란생활을 소작인들 집을 옮겨 다니면서 했어요.

귀래, 만종, 소초면의 소작인 집에 할아버지부터 손주까지 온 가족이 떼거리로 가서 신세를 졌고, 한 달씩 소작인 집을 옮겨 다니면서 피란생활을 했어요. 공산치하에서 지주 가족이 무사한 집은 우리 집뿐이었어요. 한 사람도 다치지 않았으니까요. 물론 일순 형님은 죽을 고비를 넘기긴 했지만요.[3]

서울의 배재중고등학교로 유학

장일순은 궁핍한 시대에 여유 있는 가정에서, 비범한 할아버지와 아버지에게서 교육을 받으며 성장한다. 어머니도 보통 여성은 아니었던 것 같다. 한없이 자애롭고 어려운 사람들을 배려하는 품성을 지닌 사람이었다.

　　장일순·화순 형제가 학교에 갔다 와서 배가 고프다고 하면 어머니는 남은 밥을 차려주었는데, 찬밥이었다. 그러나 손님에게는, 그것이 장일순네의 논밭을 부쳐먹는 소작인이더라도 꼭 새로 밥을 지어드렸다. 그 차이에 하루는 동생 장화순이 심통이 났다.
　　"어머니, 왜 저분들에게는 더운밥을 주고, 저희에게는 찬밥을 주시는 거예요?"
　　어머니가 웃는 얼굴로 대답했다.
　　"툴툴거리지 말고 그냥 먹거라."
　　그 까닭은 어머니가 굳이 자세히 설명하지 않아도 됐다. 집안의 생활 속에서 절로 터득이 되었기 때문이다. 이를테면 다음과 같은 이야기다.
　　하루는 거지가 동냥을 얻으러 왔다. 장화순이 돈 주는 일을 맡게 됐는데, 남루한 옷차림의 거지가 더러워 보여 돈을 던져주었다. 그 모습을 아버지가 보았다. 불호령이 떨어졌다. 다시 두 손으로 공손히 드려야 했다.[4]

1960년 10월, 부친 장복흥의 회갑 기념 사진(봉산동 집).

　　어린 시절 장일순의 별명은 '애어른'이었다. 진중하면서 아는 것
도 많고, 친구들을 배려하는 마음이 깊어서 붙여진 별명이었다. 어
려서부터 매우 의젓하고, 남을 잘 도왔다. 특히 할아버지를 존경하
고, 형제 남매들 사이에 우애가 각별했다.

　　장일순이 어렸을 때는 할아버지·할머니와 함께 3대가 한 집에 모
여 살았다. 가풍은 엄격하고 어려운 이웃을 동정하는 집안이었다.

　　할아버지가 앉는 곳 바로 곁에는 문이 있고, 거기 밖이 내다보이는
유리가 붙어 있었다. 할아버지는 그곳으로 바깥을 내다보고 밥을 얻
으러 온 사람이 있으면 윗목에 앉아 밥을 먹는 며느리를 불렀다.

"얘, 어멈아, 손님 오셨다."

그러면 어머니는 바로 숟가락을 놓고 일어나 동냥 그릇을 들고 온 이에게는 밥과 찬을 담아주었고, 빈손으로 온 이에게는 윗방에 따로 상을 차려 대접했다.

이런 모습을 보고 자란 탓일까. 어른이 된 뒤로도 장일순·화순 형제는 집에 손님이 오면 밥부터 먼저 챙겼다. 결코 끼니를 거르게 하는 일이 없었다.[5]

장일순은 원주보통학교(오늘날 초등학교)에 들어가기 전부터 할아버지의 친구이자 독립운동가인 차강(此江) 박기정(朴基正, 1874~1949) 선생에게서 글을 배웠다. 차강은 이 집안의 식객으로 한문과 서예에 조예가 깊었다. 장일순이 일가를 이룬 서예와 그림은 이때부터 시작되었다.

1940년 봄에 원주보통학교를 졸업한 장일순은 아버지를 따라 천주교 원동교회에서 세례명 요한으로 영세를 받고 평생 천주교 신자로 지낸다. 중학교부터는 서울로 유학하여 배재중고등학교에 입학했다. 배재중고등학교의 모태가 되는 배재학당은 1885년(고종 22) 8월 5일에 미국 감리교 선교사 아펜젤러가 서울에 세운 한국 최초의 현대식 중고등 교육기관이었다. 오늘날 배재중고등학교의 전신이다.

배재학당은 기독교인과 국가 인재를 기르기 위해 일반 학과를 가르치는 것 말고도, 연설회와 토론회 등을 열어 사상과 체육훈련에 힘을 쏟았다. 배재학당에는 별도로 인쇄시설이 갖춰져 있었는데, 이는 한국 현대식 인쇄시설의 시초였다. 이 시설 덕분에 학생들은

장일순의 서예 스승인 차강 박기정.

협성회(協成會)를 조직하고 학보를 발간하는 등 민중계몽에도 힘쓸
수 있었다. 장일순이 배재중학교에 들어가게 된 것은 원주보통학
교 출신 선배 몇 명이 이 학교에 다니고 있었기 때문이기도 했지만,
서울을 오가던 할아버지의 개명된 교육의식이 더 크게 작용했다.

　장일순은 서울 명륜동에 있는 집에서 배재중고등학교에 다녔다.
명륜동 집은 원래 할아버지가 똑똑한 첫째 손자 철순을 경성제국
대학에 보낼 생각으로 서울에서 공부시키려고 지은 집이었다. 그
런데 철순이 어린 나이에 죽자 할아버지는 남은 손자들을 서울에
서 공부시키기 위해 명륜동 집으로 이사하려고 했다. 그러나 장남
이 죽어서 원주에 묻혀 있으니 원주를 떠날 수 없다는 며느리의 말
에 할아버지는 이사를 포기했다. 결국 장일순 가족 대신 작은아버
지 가족이 서울로 집을 옮기고, 장일순도 유학 생활을 하는 동안 그
집에서 함께 지냈다.

1940년 원주보통학교 졸업 사진. 둘째 줄 왼쪽에서 아홉째가 장일순.

장일순의 초등학교 2년 후배이며 강원도 교육의 산증인으로 불리는 김홍렬은 당시 장일순과 함께했던 때를 이렇게 기억한다.

일순 형님은 1940년에 소학교를 졸업하고 서울로 유학 가서 배재중학교를 다녔어요. 여름방학 때 원주에 오면 우리 형님과 정지뜰 소나무 밭에서 온종일 얘기를 나누기도 하고, 원주천에서 천렵도 했어요. 나는 주로 형님들 심부름을 했죠. 집에서 풍로와 냄비와 양념을 가져오면 형님들이 어죽탕을 맛있게 끓였어요. 배가 불러 셋이 솔밭에 누워 있으면 일순 형님이 서울 얘기를 들려주고, 만주에 있는 독립투사들의 활약상을 들려주었는데 너무 재미있는 거예요. 우리 시조가 단군이라는 것을 일순 형님에게 처음 들었어요. 을 지문덕·강감찬·이순신 장군 얘기도 처음 들었어요. 학교에서 일본어만 쓰게 하고 일본 역사만 배웠으니 우리 역사에 대해선 완전 깜깜이었던 거죠. 중학교 2학년 때 해방됐는데 태극기를 이때 처음 봤어요. 부끄러운 얘기죠.[6]

국대안(國大案) 반대에 앞장서다

해방 한 해 전인 1944년 봄에 장일순은 배재고등학교를 졸업하고 경성공업전문학교에 입학했다. 경성공업전문학교는 서울대학교 공과대학의 전신이다. 문과계열이 아닌 공업전문학교를 택한 것은 일제 말기 징병을 피하기 위해서였다.

그러다가 이듬해, 장일순이 17살 되던 해에 해방을 맞았다. 한창 감수성이 예민하던 나이였다. 경성공업전문학교가 서울대학 공과대학으로 바뀌고, 장일순은 2학년이 되었다. 그러나 그의 진로는 평탄하지 않았다.

미 군정청은 1946년 8월 23일 군정법령 제102호를 통해 경성제국대학·경성의전·경성치전·경성법전·경성고공(高工)·경성고상(高商)·경성고농(高農)을 통합하여 국립 서울대학교를 신설하고, 총장에 미군 장교를 임명한다는 국립대학교 실시령을 발표했다.

그러자 '식민지 교육 반대', '학원의 자유와 민주화' 등을 주장하는 교수·교직원·학생들의 반대운동이 거세게 일어났다. 장일순도 격렬하게 반대운동에 나섰다. 명색이 해방된 나라의 국립대 초대 총장에 미군 장교가 임명된다는 소식에 분노하지 않을 수 없었다. 12월 초에는 서울대학교 9개 단과대학에서 일제히 반대운동이 일어나자 군정장관 러치 소장은 상대·공대·문리대에 3개월간 휴교령을 내렸다.

이보다 앞서 11월 1일부터 서울 각 대학에서 등록거부·동정맹휴가 시작되었는데, 이듬해인 1947년 5월에 남한 전체 학생의 절반인 4,956명이 제적되고, 전체 교수의 3분의 2인 380여 명이 해임되었다. 결국 미 군정이 손을 들고 수정법령을 공포함으로써 국대안(국립 서울대학교 설립안) 반대 투쟁은 가라앉기 시작했다.

1947년 8월 14일, 제적 학생 3,518명이 복적되었는데, 장일순도 이때 복적되었다. 그러나 더 이상 공과대학을 다니지 않고 서울대학교 미학과에 입학한다. 미학과 제1회 입학생이 된 것이다. "형님이 워낙 책을 많이 보시고 철학적 사유를 하시다보니, 당시 미학과에서 철학을 가르쳤어요. 그래서 그 과를 선택하시게 된 것 같아요. 형님은 진정한 학문은 철학이라고 생각하셨어요."[7]

장일순이 미학과를 선택한 것은 그의 성품이나 이후의 사유와 행로로 보아 본령(本領)을 찾은 것이 아닌가 싶다. 그에게 이공계열은 성향이 맞지 않았을 것이다. 해방공간의 어수선한 정국에서도 장일순은 학문에 열중했다. 그는 원주 지역 청년들의 선망의 대상이었다. 당시 서울 유학생이 드물었던 데다 다방면에 역량이 뛰어나 따르는 사람이 많았다.

뒷날 장일순과 더불어 민주화운동과 협동조합운동을 헌신적으로 전개한 언론인 출신 김영주(무위당만인회 고문)는 당시 경기중학교

서울대학교 재학 시절(추정). 교복을 입고 찍은 유일한 사진.

를 다녔는데, 주말에 원주로 내려오는 기차에서 보았던 장일순을
이렇게 기억한다.

내가 무위당 선생을 처음 본 것은 1947년경, 그러니까 중학교 2학
년 무렵쯤으로 기억한다. 그때 나는 원주를 떠나 서울에 있는 경기
중학교에 다니고 있었다. 토요일이면 수업이 끝나자마자 청량리
역으로 직행해 기차를 타고 원주 집으로 돌아왔다. 어느 토요일 오
후 원주행 열차에 올라 기차가 출발하기를 기다리고 있었다. 그때
내가 타고 있는 객실 복도로 대학생복을 입은 청년이 뚜벅뚜벅 걸
어와 내 옆을 스쳐 지나갔다.

숱이 많은 머리에 부리부리한 눈, 오똑선 콧날의 대학생. 나는 이
사람이 서울대에 다니는 장일순이라는 이름의 고향 선배임을 직감
적으로 알아챘다. 한 달 전쯤 기차가 원주역에서 정차했을 때 그가

옆 칸에서 내리는 것을 본 적 있었기 때문이었다. 당시 무위당은 서울대 미학과에 다니고 있었는데 그도 나처럼 서울서 유학을 하면서 주말이면 기차를 타고 원주에 있는 집으로 내려오곤 했다. 대학생이 드물었던 시절에, 그것도 시골 원주에서 서울대에 다니는 장일순은 고향사람들의 자랑이었다. 나는 그전까지 그를 만나본 적이 없었지만, "공부 잘하고 똑똑한 수재 장일순"이란 이름을 어른들로부터 자주 들었던 터라 그의 이름이 귀에 익숙해 있었다.

어떤 날은 그이와 내가 같은 열차 칸에 타고 있었던 때도 있었다. 서로 좌석은 멀찍이 떨어져 있었지만, 대학생인 고향 선배와 같은 객실에 타고 있다는 것만으로도 기분이 좋았다.[8]

3. 전쟁 경험과 교육사업

총살 직전에 겨우 살아 돌아오다

1950년 6월 25일, 한국전쟁이 터졌다. 학교는 문을 닫았고, 학생과 교수들은 살아남을 길을 제각기 찾아야 했다. 전쟁은 누구도 피해 갈 수 없었고, 장일순 가족도 마찬가지였다.

전쟁 중에 원주의 악질 지주 대부분은 북한군에 붙잡혀 처형되거나 북으로 끌려갔다. 장일순의 집안도 원주에서 알아주는 지주 집안이었기에 누구보다 먼저 피난을 떠나야만 했다. 그러나 전쟁이 벌어진 뒤에도 장일순 가족은 피난을 가지 않고 원주에 남았다. 그럼에도 불구하고 장일순 가족은 모두 무사할 수 있었는데, 각지의 소작인들이 경쟁하다시피 장일순 가족을 자기 집으로 모시고자 했기 때문이다. 이렇게 소작인들의 도움으로 무사히 피신할 수 있었다. 이런 일은 보기 드문 현상이었다. 이는 일제강점기 때부터 장일순 집안이 소작인들에게 베푼 넉넉한 인심과 돌봄 덕택이었다. 가족은 모두 피신하여 무사했으나 평원동 집은 폭격으로 완전히 소실되었다.

장일순은 이 와중에 북한군으로 오해를 받아 자칫 생을 마감할 뻔한 위험천만한 경험을 하게 된다. 장일순이 1980년대 중반쯤 어느 술자리에서 이야기한 한국전쟁 때 겪은 피난살이의 모습은 다음과 같다.

피난생활을 하면서 물이 귀해 머리를 자주 감기 어렵게 되자 장일순은 머리를 박박 밀었다. 1950년 가을, 서울을 탈환한 국군이 북으로 진격할 즈음이었다. 원주시 소초면에 있는 갯바위 골로 피난지를 옮길 때 가족을 먼저 보내고 장일순은 다음 날 가기로 했다. 그런데 가는 도중 검문소에서 국군이 머리를 박박 깎은 장일순을 평복으로 변장하고 도망가는 인민군으로 잘못 알고 체포했다. 한국전쟁 당시 머리를 길렀는가 아니면 박박 밀었는가는 국군과 인민군을 구별하는 기준이기도 했다. 적이다 싶으면 절차도 생략하고 바로 총살하는 무서운 시절이었다.

국군에게 체포당한 장일순이 아무리 북한군이 아니라고 해도 증명할 게 아무것도 없었다. 머리만 보고 인민군이라고 확신한 국군 장교는 부하들에게 총살을 명했다. 전시 때 총살은 여러 명을 한 줄로 세워놓고 한 사람씩 쏴 죽이는 방식이었다. 장일순 차례가 되었다. "마지막으로 할 말이 있는가?"라고 군인이 물었다. 천주교 신자인 장일순은 말없이 눈을 감고 성호를 긋고 죽음을 기다렸다. 갑자기 앞에서 "중지!"라는 큰 소리가 들려왔다.

사형을 지휘하던 장교가 천주교 신자였던 것이다. 그는 장일순이 십자가 성호를 긋는 것을 보고는 순간적으로 종교를 믿는 사람이 공산당일 리가 없다고 판단하고 사형을 중지시킨 것이다. 구사일

1953년 거제도에서 찍은 사진(견장의 US 마크를 보고 추정).

생으로 목숨을 건졌지만 일손이 부족한 군인들은 장일순을 풀어주
지 않고 고된 일을 시키며 전쟁터로 끌고 다녔다.

횡성을 거쳐 홍천까지 끌려갔다. 홍천에서 장일순은 귀한 인연을
다시 만났다. 그를 알게 된 사연은 이렇다. 해방이 되고 처음 국군
이 창설되었을 때 권영국이라는 국군 소위가 방을 얻으러 장일순
집으로 찾아왔다. 할아버지인 장경호는 "36년간 일본군 지배를 받
다가 해방이 되고 드디어 우리 군대가 생겼으니 당연히 방을 내드
려야지요" 하면서 선뜻 자신이 쓰던 방을 내주었다.

장일순과 권영국은 나이가 비슷해 서울에서 내려오는 날이면 자
주 어울렸는데 그를 전쟁터에서 만나게 된 것이다. 소위였던 그의
계급이 중령으로 바뀌어 있었다. 그 사람 덕분에 장일순은 군대에
서 풀려나 집으로 돌아올 수 있었다.[1]

장일순은 1·4 후퇴 시기에 군 입대 적령기여서 군속으로 징집되

한국전쟁이 끝난 뒤 1950년대 후반 원주의 모습.

었다. 영어를 잘해서 미군들이 있는 거제도 포로수용소에 배치되
었다. 포로로 잡혀온 인민군들을 미군이 심사할 때 영어 통역을 하
면서, 새삼 동족상잔의 아픔을 절감할 수 있었다.

국군이나 인민군이나 젊은이들이 시대를 잘못 만나 징집되어 동
족끼리 전투를 하고, 다수가 죽거나 다치고 더러는 포로가 되었다.
장일순은 자기 또래의 인민군 포로들이 겁에 질려 미군 앞에서 진
술하는 모습을 지켜보면서 다시는 어떤 명분, 어떤 이데올로기로
도 전쟁이 벌어져서는 안 된다는 것을 뼛속 깊이 각인했다.

4·19 혁명 후 영세중립화운동에 참여하고 평생 평화운동에 관심
을 갖게 된 것은 거제도 포로수용소에서 싹이 텄다. 혹독한 전쟁의
체험에서 얻은 소중한 가치였다.

제대한 장일순은 고향으로 돌아왔다. 이후 원주를 떠나지 않고

'영원한 원주 사람'이 되었다. 서울에서 짧게 보낸 학창 시절과 거제도에서 보낸 군복무 기간을 제외하면 평생을 원주에서 살았다.

청소년 교육에 온 힘을 쏟다

장일순의 '원주 사랑'은 남달랐다. 고향 사랑은 사람의 원초적인 감정의 발로이기도 하지만, 그의 고향 원주에 대한 사랑과 애정은 관념적이 아니라 실천적이었다. '사람은 태어나면 서울로 보내고 말은 제주도로 보낸다'는 속언까지 생겼듯이 예나 지금이나 출세 지향적인 인물이 아니라도 사람들은 서울로 서울로 몰려든다. '서울은 만원이다'라는 말이 나온 지도 반세기가 훨씬 지났다. 그러나 장일순의 생각은 크게 달랐다.

장일순은 '원주사람'이라는 도장을 사용할 정도로 원주에 대한 남다른 애정을 품고 있었다. 그가 훗날 시(詩), 서(書), 화(畵)의 작품을 모아 전시회를 열었을 때도 서울 인사동에서 두 번, 춘천에서 한 차례 연 것을 제외하고는 모두 원주에서 열었다. 그는 이렇게 고향 원주에 대해 소박한 말로 애정을 표현하고 있는데, 이런 애정이 그를 '지역사회 운동가'라는 이름을 갖게 한 것 같다.[2]

장일순은 어느 강연에서 자신의 '원주 사랑'을 이렇게 이야기한 바 있다.

임진왜란 때 이곳 원주에서 전사하신 13대조 할아버지 이래로 우리 가족은 원주 토박이가 되었지요. 제 위로 형님이 계셨지만 열다섯의 나이로 세상을 뜨셨으니 차남이었던 제가 장남이 되었지요. 그런데 무엇보다 제가 재주가 없어요. 무능해요. 다른 이유는 자기 고향을 무시하고 자기 겨레를 무시하는 것은 어려서부터 마뜩잖데요.

원주는 치악산이 막혀서 사람이 나지 않는다는 옛이야기가 도무지 내 마음에 맞지 않았죠. 착하고 진실하고 성실하게 사는 게 가장 보배로운 삶이 아니겠냐? 그렇게 생각하다 보니 그냥 고향에 남게 되데요.[3]

장일순은 원주를 본거지로 삼아 한때 정치에 참여하고, 이후 사회문화활동·민주화 투쟁·한살림운동 등을 벌였다. 그래서 '지역사회 운동가'로 불리기도 했다. 전후에 원주로 돌아온 장일순 가족은 잿더미가 된 평원동 집 대신 봉산동에 땅을 사서 집을 새로 지었다. 둘째 동생 장화순은 당시를 이렇게 떠올린다.

평원동 집이 폭격당한 후 봉산동 원주초등학교 앞에 세를 들어 살다가 지금 형님 댁과 우리집이 있는 땅을 사서 집을 지었어요. 집 짓기 전에 이 땅은 채마밭이었어요. 땅 주인이 채소를 심어서 시장에 내다 팔았어요. 이 땅을 팔라고 했더니 땅 주인이 "제가 이 밭을 부쳐서 먹고 살고 있기 때문에 팔 수가 없습니다"라고 하더라고요. 그러다가 얼마 후에 더 이상 농사를 지을 수가 없게 되었다며 팔겠다고 해서 땅을 사게 되었지요.

1955년에 지은 원주시 봉산동 자택.

집은 우리 형제들이 흙과 돌을 날라 직접 지었어요. 나중에 결혼
해서 분가해 살 때도 형제들이 정권에 탄압받는 형님을 지켜야 되
겠다고 해서 형님 댁 주변에 모여 살았어요.[4]

장일순은 부농 출신이지만 비판적 지식인의 길을 걸었다. 진보
적 성향에, 청소년 교육에도 관심이 많았다. 서울대 복학을 포기한
장일순은 청소년 교육에 매진하기로 결심한다.

졸업 때까지 자신이 내는 등록금이면 60명이 넘는 가난한 아이
들을 무상으로 가르칠 수 있을 것으로 판단하고 부모님을 설득했
다. 머리 좋은 아들이 복학을 포기하고, 전쟁이 끝났다고는 하지만
아직 질서가 잡히지 않고 있는 혼란기에 아이들을 모아 가르치겠다

1950년대 중반 교사 시절의 장일순(앞줄 오른쪽).

고 나선다면 말리지 않을 부모는 흔치 않을 터이다. 더욱이 원주는
전화(戰禍)가 극심했고 그만큼 희생자가 많은 지역이었다.

장일순은 뜻을 굽히지 않았다. 긴 세월 동안 일제의 우민화 정책
과 전쟁 때문에 배움의 기회를 잃은 청소년들, 특히 피난민이 몰려
오면서 배우지 못한 청소년들이 원주에는 많았다. 장일순은 이 청
소년들에게 배울 수 있는 기회를 주어야 한다고 부모님을 설득해
동의를 얻어냈다. 1953년, 25살이던 그는 초등학교(당시 국민학교)만
겨우 졸업하고 중학교에 진학하지 못한 청소년들에게 중등과정을
가르치는 성육(聖育)고등공민학교 교사로 들어갔다. 월급도 받지 않
는 자원봉사였다.

1년여 후 학교의 이사장을 겸하던 교장이 공립학교 교장으로 발령받아 떠나게 되었다. 그러자 교사들이 "우리가 학교를 민주적으로 운영해보자"며 돈을 모아 학교 운영권을 넘겨받았다. 교사들은 리더십과 포용력이 뛰어난 장일순을 교장으로 추대했다. 그때 장일순의 나이는 겨우 26살이었다. 그는 교장이 되었지만 교장실에만 머물러 있지 않고 학생들에게 영어와 수학 과목을 가르쳤다. 교실 안에서는 엄한 스승이었지만 교실 밖에서는 한없이 자애로운 큰형님, 큰오빠 같았다.[5]

1954년, 장일순은 도산 안창호가 평양에 설립했던 민족학교 대성학원의 정신을 계승한다는 뜻에서 학교 이름을 대성학교로 고치고, 학생들의 인성교육에 특히 신경을 쓴다는 의미로 교훈을 '참되자'로 정한다. '참되자'는 교훈이자 평생 그가 추구하는 삶의 가치관이 되었다. 그는 참된 가치관을 갖고 참되게 사는 것이 인간의 도리라고 믿었다. 그리고 학생들이 학교를 졸업한 뒤 사회에 잘 적응할 수 있도록 1인1기(一人一技) 교육을 했다. 장일순은 이후 5년 동안 이사장으로서 학교의 발전에 헌신한다.

성육학교가 전수학교(專修學校)이다 보니 아이들이 정규 고등학교에 진학하기 어려웠어요. 그래서 정규 고등학교를 설립하자는 결심을 하신 거죠. 교육부로부터 어렵게 설립 인가를 받고 교실이 완성될 때까지 명륜동 원주향교의 건물을 빌려서 열댓 명을 학생으로 받아 학급을 꾸렸습니다. 학교는 향교 뒤편 야산을 깎아 지었습니다.

대성학교 교훈비 앞에서.

　미군 부대에서 구한 아스팔트 루핑으로 지붕을 씌운 건물을 지어
3학급 150명 학생들을 향교와 신축 교사에 나누어 가르쳤습니다.
　학교 운동장은 원주에 진주해 있는 1군사령부 군대 장비를 지원
받아 만들었습니다. 일순 형님이 이사장을 맡았고, 학교를 같이 설
립한 친구 장윤 씨가 교장에 취임했습니다.[6]

4. 정치 활동의 좌절,
그리고 결혼

총선에서 떨어지다

장일순이 교육사업에 심혈을 기울이고 있을 즈음 이승만 정권의 횡포는 절정으로 치달았다. 1954년 5월 20일, 금권과 폭력이 난무한 가운데 치러진 3대 민의원선거에서 자유당이 승리하고, 이를 바탕으로 이승만은 사사오입 개헌을 강행하면서 종신집권의 길을 텄다. 원용덕 헌병총사령관이 야당의원들에게 북한 인민위원회 명의의 남북협상을 촉구하는 선언문을 배달시키고, 이를 빌미 삼아 용공 세력으로 몰아서 때려잡는 등의 만행을 서슴지 않았다.

장일순이 경영하는 대성학원에도 경찰과 반공청년단원 등이 수시로 나타나 엉뚱한 트집을 잡고 금품을 빼앗아가는 등 한국 사회는 독재와 부패의 수렁에서 희망을 찾기 어려웠다. 장일순은 여러 날 동안 고심을 거듭했다. 이승만의 반민주적 전횡을 바로잡고 한국 사회에 겹겹이 쌓인 구조적 모순을 타파하는 길은 정치혁신밖에 없다고 보았다.

1955년 9월 18일, 이승만에 반대하는 민주당이 창당되었다. 그러나 장일순은 통일 문제나 경제 분야의 정강정책에서 자유당과 민주당의 차이점을 찾기 어려웠다. 오히려 진보당 등 혁신정당의 정책이 시대정신이나 국가의 나아갈 방향을 잘 담아내고 있었다.

장일순은 이전부터 친분이 있던 윤길중과 어울리며 죽산 조봉암이 추진하는 진보당에 관심을 가졌다. 진보당은 결당식에서 '책임 있는 혁신정치, 수탈 없는 계획경제, 민주적 평화통일'이라는 3대 정강을 채택하고, 특히 이승만의 북진통일론에 맞서 평화통일론과 그 구체적 방안으로 유엔감시하의 총선거안을 제시했다. 장일순은 특히 이런 부분에 공감이 갔다.

제4대 민의원 총선거가 1958년 5월 2일에 실시된다고 공고되었다. 이에 앞서 이승만 정권은 자신들을 위협하는 정치적 경쟁자로 등장한 조봉암을 제거하기 위해 1958년 1월 13일에 조봉암과 진보당 간부 7명을 간첩혐의로 구속하는 등 이른바 진보당 사건을 날조한다. 이 같은 파동 속에서 장일순은 진보당의 공천이 불가능해지자 무소속으로 총선에 입후보했다. 그는 자금도 조직도 없는 필마단기(匹馬單騎)로 자유당의 관권 부정선거에 맞섰다. 그야말로 달걀로 바위 치는 격이었다. 결과는 쓰라린 패배였다. 총선 결과 자유당이 126석, 민주당이 79석, 무소속이 27석을 차지했다.

사실 27살의 장일순은 당선에 목표를 두기보다 부패한 사회상을 고발하기 위해 선거에 나섰다. 세상은 온통 자유당의 광기가 출렁이던 시대였다. 선거운동을 도와줄 사람도 찾기 어려운 실정이었다. 경찰에 찍히면 생업이 곤란했기 때문이다.

장일순은 연탄을 나르는 리어카에 마이크를 달고 마을을 돌며 선거 연설을 했다. 이승만 대통령의 독재를 비판하고 자유당의 횡포

30대 시절의 장일순.

를 고발했다. 진보당 사건의 내막을 폭로하고 민주주의의 원리를
설명했다.

연설회장은 텅 비기 일쑤였다. 유권자들은 경찰의 감시가 두려
워 연설회장에 나타나지 않았다. 어두워져야 사람들이 모여들었
다. 이 같은 실정에서 선거다운 선거를 기대하는 것은 연목구어(緣
木求魚)나 마찬가지였다. 자유당 후보의 연설회장에는 일선 행정조
직이 동원되어, 유권자들이 학교 운동장을 가득 메웠다. 그럴수록
장일순은 이승만과 자유당의 패악을 규탄했지만, 그의 외침은 반
응 없는 메아리에 그쳤다. 투개표까지 부정이 끼어들어 민심의 척
도를 왜곡시켰다. 선거 결과는 참패였다.

엘리트 여성 이인숙과 결혼

장일순은 총선거가 치러지기 전인 1957년, 서울에 사는 이인숙(李仁淑)과 결혼했다. 이인숙은 1929년 7월 30일 서울에서 태어나, 왕가의 후손과 귀족의 자식들만 다닌다는 덕수초등학교를 거쳐 당시 명문으로 꼽히는 경기여자고등학교, 서울대학교 사범대 역사교육학과를 졸업한 재원이었다. 장일순은 아는 사람의 소개로 한 살 아래인 이인숙과 결혼하게 되었다.

이인숙의 아버지는 고성군 현내면에서 아연광산을 운영하고 서울에서 해산물 도매상을 해서, 집안은 경제적으로 여유가 있었다. 이인숙은 이런 부잣집의 딸로 태어나 손으로 빨래 한 번 해보지 않고 귀염둥이로 자라며 명문 코스를 밟은, 앞날이 촉망되던 여성이었다. 그러나 장일순과 만나 결혼하면서 이인숙은 그동안 겪어보지 못한 가난과 고난의 삶을 살게 된다. 남편 장일순이 결혼 1년 뒤에 선거에 출마했다가 떨어지고, 3년 뒤에는 시국사범으로 몰려 옥살이까지 하면서 이인숙은 뜻하지 않은 역경을 만난다. 뒷날 남편과 사별한 뒤 이인숙은 당시를 이렇게 회고했다.

내 친구가 원주여고에 와서 교편을 잡고 있었는데, 그 친구랑 맨날 팔짱끼고 다녔거든. 걔가 외로우니까 어떻게 하든 나를 원주로 끌어내릴까 싶었고, 장윤 씨(대성학원을 함께 설립한 친구) 부인이 1년 선배거든. 장윤 씨 부인이 돌아가신 양반을 소개했어. 어떻게 연이 되니까 휘몰아쳤지. 재동에 있는 천도교회관 앞 다방에서 만나고

장일순과 이인숙의 결혼식(1957).

4. 정치 활동의 좌절, 그리고 결혼

나오는데 "나는 맘에 드니까 빨리 회답을 달라"고 하시는 거야. 속으로 "뭐 이렇게 경망스러운 사람이 있담" 하고 생각했지.

나는 이 양반을 자세히 보지도 못하고 얼굴에 코만 봐서 코가 큰 남자구나라고 생각했는데 그날 보고 바로 내가 좋다고 하니 얼마나 경망스럽게 느껴졌겠어. 그다음에 또 만나자고 연락이 와서 종로에 있는 신혼다방에서 만났는데, 남자하고 개별적으로 만나본 적이 없어서 쑥스럽잖아. 그래서 이 양반 얘기만 듣고 있었어. 그러다가 덕수궁에서 만났는데 덕수궁 벤치에 앉아서 몇 시간을 자기 포부를 말하는 거야. 앞으로 원주에 지금 이사장으로 있는 학교를 발전시켜서 교육도시로 만들겠다는 꿈같은 얘기를 하시는데 내가 사범학교를 나왔으니까 통하는 점이 있는 거야.

원주를 교육도시로 만들고 대학을 세우겠다는 포부가 대단했어. 오직 교육사업만 할 거라는 얘기를 하셨어. 나도 사범대학 갈 때는 좋은 교육자 되려고 갔는데 그 말씀을 들으니까 마음이 끌리더라고. 그다음엔 창경원에서 만났는데 몇 시간을 혼자 말씀하는 거야. 나는 탐색전만 하고(웃음). 그런데 빨리 회답 달라고 성화를 부리셨어.

작은아버지(장화순)가 서울대 문리대 학생이었는데 동생 편에 편지를 보내는 거야. 집에 와서 편지를 주고는 작은아버지가 가질 않는 거야. 왜 안 가냐고 물으면 회답 편지를 갖고 가려고 한다고 말하고는 내가 편지 써서 주기를 기다리는 거야. 꽤 여러 번 편지를 주고받고, 돌아가신 양반도 여러 번 서울에 와서 나를 만나곤 했지. 이 양반이 너무 적극적으로 대시를 해서 서둘러서 결혼하게 됐지.

우리 집도 사채업자에게 모든 걸 **빼앗겨서** 형편이 안 좋은 상황이었어. 그래서 서둘러 결혼을 했지. 결혼식은 가회동 성당에서 했어. 신혼여행은 충무로 사보이호텔에서 보내고, 서울에 며칠 있다가 그 양반이 먼저 내려오시고 나는 따로 내려왔지.[1]

장일순 부부의 신혼생활은 힘든 시간의 연속이었다. 전쟁 뒤 한국 사회가 소수의 특권층을 **빼고는** 힘들지 않은 사람이 없었듯이, 장일순 가족도 마찬가지였다. 이들 부부의 가족은 시부모에 장성한 시동생들, 결혼 이듬해에 태어난 장남 동한(東漢)까지 식구가 10여 명에 이르렀다. 이인숙의 회고는 이렇게 이어진다.

이 집에 오니까 먹을 게 있어야지. 우리 집은 여자 형제만 있었는데 여기는 남자들만 있으니까 남자들이 먹어대는 게 무시무시하잖아. 그리고 전쟁에 포탄이 떨어져 타버린 집에서 무얼 건졌겠어. 아무것도 남아 있는 게 없었잖아. 게다가 돌아간 양반(남편)이 책밖에 몰랐잖아. 돈벌이를 하려고 장사한 것도 아니고. 만날 때는 진짜 구름에 뜬소리만 해서 그거에 홀딱 넘어갔지.[2]

이인숙은 험난한 시대에 '시대와 불화(不和)'하는 남편을 내조하면서 가정을 지켰다. 장일순이 일관되게 시대정신을 지키면서 사회활동을 할 수 있었던 것은 이인숙의 헌신적인 내조의 공이 컸다. 수없이 찾아오는 사람들을 반갑게 맞아 식사를 대접하고 편안하게 맞아주었던 것은 이인숙 역시 높은 교양과 시대정신을 갖고 있었기 때문에 가능했다.

일제강점기 우당 이회영은 국치를 당해 모든 재산을 팔아 만주에 신흥무관학교를 세워 독립군을 양성하고, 베이징에서 독립운동을 지도하고 있었다. 가져갔던 돈이 다 떨어지고 당장 생계가 어려운 지경인데도 이회영과 부인 이은숙은 찾아오는 독립운동가들을 따뜻하게 접대했다. 이은숙은 텃밭을 일궈 야채를 키우고 중국인들이 버린 배춧잎을 주어다 김치를 담갔다. 장일순의 부인 이인숙도 다르지 않았다.

군사독재시대에 원주의 장일순 집에는 시대와 불화하는 민주인사들이 수없이 찾아들었고, 곱게 자랐던 이인숙은 섬섬옥수를 아끼지 않고 정성과 사랑으로 남편의 동지들을 대접했다.

중립화 통일방안에 매료되다

장일순은 학생 시절에 이어 사회활동을 시작하면서 자유당 정권의 부패와 타락상을 지켜보았다. 이승만 대통령은 민생은 외면한 채 오로지 자신의 종신집권을 위해 무소불위의 권력을 휘두르고, 이를 추종하는 자유당은 강도집단을 방불케 하는 패악을 부렸다. 경찰은 반공청년단과 자유당 일선 조직을 동원하여 국민 주권을 유린했다. 뒷날 박정희 정권이 중앙정보부를 앞세운 정보정치체제라면 이승만 정권은 명실공히 경찰국가체제였다. 이승만 정권의 경찰 패악은 결코 일제 헌병 경찰의 패악에 못지않았다.

1960년, 마침내 참다못한 학생과 시민이 궐기하여 4월혁명이 일어났다. 수많은 사람의 희생을 치른 뒤에야 이승만은 권좌에서 쫓겨나 하와이로 줄행랑을 쳤다. 자유당도 해체되다시피 몰락했다. '국부 이승만'이라 떠들던 자유당 소속 국회의원이나 국무위원 중 이승만과 운명을 같이하는 자는 아무도 없었다.

이승만 정권에서 갖은 탄압을 받고 설 땅을 잃었던 혁신계는 4월혁명을 계기로 모처럼 기지개를 펴고 활동을 재개할 수 있었다. 이승만의 패악 중에는 정치적 경쟁자 조봉암을 사법살인하고 진보당 간부들을 투옥한 일도 빠뜨릴 수 없다. 헌정사상 첫 사법거래이자 사법농단으로, 이승만의 폭거에 사법부와 검찰이 하수인 노릇을 충실히 한 것이다. 이를 지켜본 장일순은 무엇보다 정치개혁이 우선이라는 것을 다시 한번 깨달았다.

때마침 1960년 6월 17일, 혁신정당의 재건을 목표로 진보 계열의 구진보당·노동당·민주혁신당 등이 중심이 되어 사회대중당 창당준비위원회를 조직했다. 서상일과 윤길중 등을 간부로 선출하고 창당작업에 착수하여 1960년 11월 24일에 창당한다. 4월혁명을 주도한 학생 중에 참여한 사람도 더러 있었다. 장일순도 발기인으로 참여한다.

사회대중당은 창당을 준비하면서 그해 7월 29일 실시한 민·참의원 선거에 참여했다. 그러나 재야정당이 난립하는 바람에 참패하고 말았다. 장일순도 원주에서 입후보했다가 낙선했다. 돈도 조직도 없고, 게다가 선전기능도 없는 혁신정당의 신진 인물이 선거에서 당선되기는 쉽지 않았다. 이승만 정권 치하에서 혁신계는 좌경

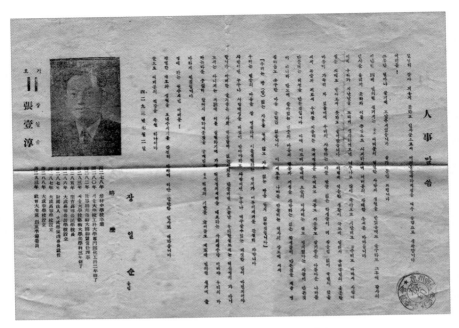

1960년 선거에 사회대중당 후보로 출마했을 때의 유인물.

으로 매도되고, 그런 인식은 혁명 후에도 쉽게 국민의 뇌리에서 지워지지 않았다. 또한 4월혁명의 '핏값'은 민주당이 독차지하는 듯한 분위기였다.

장일순의 선거운동을 지원했던 이경국(전 무위당 만인회장)은 당시를 이렇게 기억한다.

"나는 그분이 너무 좋아서 유세를 함께 다녔어요. 자동차도 없어서 리어카에 앰프를 싣고 다니면서 제가 목소리가 크니까 장일순을 국회에 보내자고 호소하고 다녔고, 산골마을에 갈 때는 지게로 앰프를 지고 올라가기도 했어요."

장일순이 마음으로 크게 공감했던 사회대중당 창당선언문과 정
강정책은 다음과 같다.

사회대중당 창당선언문

자유와 인권을 유린하고 온갖 부정과 비법을 자행하면서 국민 대
중을 도탄에 빠뜨리고 있던 이승만 독재정권은 순진한 청소년 학
도들의 영웅적인 피의 항쟁과 이에 호응한 애국적 국민대중의 과
감한 투쟁에 의하여 마침내 전복되었다.

지금 우리의 민주혁명은 종결된 것이 아니고 시작된 것이다. 보수
적 과도정권하에서 약간의 개혁이 수행되고는 있지만 이 혁명의 근
본정신과 기본적 요구가 관철·달성되는 것은 금후의 일에 속한다.

그러므로 4월 민주혁명의 완수를 저지·반전시키는 일체의 반동
세력을 우리는 분쇄·구축하여야 하며 이 혁명의 진행을 억제하고
침체시킴으로써 협소한 당파적 이익만을 도모하려는 일체의 기회
주의적 보수세력과도 우리는 과감히 싸우지 않으면 안 된다. 우리
투쟁의 당면목표는 민주주의적 정치적 자유를 완전 쟁취하는 데
있다.

이승만 독재·폭압정권은 12년간에 걸친 그의 악정기간 중 농민,
노동자, 근로인텔리, 중소상공업자 및 양심적 자본가 등 국민 대중
을 대변하고자 하는 혁신적 정치세력의 대두에 대하여 야만적, 살
인적 탄압을 가하여왔다. 그것은 혁명적 정치세력만이 광범한 근로
민중의 기본적 제 요구를 가장 솔직하고 가장 강렬하게 표백·대변
할 수 있음을 이승만 일당의 우둔한 머리로서도 넉넉히 짐작할 수

있었기 때문이다. 추악 파렴치한 이승만 일당은 우리 혁신진영에 대하여 '빨갛다'는 누명을 씌워 중상음해하고 혁신진영의 투사들을 고문·투옥·치사하는 등 온갖 간악한 죄과를 저질렀던 것이다.

위대한 4월혁명은 혁신진영에 대하여 존립·활동할 수 있는 기본적 입지를 마련하여놓았다. 우리는 이 입지를 수호·확보하기 위하여 전력을 기울여 투쟁할 것이다.

이승만의 반공정책이란 단지 '엉터리'였을 뿐 아니라 도리어 공산당을 '관제'로 조장하는 것이었다 함은 천하 주지의 사실이다. 우리는 당의 정강·정책에 나타나 있는 바와 같은 노선과 강력한 그 실천만이 공산주의를 그 근저에서 극복하는 가장 철저하고 진정한 반공노선임을 확신한다.

우리는 민족자주를 확립하기 위하여 투쟁한다. 우리에게 있어서 민족자주의 확립은 국토통일의 성취와 자립경제의 건설을 전제조건으로 하지 않을 수 없다. 우리는 대내정책에 있어서는 자립경제의 달성을 주요 목표로 하고 대외정책에 있어서는 통일성취를 중심적 목표로 하여 꾸준한 투쟁을 계속 전개할 것이다.

우리가 농민, 노동자, 근로인텔리, 중소상공업자 및 양심적 자본가 등 여러 계층 및 사회적 집단을 대변한다고 할 때에 그것은 결코 계급주의적 입장을 의미하지는 않는다. 우리나라 현하 농민, 노동자, 근로인텔리, 중소상공업자 및 양심적인 자본가 등 사회의 제 집단은 상호간 대립되는 이해관계를 조정 내지 초월하면서 보다 크고 보다 고차적인 이해관계에서 일치할 수 있는 광범한 근로국민대중을 형성할 수 있는바 우리가 대표하고 대변하려고 하는 국민대중은 바로 이러한 것이다.

그러나 우리가 주장하는 민족자주는 민족독선 내지 민족지상주의와 엄격히 구별되는 것이다. 소위 민족지상주의라는 것은 독재주의자가 스스로의 입장을 합리화하기 위하여 견강부회적 또는 마술적으로 수시 악용하는 구호 내지 도구에 불과하다. 이것은 히틀러로부터 그 아류인 이승만 등에 이르는 일련의 역사적 실례가 증명하여 주는 바이며, 따라서 우리는 이를 엄중히 거부 배격하지 않을 수 없다.

인류 역사는 바야흐로 위대한 변혁기에 처하여 있으며 우리 민족사회도 또한 전환기를 거치고 있다. 우리 사회대중당은—광범한 국민대중의 적극적 참가와 지지를 얻어—민주혁명의 완수와 평화적 통일의 실현 및 민주적 복지사회의 실현이라는 역사적 민족적 대과업을 옳게 담당·완수할 것을 이에 결의하고 맹세하고 선언하는 바이다.[3]

사회대중당의 혁신적인 정강정책

장일순이 처음이자 마지막으로 참여했던 정당인 사회대중당의 정강정책은 대단히 진보적이고 민주적이었다. 그가 비록 낙선하고 말았지만, 어려운 여건 속에서도 입후보하게 된 것은 이 정강정책에 공감하는 바가 컸기 때문이다.

1. 통일 및 외교

1) 유엔 감시하의 자유선거를 통하여 평화적·민주적 국토통일을 달성.

2) 김일성 일당을 정치무대에서 구축 배제한다.

3) 정치·경제·문화 등 제 분야에 걸쳐 대한민국의 민주적 건설을 촉진 달성함으로써 국토통일의 조속한 실현.

4) 국토통일문제에 있어서는 거족적인 초당외교를 제창한다.

5) 한국 외교를 가급적 건설적으로 정당화한다.

6) 영연방 제 국가와의 관계 개선.

7) 아시아, 아프리카 제 국가와의 새로운 외교관계 수립.

2. 4월혁명 완수

1) 3·15 부정선거 범법자들을 국헌전복 내란범죄로 처단한다.

2) 이승만이 도취한 재산을 회수하여 국유재산에 편입한다.

3) 불법 축재를 적발, 몰수하여 산업자금 및 사회보장금으로 충당한다.

4) 거창사건을 비롯한 양민 대량학살사건 추궁.

5) 정치적 살해사건의 흑막 척결 처단.

6) 5·26 정치파동 등의 주동자들을 처단하여 최소한 공직에서 추방한다.

3. 농어촌 진흥

1) 농지개혁법에 위배된 부재지주와 토지겸병 불법화.

2) 주요 농산물에 대한 가격보상제를 실시하여 농산물가격의 균형을 유지하고 적자 영농을 일소한다.

3) 농가 고리채 정리를 위하여 장기적 농업금융 조치를 기도한다.

4. 재정금융 및 경제건설

1) 계획경제와 자립경제를 합리적으로 혼합하는 계획성 있는 경제체제를 확립하여 장기적 연차계획에 의한 종합적 경제건설을 감행한다.

2) 경제기획위원회 설치.

3) 농가 고리채 정리를 위하여 근로소득세를 감면하고 누진소득세를 실시.

4) 부유층의 낭비를 봉쇄하고 탈세는 중요 경제사범으로서 이를 처벌, 추징한다.

5) 중·소상공업 협동조합법을 제정 실시하여 생산, 판매, 신용, 기술, 가공, 보관, 수송, 검사 등 전 분야에 걸친 합리화운동을 전개하는 동시에 업자의 협동조합화를 촉구하고 국가적으로 보호육성한다.[4]

'영세중립화 통일'을 역설한 선거유세

장일순은 청년 시절 사회를 개혁하고 싶은 열망이 넘쳤다. 그래서 보수적인 민주당보다 혁신적인 사회대중당을 택했다. 특히 이 당의 영세중립화 정책에 마음이 쏠렸다. 사회대중당은 '영세중립화를 위한 통일안보'를 발표했다. 이승만 정권의 현실성 없는 '북진통일론'에 식상했던 장일순은 국가안보 문제를 정권유지의 정략으로 악용해온 남북 두 체제를 비판하면서 영세중립화에 관심을 쏟았다.

장일순은 선거연설을 하면서 중립화 통일론을 역설했다. 무력통일론의 불가능함을 주장하고 스위스나 오스트리아처럼 영세중립만이 한반도가 전쟁을 피하면서 민주적으로 발전할 수 있다고 호소했다. 결국 이 때문에 5·16 쿠데타 후 군사정권으로부터 가혹한 보복을 당하고 3년 동안 옥고를 치러야 했다. 사회대중당이 제시한 '영세중립화를 위한 통일안보'는 다음과 같다.

영세중립화를 위한 통일안보

1. 외국 군대를 한반도로부터 철퇴시키고, 영세중립이 보장되는 조국통일을 기본으로 한다.
2. 본 당의 통일방안과 현 정부의 통일방안 및 공산 측이 주장한 연방제 위에서 민족최고위원회를 설치한다.
3. 미·소를 중심으로 유관국가 국제회의를 설치해서 남북대표의 참석하에 영세중립 보장에 필요한 각서를 상호 교환한다.
4. 통일총선거의 준비와 실시를 위해 정치적·군사적 이해관계를 갖지 아니한 중립국으로 구성된 감시위원회단을 설치한다.
5. 영세중립에 대한 확고한 보장하에 남북군대의 무장해제를 한다.
6. 총선거 후 2개월 내에 모든 외국군은 철수한다.

7. 총선거로 수립된 전국의회와 통일정부는 기존 군사관계 조약을 폐기한다.

8. 통일의 전제 절차로서 남북한의 정치적·경제적 체제를 개편한다.

9. 서신교환, 남북시찰단 교섭, 과잉생산품을 교환하여 경제교류를 한다.[5]

이 무렵 재미 학자 김용중이 《한국의 소리》 1961년 3월호에 「유엔 총회에 한국의 통일방안」을 제출하여 큰 관심을 불러일으켰다. 통일문제에 관심이 많았던 장일순도 책을 구해 읽었다.

김용중의 통일방안

동·서의 어느 측도 일방의 조건을 타방에 강요할 수 없으며 어떤 해결이라도 협상되어야 한다는 것은 너무나 명약관화하다. 한국민의 생존과 국제긴장의 완화는 합리적인 해결을 요구하고 있다. 각성해가고 있는 이 세계는 현실주의로 추세가 기울어가고 있다. 한국 문제의 해결은 궁극적으로 한국민에 달린 것이다.

그러므로 UN은 분단된 두 개의 한국 간의 화해를 장려하는 것이 현명할 것이다. 남북 간의 화해를 장려하는 것이 현명할 것이다. 남북 간에는 선의까지는 아닐지라도 어떤 타협은 있어야 할 것이다. UN 총회는 문제해결을 위한 첫 단계로서 다음의 제의를 고려해볼 수 있을 것이다.

1. UN 한국통일부흥위원단을 중립국으로 구성되는 조정위원단

으로 대치한다. 이 조정위원단의 과반수는 지리적 인근성 및 이해의 유사성이라는 이유로 아시아 국가들이 되어야 한다.

2. 무장된 남북한 간의 긴장을 완화하기 위하여 조정위원단에게 비무장지대를 감시하거나 또는 군사정전위원단을 대치 또는 이 회의를 사회할 수 있도록 권한을 부여한다.

3. 조정위원에게 다음 사항을 알선할 수 있는 권한을 부여한다.

　ㄱ. 남북한의 저명인사들로서 정치에 관련되어 있지 않으며 양측 정부가 받아들일 수 있는 사람들로 연락단을 구성하고 조정위원단과 협조케 한다.

　ㄴ. 한국 통일을 위하여 남북한 간의 협상을 마련한다.

　ㄷ. 양측으로 하여금 긴장완화를 위하여 상호 비난과 간첩 파견과 같은 도발행위를 중지하도록 종용한다.

　ㄹ. 양측을 설득하여 교역·우편 및 통신교환을 재개케 하는 동시에 신문기자를 교환하고 남북한에 생이별한 가족들을 다시 결합시키도록 한다.

4. 조정위원회로 하여금 제16차 UN 총회에 그들의 활동보고와 건의를 제출하도록 요구한다.[6]

이와 같은 열기 속에서 1961년 3월 6일에 통일사회당·광복동지회·대종교 등이 중심이 되어 '중립화 조국통일총연맹 발기준비위원회'를 열고 「발기선언문」을 채택했다. 얼마 뒤 5·16이라는 일진광풍이 아니었으면 중립화 통일방안이 심도 있게 논의되고, 한반도는 평화체제를 향해 앞으로 크게 나아갔을 것이다.

발기선언문(요지)

4월혁명의 거센 물결은 '북진통일'이라고 하는 허구를 무너뜨리고 혁명을 일으킨 젊은 세대의 가슴속에 '평화통일에의 불같은 염원'을 불러일으켰으며 이 거대한 움직임에 대처하여 우리들에게 시급히 요청되는 것은 이와 같은 민족의 통일의욕을 선도하고 평화통일 과업을 완수할 수 있는 정확하고 합리적인 지도 이념의 확립과 고무적인 영도력의 형성이다.

통일의욕이 무원칙한 방황을 계속할 때 평화통일은 이룩되지 않고 오히려 '공산주의자의 편승', '보수정권의 반동화'를 초래하여 예기치 않았던 혼란과 비극, 나아가서는 민주주의를 송두리째 파괴하는 중대한 사태에까지 이를 충분한 위험이 내포되어 있기 때문이다.

중립화 통일운동이 우리 조국의 주도적 세력으로 성장할 때 세계는 우리 조국의 중립화 통일을 지지하지 않을 수 없을 것이며 미·소 양국도 이를 반대하고 거부할 아무런 구실도 이유도 갖지 못하게 될 것이다.

그것은 통일된 이후에도 계속 중립을 유지할 수 있는 세력이 이미 형성되었음을 의미하는 것이기 때문이다.[7]

장일순은 선거운동 과정에서 중립화 통일을 줄기차게 주장했다. 정치적인 신념이었다. 원주초등학교에서 후보자 합동연설회가 열렸다. 날씨도 맑고 휴일이어서 많은 사람이 모였다. 이 자리에서 장일순은 외쳤다. "여러분! 지금 자유당 정권은 북진통일을 주장하는데, 남북한은 평화통일을 해야 합니다. 북진통일을 하면 또다시 동족 간에 엄청난 피를 흘리게 될 것입니다. 남북한이 서로 도우며 평화적으로 사는 것만이 우리 민족이 살 길입니다."[8]

5. 8년형 선고, 3년 수형생활

5·16 쿠데타 이후 구속되다

1961년, 장일순은 일생일대의 시련에 직면했다. 5월 16일에 박정희 군부세력이 쿠데타를 일으켰는데, 5·16은 이승만 정권 이래 평화통일을 주창해온 이 나라 양심세력에게는 엄청난 재앙이었다. 장일순은 기대했던 장면 민주당 정권이 두 개로 쪼개지고, 학생과 혁신계가 '2대 악법'으로 규정한 반공법과 데모규제법을 강행하는 것을 보면서 실망했다. 그래서 반대운동을 강력히 전개했다. 자신은 비록 총선에 나섰다가 낙선했으나, 그래도 민주당 정부가 4·19 혁명정신을 제대로 구현해주기를 기대했다.

그런데 5월 16일 새벽에 군사쿠데타가 일어나고, 쿠데타 세력은 반공을 국시로 내걸고 2대 악법 반대투쟁과 평화통일 또는 중립화통일 주창자들을 용공으로 몰아 일제히 구속했다. 5월 18일, 장일순도 다른 혁신계 인사들과 함께 경찰에 검거되었다. 부인 이인숙은 그날을 생생히 기억했다.

5·16 쿠데타가 나고 나서 박정희라는 사람이 누구야? 누구야?

하는데 5월 18일에 친척 아주머니 한 분이 마당으로 헐레벌떡 들어오더니 애들 아버지가 시내에서 경찰에 붙들려갔다고 하는 거예요. 무슨 영문인지 몰랐죠. 그다음 날 형사들이 들이닥치더니 가택수색한다고 집 안을 뒤져 아수라장으로 만들고, 책이며 편지며 심지어 쓰레기통까지 뒤져서 글씨를 쓴 쪽지를 전부 찾아내서 가져가더라고요.[1]

쿠데타 주동자는 박정희 소장이었다. 그는 일본군 장교 출신으로, 해방 뒤에는 남로당 군부 책임자였다가 붙잡힌 뒤 남로당 계보를 넘긴 뒤 전향한 인물이다. 자신의 전력이 있어서 미국이 쿠데타를 용인하지 않고 의심의 시선을 걷으려 하지 않자 박정희는 혁신계 인사들을 제물로 삼았다.

쿠데타 세력은 민주당 정부 각료와 정치인·혁신계·학생·교수 등 7만 6천여 명을 체포했다. 쿠데타 세력이 급조한 통치기구인 국가재건최고회의는 "반국가적, 반민족적 또는 반혁명적 행위를 한 자를 처벌"하고자 1961년 6월 21일 '혁명재판소 및 혁명검찰부 조직법'을 제정한 데 이어, 다음 날에는 소급법인 '특수범죄 처벌에 관한 특별법'을 공포했다.

7월 말부터 진행된 이른바 '혁명재판'은 3·15 부정선거 관련자나 부정축재 관련자들과 함께, 4월혁명 이후 통일운동과 민주화운동에 적극적으로 나섰던 사람들을 처벌했다.

주요 사건별로는, 통일사회당·사회대중당·혁신당·사회당 등 혁신정당 관련 사건이 15건, 민통전학련(민족통일 전국학생연맹) 등 청년·학생 단체 관련 사건이 1건, 통민청(통일민주청년연맹) 사건이 1건, 민민청(민주민족청년동맹) 사건이 8건, 민자통(민족자주통일중앙협의회) 등 정당 주도 통일단체 사건이 8건, 피학살자유족회 등 사회단체사건 2건, 기타 민족일보사건, 교원노조사건 11건 등 총 48건에 달했다.[2]

쿠데타로 정권을 장악한 박정희 군부는 물리력을 동원하여 전광석화처럼 민족·민주세력을 일제히 구속했다. 주요 사건을 정리하면 다음과 같다.

5월 17일 장면 정부 전 국무위원 자진출두 명령.

5월 18일 쿠데타 세력, 혁신계 3,300여 명과 조용수 등 민족일보 관계자 전격 체포.

5월 19일 민족일보 폐간.

5월 22일 국가재건최고회의, 정당·사회단체·노조해체 포고령, 치안국 용공 혐의자 2,000여 명과 깡패 4,200여 명 검거 발표.

5월 23일 최고회의, 언론정화 포고령 발표, 정기간행물 1,200여 종 폐간.

7월 4일 반공법 공포

8월 25일 혁명재판소, 반공청년단 종로구 단장 임화수 사형, 반공청년 단장 신도환 무기, 유자광 징역 12년 선고.

8월 28일	혁명재판소, 민족일보 사건 1심 공판.
9월 14일	혁명재판소, 사회당 사건 관련자 최백근에 사형 선고.
9월 30일	혁명재판소, 경무대 앞 발포사건 관련 홍진기·곽영주에 사형 선고, 유충렬 무기, 민통학련 사건 피고 전원에 유죄 판결.
10월 31일	혁명재판소, 민족일보 사건 조용수·안신규·송지영에 사형 선고.
11월 8일	혁명재판소, 사회당사건 상고심 기각
12월 20일	박정희 최고회의 의장, 송지영과 안신규 무기로 감형.
12월 21일	최인규·곽영주·조용수·임화수·최백근 사형 집행.

1961년 5월부터 그해 연말까지 한국 사회는 피바람이 휘몰아쳤다. 집권한 군부는 주로 진보적 민족주의 계열 인사들을 희생양으로 삼았다. 앞에서 말한 대로 미국이 박정희의 전력을 의심하면서 나타난 현상이었다.

군부권력은 부정선거 원흉, 자유당 간부들의 처단이나 부정축재자 처벌보다 진보적 민족주의 인사들을 훨씬 더 심하게 단죄했다. 최고회의는 통일운동, 피학살자유족회 활동 등을 특수반국가행위로 규정하고, 6월 22일 소급법으로 '특수범죄 처벌에 관한 특별법'을 공포했다.

혁명검찰부에 따르면, 혁신정당과 민자통, 교원노조, 민통련, 유족회 활동자가 주대상인 특수반국가행위 사건(총 225건)으로 처벌받은 사람은 모두 608명으로 혁명검찰부에 수리된 사건 전체 인원의

41.3%나 차지한 반면, 3·15 부정선거 원흉들은 사형 등 중형을 선고받았더라도 최인규 내무장관이 사형당한 것을 제외하면 거의 다 2~3년 내에 석방했다. 그러나 혁신계와 청년·학생들은 다수가 장기복역했고, 민족일보 사장 조용수와 사회당 간부로 남북협상을 주장했던 최백근이 처형되었다. 희생양이었다.[3]

쿠데타 세력의 민간인 대량학살 음모

쿠데타 초기 주체세력이 이른바 '용공분자'라 하여 검거한 인사들을 재판절차 없이 대량 살육하려는 가공할 만한 음모를 꾸민 듯하다. 당시 쿠데타 실세의 한 사람이었던 유원식 예비역 준장의 증언은 간담을 서늘하게 한다.

5·16 직후 한·미 관계가 극도로 악화되어 군사정권과 미국 정부가 평행선을 달리며 긴장이 고조되어 있을 때 박정희 소장은 그의 사상이 의심받고 있음을 알고 그의 측근자들과 함께 자신들이 좌익이 아니라는 사실을 보여주기 위해 마침내 가공할 만한 사건을 야기할 뻔했다. 소위 용공분자 일제 검거가 그것이다. 육군본부에서 지금의 세종문화회관 별관인 전 국회의사당으로 이사한 이튿날 아침에 출근해서 박정희 부의장실에 들어갔을 때 마침 김종필이 들어왔다. 그는 들어오자마자 박 부의장에게, "어젯밤에 모두 잡아넣었습니다. 약 2만 8천 명가량 되는데, 수송에 필요한 열차도 준비했습니다. 이제 남은 문제는 그들을 거제도로 데려가서 한데

모아놓고 기관총으로 한꺼번에 사살해버리는 것뿐입니다."

나는 옆에서 이 말을 듣고 무슨 내용인지 영문을 알 수가 없었다. 그러다가 얼마 후에 알아보니 김종필이 그때 당시의 정보과장으로 치안본부에 가 있던 방(方) 모 대령에게 극비리에 지시하여 전국의 요시찰인 명부에 실려 있는 사람을 일제히 검거했다는 것인데, 김종필의 아침 보고는 그 검거가 모두 끝나고 사후 대책까지 마련되었다는 일종의 결과보고였다.

나는 이 말을 듣고 전혀 모르고 있었던 사실이기에 이해가 잘 되지 않아 몇 번씩 물어본 끝에 비로소 그 진상을 파악할 수가 있었다. 그리고 이들을 한꺼번에 학살하겠다는 계획에 대해서는 놀라움을 금할 수가 없었다.

이것은 말도 안 되는 소리이며, 비정상적인 정신병자라도 생각하기 어려운 만행이었다. 유태인을 집단 학살한 나치의 만행에 비견할 야수와도 같은 광란이다.[4]

다행히 일부 인사들의 반대로 '집단학살극'은 취소되었다. 장일순도 하마터면 이때 거제도로 끌려가 처형될 뻔했다.

쿠데타 사법부, 8년 징역 선고

장일순은 1961년 5월 18일에 구속되어 경찰에서 혹독한 수사를 받고, 10월 26일에 혁명검찰부 검찰관 최민근에 의해 기소되었다. 소급법인 '특수범죄 처벌에 관한 특별법' 위반 혐의였다. 3년 동안 옥살이를 하게 한 공소장 내용은 다음과 같다.

공소장

피고인 장일순은 서울 배재중학을 거쳐 서기 1947년 서울대학 공과대학 화공과 2년을 수료하고 동 1950년 5월 동교 문리과대학 미학과로 전학하여 동교 3년 수료 후 교육사업에 종사하여오다가 4·19 이후에 급격히 대두한 혁신세력에 가담하여 동 1960년 6월 사회대중당 창당준비중앙위원으로서 동 1960년 7월 29일 실시되는 민의원 의원 총선거에 동당 공천으로 강원도 원주에서 입후보하여 낙선된 후 동 1961년 3월경 통사당 주관의 소위 2대악법 및 한미경제협정반대 공동투쟁위원회 강원도 대변인 및 동년 3월 민족자립운동발기준비회 대표로 활약하여 오던 중인바,

피고인은 북한 공산괴뢰집단이 대한민국을 궁극적으로 공산화할 의도하에 남침의 기회를 노려 호시탐탐하면서도 무력적화 기도를 은폐하는 술책으로서 4·19 이후 장면 정부의 부패 무능으로 인한 민심의 불안정, 실업자의 증가, 무제한으로 허용된 언론 출판 집회 결사의 방종적인 자유, 반공체제의 이완 등에 편승하여 소위 평화통일론을 내세워 마치 그들이 진실로 평화통일을 희원하고 있는 것같이 가장하고 남북협상, 남북 간의 서신 문화 경제교류를 제의하는 한편,

민족자주적인 감정에 편승하고 반미사상을 조장하여 반공체제를 약화시키고 난동적인 데모를 선동하여 정치 경제 사회문화의 모든 분야에 있어서 질서를 교란하는 등 간접침략을 획책하고 있

장일순(왼쪽에서 셋째)은 징역 8년을 선고받고 서대문형무소와 춘천교도소에서 3년간 복역했다.

음을 충분히 지실함에도 불구하고, 모두에서 적시한 정당 및 사회
단체의 운영 전반에 참여하는 주요 간부로서

동 1961년 2월 8일 대한민국의 경제적 안정 및 자립경제 수립을 목
표로 체결된 한미경제협정과 동년 3월 하순경 반공체제를 강화하
고 난동적인 데모를 통제하기 위하여 입법을 추진하게 된 반공임시
특별법안 및 데모 규제법안 등 2대 특별법의 입법안에 반대하여

동 입법을 반대하여 입법을 저지시키면 간접침략을 획책하고 있
는 북한 공산괴뢰집단의 이익이 된다는 점을 알면서,

제1, (一) 서기 1961년 2월 24일 원주시 일산동 소재 기독청년회관
에서 원주시 유학생 주최로 개최된 한미경제협정성토대회에 혁신
계 대표로서 참석하여 동소에 참집한 학생 10여 명에게 "미국의 경

제원조방식은 피원조국의 주권침해와 굴욕적인 것임에 반하여 소련의 원조방식은 피원조국의 주권침해나 협박적인 것이 아니고 무이자의 원조다"라는 내용의 연설을 하여 소련과 북한 괴뢰집단의 활동을 적극적으로 찬양함과 동시에 반미사상을 고취하고,

(二) 동년 2월 28일 모두 전기 피고인 자가에서 전시 제1과 동지(同旨)로 한미경제협정을 반대하는 내용의 벽보 30매가량을 작성한 다음 이를 원주 시내 각 요처에 착부하여 동 시민에게 경제협정의 진정한 의의를 왜곡선전하고,

(三) 동년 3월 1일 원주 시내 공설운동장에서 개최된 3·1절 기념 식장에서 한미경제협정 자체를 반대하고 마치 동 협정을 미국이 한국을 경제적 식민지화했다 라는 내용의 연설로서 동 식전에 참가한 2,000여 군중에게 동 한미협정의 내용을 왜곡선전함과 아울러 반미사상을 고취하고,

제2, 서기 1961년 3월 12일 전시 피고인 자가에서 "자유마저 뺏으려는 반민족적 보수정객들의 언동을 결사반대하여야 한다. 따로 데모규제법과 반공임시특별법을 제정하려는 것은 우리의 진정한 손과 발을 묶고 말을 막자는 것이다"라는 내용을 기재한 삐라를 작성하여 원주 시내 각 요소에 첨부하여 동 시민에게 전시, 2대 특별법의 진정한 입법취지를 왜곡선전하고,

제3, 서기 1961년 3월 하순경 통일사회당 국회대책위원장 공소 외 윤길중과 소위 강원도 2대악법반대투쟁위를 결성하여 강원 원주시에서 동 반대대회를 개최하기로 상호 공모한 후 공소 외 장동호 동 김상범 등의 협조를 얻어 동년 4월 1일 오후 2시경 전시 공소

외 윤길중 동 고정훈 동 김기철 동 이동화를 원주시로 초청하고,

2시경 원주시 공설운동장에서 소위 2대악법반대대회를 개최하여 피고인은 동 대회 개회사를 담당하고 전시 윤길중은 「우리는 왜 보안법마저 반대하여야 하나」, 동 고정훈은 「국제정세에 관하여」, 동 김기철은 「한국중립화 통일에 관하여」, 동 이동화는 「민주사회주의는 사회주의 실현으로 간다」는 각 연제로서 동 대회에 참집한 약 2,000여 명 군중에게 마치 전시 2대 특별법이 야당 탄압을 위한 불순한 동기에서 입안된 것처럼 그 입법취지를 왜곡선전하고,

국헌에 위배되는 영세중립화 통일안이 정치적 특수성과 지리적 특수성에 비추어 비현실적이고 무원칙한 통일안임에도 불구하고 동 방안이 대한민국의 진정한 통일방안인 것처럼 왜곡선전하여서 북한 공산괴뢰집단의 목적사항과 동일한 또는 그 기본방향이 동일한 사항을 선전 또는 선동하고 반국가단체의 활동을 찬양 또는 이에 동조하는 등 각기 목적수행을 위한 것이다.[5]

검찰은 장일순에게 징역 8년을 구형하고, 혁명재판소 재판장 김홍규는 검찰 기소장의 복사판이나 다름없는 판결문으로 징역 8년을 선고했다. 판결문은 공소장의 복사판이어서 소개할 가치가 없다. 판사 중에는 뒷날 한나라당(자유한국당의 전신)의 대통령 후보가 된 이회창도 있었다.

당시 양심수들은 대부분 각 경찰서와 서대문형무소에 구치되었다가 혁명검찰부와 혁명재판소에서 재판을 받았다. 서대문형무소

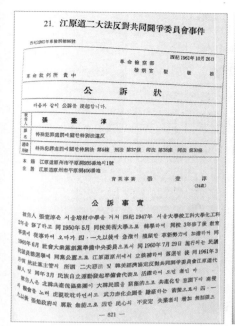
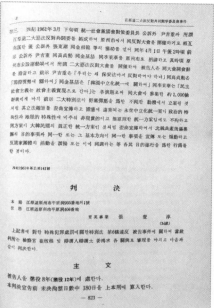

장일순의 공소장과 재판기록(『한국혁명재판사 제3집』).

에서 재판을 받으러 혁명검찰부로 끌려가던 정황을 혁신계 인사 고 정훈은 다음과 같이 기록하고 있다. 장일순의 경우도 이와 같았을 것이다.

혁명검찰부로 처음 끌려 나가던 날.

50명이 타면 고작일 버스에 한 80명을 실어놓고, 바닥이고 무릎이고 심지어는 사람의 어깨고 간에 덮어놓고 깔고 앉으라는 따위의 처사가 무리에게 강요되었다.

서 있으면 길거리의 행인들이 호송버스 안의 유명인사들을 인지하고 떠들썩하기 때문에 얼굴을 보이지 않게 하기 위해서 덮어놓고 앉으라는 성화였다. 무시무시한 염라대왕으로 널리 인식되기 시작한 박창암 혁검부장의 서릿발 같은 명령이고 보면, 형무관들이 쩔쩔매는 것도 지극히 당연한 일이었을 것이다.

나는 버스 안을 휘둘러보았다. 자유당 거물급 인사, 민주당 거물급 인사, 군 출신의 거성, 언론계의 거목, 그리고 혁신계의 유명·무명 인사들이 군데군데 찢어진 인명록의 내버려진 휴지조각처럼 끼여 있었다.

암만 둘러보아도 저항적 인간은 눈에 띄질 않았다. 모두 도덕군자 아니면 지쳐빠진 사람 같았고 몇몇은 어리둥절해 있기도 했다.[6]

고정훈의 이야기는 다음과 같이 이어진다.

다음 날에는 이재학·한희석·임철호·박만원·박용익·이존화·조순·송인상·곽영주·박찬일·강경옥·신도환·이정재·유지광·조열승·임화수 제씨와, 선우종원·현석호·박병배·양국진·엄홍섭·함병선·이용운·김웅수·정강·이상국·박상훈·김동복·장도영 등 장성, 이건호·송지영·양수정 등 제현, 그리고 나의 공범인 선배·동료, 즉 이동화·윤길중·김성숙·정화암·구익균·송남헌·김기철·이명하·황빈 제씨, 그리고 외부 한왕균 형 등등 무수한 지상의 기라성들이 혁검으로 실리어 나갔다.[7]

6. 옥고와 고난의 세월

서대문형무소 수감과 부인의 옥바라지

장일순은 33살에 사상범이라는 무거운 낙인이 찍혀 서대문형무소에 수감되었다. 서대문형무소는 일제가 한국병탄 과정에서 한국의 의병들을 수용하기 위해 지은 현대식 감옥이었다. 의병장 몇 분이 이곳에서 처형당하고, 이후 수많은 항일 독립운동가들이 수감되거나 처형되었으며, 해방 뒤에는 평화통일론자와 민주화운동 인사들이 수감되었다. 조봉암과 조용수를 비롯해 인혁당 사건 관련자 8명의 사형이 집행된 곳도 이곳이었다.

서대문형무소는 일제가 의병·독립운동가들을 잔혹하게 탄압했던 악의 유산으로, 이승만 정권에 이어 박정희 군부세력이 이를 고스란히 이어받았다. 이곳에서 형용할 수 없는 각종 고문 등 악행이 자행되었다. 그리고 이곳의 특히 열악한 것 중의 하나는 형편없는 식사였다.

교도소의 주식은 콩을 섞은 보리밥이다. 쌀도 섞여 있기는 하지만 잘 보이지 않고 씹히지도 않는다. 형틀로 꽉 찍힌 것을 한 덩어리씩 주는데, 밥 덩어리의 크기가 1등부터 4등까지 있다. 1등이 제일 크고 4등이 제일 작은데, 1등부터 3등까지는 기결수 중에서 작업 종별에 따라 주는 것이고, 미결수는 모두 4등이다.

이 밖에 환자용은 쌀밥으로 찍은 5등(4등보다 더 작다)이 있고 역시 쌀로 쑨 죽이 있었는데 지금은 5등 밥이 없어졌고, 죽도 보리쌀로 쑨 죽이다. 젊은 사람들은 4등밥으로는 양이 안 차서, 밤낮 먹는 타령만 한다.[1]

장일순이 밖에 두고 온 가족은 3년 전에 결혼한 아내와, 아직 어린아이였던 장남 동한(1958년생)과 차남 동호(1960년생)가 있었다. 가족 중 한 사람이 감옥에 갇히게 되면 남은 가족의 생활은 망가지기 쉽다. 더욱이 5·16 후 한국 사회는 군사정권의 거센 반공정책으로 '안보사범'의 가족은 빨갱이로 취급당하게 되었다. 가까웠던 친척이나 이웃들도 거리를 두게 되고, 그래서 생업에도 크게 지장을 받았다.

이인숙은 남편이 구속되어 8년 선고를 받자 직업을 찾았다. 시부모와 두 아들을 먹여 살릴 길이 막막했기 때문이다. 장일순은 애써 설립한 대성고등학교의 이사장직을 이미 내놓은 상태였다. 이인숙은 서울대 사범대를 나왔기에 중고등학교 교사 자격이 있었다. 학창 시절의 꿈은 좋은 교사가 되어서 아이들을 가르치는 일이었다. 그러나 남편의 '연좌죄'에 걸려 이 꿈도 무산되고 말았다.

5·16 나고 유치장에 계실 때 원주에 있는 학교에 이력서를 내면 안 될 줄 알고, 춘천여고에 이력서를 냈는데, 교장, 교감이 좋다고

수인번호가 찍힌 장일순의 수의.

하면서 숙소는 어디로 정할 거냐고까지 물어보는 거야. 나는 속으
로 합격됐다고 생각했지. 그런데 신원조회를 해보더니 안 되겠다
고 하는 거야. 일종의 연좌제였던 거지. 그때 돌아가신 양반을 시
기하는 사람들이 좀 많았나.

그때 생각을 하면…… 결혼할 때 신으려고 명동의 일류 양화점에
서 맞춘 구두를 신고 갔는데, 돌아오면서 화가 나서 새 구두를 돌
부리에 차면서 돌아왔어. 그 구두 아끼느라고 버선에 고무신 신고
짧은 다후다 치마 입고 다녔어요. 그때 둘째가 갓난아이였는데 젖
이 나오지 않아서 잘 먹이질 못했어.

내가 교사가 되면 애는 어떻게 돌보나 하는 불안함이 있었는데
남편 때문에 교사가 안 된다는 소리를 듣고 속이 상하면서도 한편
으로는 그래 애나 잘 돌보자는 생각을 하고 바로 단념했지. 내가
자존심이 강해서 바로 단념했어요.[2]

이인숙은 "시집오기 전에는 발 씻는 물도 일하는 언니가 떠다 줄 정도로 애지중지 키우셨는데"(본인 증언) '시대와 불화'하는 사람과 결혼하고 남편이 구속되면서 차츰 '이념가의 아내'로 바뀌어갔다.

남편이 서대문형무소에 갇혔을 때 이인숙은 면회가 어려운데도 먼발치에서 남편의 얼굴이라도 한번 보고자 하는 생각으로 서울행을 멈추지 않았다.

옥바라지를 해야 하니까 경희대 앞 회기동 친정집에 둘째 아이를 맡기고, 혁명검찰청을 혁검이라고 불렀는데 거기서 재판을 받으셨는데 면회가 안 됐어. 재판정에 나가는 모습을 보려고 매일 영천에 가서 밑에는 낭떠러지가 있는 계단 위에 올라서서 하루 종일 있었어. 그렇게 하염없이 서 있다 보면 죄수들을 호송하는 버스가 떠나는 게 계단 위에서 보이거든. 면회를 안 시켜주니까 혹시라도 볼 수 있을까 해서 아침 일찍부터 회기동을 출발해서 영천까지 다녔어요.

그러다가 혁명검찰청으로 재판받으러 가는 남편을 봤어. 그때는 사형도 많이 시켰어. 사형수들을 용수를 씌워서 교수형 시킨 뒤 낭떠러지 구덩이에 바로 들어가게 하는 거였어. 형벌이 내려진 것은 아니지만, 5·16이 나고 처음에 잡혀간 사람 중에 죽은 사람이 많았거든. 그래서 걱정이 되는 거야.

혁명검찰청으로 취조받으러 갈 때 죄수번호가 게시되거든. 그럼 언제쯤 나올지 짐작할 수 있었어요. 그때 버스 타고 가는 걸 몇 번 봤지. 형무소 밖에 가족 대기실이라고 천막이 있었어. 내가 버선에

서대문형무소를 오가며 옥바라지하던 시절의 이인숙
(왼쪽은 동생 경숙, 오른쪽 아이는 둘째 동호).

다 고무신 신고 시골서 왔다고 업신여기고 대기실에서도 어느 누구도 상대를 안 해주는 거야. 시골 촌 아낙이 왔다고 생각한 거지.

그런데 장도영 장군도 감옥에 있었거든. 장도영 부인이 경기여고 같은 반 동기였는데, 걔가 남편 면회 왔다가 나를 보더니 "네가 여기 어쩐 일이냐?"고 묻는 거야. 형무소에 있는 군인들이 두 분이 어떻게 아냐고 물으니까 장도영 부인이 여학교 때 한 반 친구였다고 말했어. 그러자 그때부터 교도관들이 나를 대하는 태도가 좀 달라졌어. 세상이 그래요.[3]

동서의 고전 읽으며 옥살이

장일순은 평생 책을 가까이 한 독서인이었다. 장일순은 서대문형무소에서 수감생활을 하면서 노역이 없을 때는 열심히 책을 읽었다. 동서양의 고전을 주로 읽었다. 고전 외에는 차입이 안 되기도 했지만, 장일순은 오래전부터 이런 책에 유독 관심이 많았다. 고전 외에도 영어로 된 진보사상 관련 원서를 읽을 수 있었다. 그래서 장일순은 읽고 싶은 책이 있으면 목록을 적은 쪽지를 면회 온 아내에게 건네주곤 했다. 영어로 된 서적은 주로 사회개혁에 관한 진보적인 내용이 담긴 책으로 일반 서점에서는 구할 수 없었다.

옥바라지하는 부인이 서울 종로에 있는 외국 서적을 전문으로 취급하는 서점에서 어렵게 구해 감옥으로 전달했다. 이런 책이 한글로 써 있었다면 불온서적으로 분류되어 반입이 불가능했을 것이다. 형무소에서 영어로 된 책이니 문제없겠다 싶어 통과시켜주었고, 때로는 묵인해주기도 했다고 한다.[4]

정치적 격변기에 장일순은 혹독한 감옥살이를 하면서도 많은 독서를 통해 바깥세상에서 얻기 어려운 지식을 얻었다. 그래서 출감후 감옥을 인생대학이라 부르기도 하고, 무료 국립대학생이라 자조할 때도 있었다.

장일순이 옥고를 치르고 있을 때 박정희는 군복을 벗고 정치 일선에 나섰다. 1962년 3월 24일 윤보선 대통령이 물러난 자리까지

꿰차고 명실공히 최고 통치자로 군림했다. 그해 12월 개헌안 국민투표를 통해 대통령중심제 헌법을 만들고, 이듬해 2월 민주공화당을 사전조직하여 정치적 기반을 구축했다.

　장면 정권을 부패정권으로 몰아 타도한 군부세력은 중앙정보부를 만들어 정보정치를 자행하는 한편 4대 의혹사건으로 거액의 정치자금을 조달했다. 그래서 세간에서는 "신악이 구악을 뺨친다"는 말이 나돌 정도였다. 1963년 10월 15일 실시한 대통령 선거에서 박정희는 야당의 윤보선 후보를 15만여 표 차이로 누르고 제5대 대통령에 당선되었다. 쿠데타의 목적이 집권에 있었음을 스스로 보여준 셈이다.

　교정 당국은 다수의 양심수들을 같은 형무소에 두는 것이 불리하다고 판단해서 이들을 각 지방으로 분산시켰다. 이에 따라 장일순도 춘천교도소로 이감되었다. 부인과 가족들이 면회하는 데는 한결 수월해졌다. 동생 장화순의 이야기를 들어보자.

　서대문형무소에 계실 때도 갔었고 춘천교도소로 옮기신 후에도 면회를 여러 차례 다녀왔죠. "형님, 바깥일 걱정하지 마시고 마음 편안하게 가지시고 건강 잘 챙기시라"고 했지요. "세상 사람들이 형님이 훌륭한 분이라는 걸 다 알고 있고, 현 정권이 한번 해보겠다고 저러는 것이니 그렇게 이해하시라고 말씀드렸어요."

　그랬더니 "알고 있어"라고 말씀하셨어요. 형님은 맑은 물 중에 가장 맑은 물이었어요. 정권에 욕심 품은 군인들이 맑은 사람을 못마땅하게 생각한 거라고 생각했어요. "장일순이란 사람 잡아넣어

야 우리가 편안하다"고 생각한 거지요.⁵

장일순은 교도소 생활 3년을 수행 기간으로 생각했다. 그 스스로 감옥을 자신을 성찰하고 허물을 닦고 가다듬는 수행의 장소라고 여겼다. 다음은 장일순이 감옥에서 겪었던 일화 한 대목이다.

정치범으로 수감된 수인 중에는 감옥에 들어와서도 엘리트 의식을 버리지 못하고 강도, 절도, 사기 같은 죄로 수감된 죄수들과 한 방에 있게 하는 것을 자신들을 무시하는 처사라고 생각하는 이들이 있었다. 정치범 가운데 한 사람이 간수를 불러 큰소리를 내며 따졌다.

"나는 잘못된 나라를 바로잡으려고 하다 들어온 사람이다. 그런 나를 이런 사람들과 한 방을 쓰게 하는가?"

방을 바꿔달라면서 실랑이가 벌어졌고, 간수가 안 되는 이유를 말해도 막무가내였다. 옆에서 그 모습을 보다 못한 장일순이 그를 말리며 말했다.

"그만하시구려. 우리가 이분들과 다를 게 무엇이 있소? 그런 식으로 사람과 세상을 보아서도 안 되는 것 아니겠소? 그런 눈을 갖고 있다면 당신이야말로 나쁜 사람이외다."⁶

1987년 11월 치악산에서 열린 한살림 연수회 강연에서 장일순은 감옥 생활과 관련해 또 다른 재미있는 일화 하나를 들려주었다. 장일순에게 감옥 생활은 새로운 깨달음을 얻는 기회의 장소이기도 했다.

1963년 10월 3일 한글날, 춘천교도소 작업장에서(오른쪽이 장일순).

철창 밖 나뭇가지에 새가 앉아 있으면 남은 밥을 내놓는단 말이에요. 그러면 새들이 와서 이걸 먹어요. 또 감방에 구멍이 뚫려 드나드는 쥐가 있잖아요. 그런 기색이 있으면 쥐를 위해 밥을 남겨놓는다구. 그러면 나중에는 어떻게 되느냐. 그 새와 그 쥐가 친구가 돼버려. 갈 생각을 않는단 말이야. 항상 밥을 놔두니까. 그러니까 입으로 "쮜쮜쮜쮜" 하면 쥐가 가까이 오고 또 이렇게 바투 오라고 하면 손에도 타고 몸에도 와서 놀기도 하고 이런다고. 쥐가 그렇게까지 가까이 올 수 있다고 하는 것은 쥐에 대해서 무심하게 해줄 수 있으니까, 따뜻하게 해줄 수 있으니까, 말하자면 "바로 내가 너다"
하는 거나 다름없거든. 그런데 "저 배라먹을 짐승" 이렇게 되면 쥐
가 가까이 안 온다 이거야. 그러니까 생명의 만남이라고 하는 것은
추운 티가 없어야 돼. 장벽이 없어야 돼.[7]

군부정권 참여 제안을 단호히 거부하다

동생 장화순은 대단히 중요한 증언을 남겼다. 면회 중에 형님으로
부터 들었던 내용이다. 감옥에 있던 어느 날 정권의 고위 인사가 찾
아와 장일순에게 "우리와 함께 일하자"라고 제안했다고 한다. 장일
순은 생각할 겨를도 없이 단번에 단호하게 거절했다. 군인이 정치
를 해서는 안 된다는 게 이유였다.

"생각해보자"라든가, 어느 정도 뜸을 들였다면 감옥에서 풀려날
수도 있었을 것이고, 실제로 실천에 옮겼다면 박정희 정권의 한 자
리 요직을 차지했을지 모른다. 그러나 장일순에게 권도(權道)는 정
도(正道)가 아니었다.

쿠데타 세력은 1963년 2월 민주공화당을 창당하면서 각계의 유
망한 인물들을 포섭했다. 청정한 법조인이었던 정구영 변호사도
이때 가담하고, 이에 나름의 전문성과 명성을 가진 인사들이 상당
수 공화당과 박정희 정권에 참여했다. 강원 지역의 유력 인물인 장
일순에게도 유혹의 손길이 뻗쳤지만, 그는 '군인의 정치불관여' 원
칙의 선을 그었고, 미련 없이 옥살이를 감내했다.

뒷날 전두환의 후계자 노태우가 집권하여 장일순을 국무총리로 영입하려는 움직임이 있었지만 이 또한 단호히 거절했다(이 부분은 뒤에서 다시 이야기한다).

장일순이 춘천교도소로 이감되어 수형생활을 하고 있을 때 대성학교 시절의 제자가 면회를 왔다. 제자의 회고에서 장일순의 인품과 지혜의 한 자락을 엿볼 수 있다.

춘천교도소에 계실 때 나는 군대에 있었어요. 선생님이 감옥에 가신 줄도 모르고 있었지. 일등병이 돼서 첫 휴가를 나왔는데 감옥에 가 계시다는 거야. 감옥에 가시게 된 이유를 이 사람 저 사람에게 들었지. 그 길로 춘천교도소로 선생님 면회를 갔어요. 면회시간이 10분도 안 됐어. 간수가 옆에서 우리가 하는 말을 모두 기록하고 있는 것 같았어요. 죄수복을 입고 면회실로 나오신 선생님을 본 순간 눈물이 쏟아지는 거야.

그런데 선생님이 나를 보자마자 "자당(慈堂)은 안녕하시냐? 집안 식구들은 다 무고하냐? 네 친구 누구는 요즘 뭐 하고 지내냐?" 뭐 이딴 질문만 계속하시는 거야. 나는 선생님이 왜 감옥에 들어오셨는지 물어보고 싶었고, 내 나름대로 이러이러한 질문을 해야지 하고 생각하고 갔는데 내가 말할 틈을 주질 않고 선생님이 혼자서만 쉴 새 없이 말씀하시는 거야. 그러다 보니 면회시간이 끝난 거야. 선생님 말씀에 대답만 하다가 질문도 못 하고 끝난 거야. 돌아오면서 왜 선생님이 내가 말할 틈을 주시지 않았을까 곰곰이 생각해봤어.

그러고는 무릎을 쳤지. 내가 엉뚱한 질문을 해서 정치적인 얘기

를 하게 되면 군인인 내 신상에 좋지 않은 일이 생길까봐 내가 딴
얘기 못 하게 하시려고 그러신 거라는 것을 알았지. 둘이서 한 얘
기를 간수가 다 적으니까 가족이나 친구들 안부 물으시면서 내 입
을 막으신 거지. 그런 생각이 들더라고.[8]

7. 출감 이후의 활동

3년 만에 출감했으나

박정희가 대통령에 당선되고 집권에 성공하면서 정치적으로 구속했던 일부 양심수들을 풀어주었다. 더 이상 가두어둘 이유도, 명분도 없었다. 제사가 끝나면 제물(祭物)은 치워지기 마련이다. 장일순도 이때 투옥된 지 3년여 만에 춘천교도소에서 석방되었다. 옥살이는 고통스러웠으나 정신적으로 버틴 탓인지 건강은 예전과 크게 달라지지 않았다.

장일순이 옥중에서 가장 고통스러웠던 순간은 어머니가 세상을 떠났다는 소식을 들었을 때였다. 그때 장일순의 아버지는 아들이 받을 충격을 걱정해 아들에게 알리지 못하도록 했다. 그러나 누나 정순이 면회를 갔다가 동생을 보자마자 참았던 울음을 터트렸고, 결국 누나 정순은 어머니의 사망 소식을 장일순에게 알려주었다. 장일순도 누나와 함께 면회장에서 한참을 울었다.

집에서 모시고 살 때는 아침마다 문안인사를 올리고 나서 안방의 요강을 가져다 측간(화장실)에 비우고, 저녁이면 깨끗이 씻어서 다시 갖다 놓는 등 장일순은 극진한 효자였다. 어머니의 부음을 듣게 된 장일순은 임종은커녕 장례식에도 참석하지 못한 불효막심을 한탄하면서 뒤늦은 통한의 편지를 썼다.

어머니 영전에 올립니다.

저는 전혀 모르고 있다가 지난 6월 14일 누님이 면회를 오셔서 알려주심으로 알았습니다. 어머님이 천당에 가시었다는 소식이 믿기지 않습니다. 어머니, 어찌 그렇게 가십니까!

우리 남매는 면회장에서 한참 울었습니다. 대상까지 나가도록 모르고 있었으니!

어머님 살아 계실 때 제가 걱정 끼친 일을 생각하니, 이루 말할 수 없는 벅찬 마음뿐입니다. 어머니 가시기 약 보름 전에 저에게 보내주신 간곡한 글월을 읽고 눈물집니다.

어머님이 가신 소식 듣고 그때부터 제 가슴에는 그늘이 졌습니다. 계시거니 할 때에는 든든하고 무엇 하나 걱정이 없더니, 정녕 가시었다는 말씀 듣고 적막해졌습니다.

옛 말씀에 "수욕정(樹欲靜)이나 풍부지(風不止)하고, 자욕양(子欲養)이나 친부대(親不待)라(나무가 가만히 있고자 하나 바람이 그치지 아니하고, 자식이 부모를 모시려 하나 부모는 떠나고 계시지 않네)" 하옵더니, 계실 제 공경 못 한 제가 설 땅을 잃었으니 이 한을 어찌합니까? 어머니, 불효한 저를 그래도 웃음으로 받아주실 줄 압니다.

그러나 저는 마음이 허전합니다. 어머니, 참 무어라 말씀 올릴까요? 어머님을 위해서 연도하고 있습니다. 어머님 평화롭게 쉬시옵소서. 신공중(神工中)에 어머님을 대하겠습니다.

노경에 계신 아버님을 위해서 어머니, 천당에서 기구하여 주십시오. 쓸쓸하실 아버님을 생각하니 무어라 아뢸 바를 모르겠습니다. 어머님, 주님의 복 많이 입으시기 바랍니다.

1963년 6월 19일

불효자 일순 올림[1]

장일순은 석방되자마자 어머니의 묘소로 달려가 임종과 장례를 지키지 못한 불효를 한 번 더 고하고, 뒤늦게나마 사모의 정을 달랬다.

장일순은 몸은 풀려났으나 완전한 자유를 얻은 것은 아니었다. 박정희 정권은 양심수들을 석방하면서도 규제의 끈을 풀어주지 않았다. 특히 국가보안법과 반공법 혐의자들에게는 이른바 '보안관찰'의 대상으로 삼아 공직 취임은 물론 해외여행을 제한했으며, 만나는 사람까지 일일이 신고하도록 했다. 박정희가 1975년 7월 16일 법률 제2769호로 사회안전법이라는 것을 제정하여 출감자들을 더욱 옥죄었지만, 그 이전부터 사실상 각종 규제가 시행되고 있었다.

장일순은 옴짝달싹하기 어려웠다. 박정희 독재정권 시대에는 사복형사가 시도 때도 없이 집으로 찾아와 장일순의 일거수일투족을 살폈으며, 전두환이 집권한 1981년경에는 토담집으로 향하는 골목 입구에 파출소까지 만들어 집으로 드나드는 사람들을 감시했다. 사람들이 찾아오고 싶어도 오지 못하도록 만들기 위해서였다. 장일순의 집에서 멀지 않은 곳에 이미 경찰서가 하나 있어서, 굳이 필요없는 이곳에 파출소를 지은 것은 이런 이유 때문이었다.

자신이 가산을 쏟아 만들었던 대성학교는 그 사이 크게 쇠락해져

장일순의 집으로 가는 골목길 입구에 있었던 파출소. 지금은 카페로 바뀌었다.

있었다. 교사들과 학생들이 성의를 다하여 학교를 지켜냈으나 이
사장이 사상범으로 몰려 수감되면서 학교는 관으로부터 각종 제약
을 받고 있었다.

장일순은 학교를 재건하기 위해 발 벗고 나섰다. 자신이 할 수 있
는 일은 교육사업뿐이라고 믿었다. 잃어버린 3년 세월을 보충이라
도 하듯이 열과 성을 다했다. 학교는 다시 생기를 되찾고 활력이 넘
쳤다.

학생들 굴욕회담 반대시위로 이사장직에서 물러나

한국 사회에 다시 시대의 먹구름이 몰려왔다. 박정희는 쿠데타의
명분으로 내걸었던 경제개발에 필요한 대규모 투자재원을 확보하

기 위해 일본 자본을 유치하고자 한일회담을 서둘렀다. 미국이 소련(오늘날 러시아)의 팽창을 견제하고자 한일관계 정상화를 요구하면서 이해가 맞닿았다.

박정희는 한일회담을 강행했다. 중앙정보부장 김종필을 밀사로 파견하여 '김—오히라 메모'를 통해 굴욕적인 회담을 밀실에서 진행하고, 이 같은 사실을 철저히 비밀에 부쳤다. 한일관계는 한국인들에게는 지극히 민감한 부분이다. 일제 35년 동안 저질렀던 온갖 만행을 잊을 수 없기 때문이다. 일본의 진정한 사과와 합당한 배상이 필요했다. 그런데 박정희 정권은 일본에 구걸하다시피 매달렸다. 일본 정부는 박정희의 실체와 그가 처한 상황을 훤히 꿰고 있기 때문에 더욱 고자세를 취했다. 심지어 일본 측 한일회담 대표 쿠보타가 "일본의 통치는 한국의 근대화를 이끌었다"는 따위의 망언을 서슴지 않을 정도였다.

밀실에서 벌어진 한일회담 소식이 전해지면서 국내에서는 1963년 신학기부터 대학생들을 중심으로 굴욕회담을 비판하는 시위가 전개되었다. 야당과 재야에서도 가세했고 시민들도 나섰다. 학생들의 반대시위는 전국으로 확대되고, 5·16 이후 폭압정치에 눌려 있던 국민이 굴욕회담을 계기로 다시 폭발하는 형국이었다.

1964년 초부터 정부가 한일 교섭을 조속히 타결하려 하자 전국 각지에서 시위가 벌어졌고, 시위는 6월 3일에 절정으로 치달았다. 6월 3일, 서울에서는 학생과 시민 1만여 명이 경찰저지선을 뚫고 박정희 퇴진을 요구하면서 광화문까지 진출하여 청와대 외곽의 방위선을 돌파했다.

이보다 두 달 앞선 4월 2일에 원주에서는 대성고 학생들이 중심이 되어 시위를 벌였다. 대성고 학생 300여 명은 굴욕외교반대 플래카드를 들고 교문을 나와 "배고픈 우리 살림 6억 원(실제는 무상 3억, 상업차관 2억 달러)으로 잘살 수 없다" "이완용 2세들아 각오하라" 등의 구호를 외치며 원주시청 앞까지 진출했다. 전국에서 고등학생들이 시위에 나선 것은 대성고가 처음이었다. 학생들은 장일순이 노랫말을 붙인 교가를 힘차게 부르며 교문을 나섰다.

힘차라, 대성의 명랑한 건아야!
희망이여, 크거라, 세계를 위하여!
이상을 닦아라, 인류를 위하여!

학생들은 시청 앞 광장에 모여 "굴욕외교를 즉시 중단하라"는 결의문을 채택한 다음 다시 시위에 나섰다. 학생들은 출동한 경찰의 제지를 받고 30분간 연좌데모를 하다가 학교로 돌아왔다. 이 시위로 대성고 학생대표 7명이 퇴학 처분을 받았다.

장일순은 "도의적 책임을 느끼고" 이사회에 사표를 냈다. 김재옥 교장도 뒤를 따랐다. 명분은 '도의적 책임'이었지만 학교를 살리기 위한 고육책이었다. 경찰은 시위 주도 학생들을 체포하고 "배후가 장일순 이사장 아니냐"고 닦달했다. 당시 제일 먼저 잡혀간, 장일순의 제자인 최정옥은 독방에 갇혀 취조를 당했다고 한다.

시위를 마치고 교문에 들어서려는 순간 주동자 7명을 순식간에

1964년 한일굴욕외교 반대시위에 앞장선 대성고등학교 학생들.

체포한 거예요. 제가 제일 먼저 잡혔죠. 제가 주동자인 줄 알고 저부터 딱 찍어놨겠죠. 귀신같이 알더라고요. 학생회장까지 7명이 원주경찰서로 바로 잡혀갔어요. 밤새 취조를 받았어요. 배후가 누구며 플래카드 만드는 돈은 어디서 났는지 집요하게 묻고 추궁하더라고요.

특히 무위당 선생님이 배후가 아니냐며 다그치는 거예요. 이미 경찰들은 무위당 선생님을 시위의 배후 조종자로 만들려고 각본을 짜놓고 있었던 거 같았어요. 저희들은 학생들이 자발적으로 모여 시위를 한 거지, 누구의 조종을 받아서 한 게 아니라고 주장했죠.

원주경찰서장이 해병대 중령 출신이었는데 저희가 배후를 불지 않는다고 생각하고는 7명을 한 사람씩 독방에 가둬놓고 취조를 했어요. 조사관들이 배후를 밝혀내지 못하자, 경찰서장이 제가 있는 방에 들어오더니 "이 빨갱이 같은 새끼!"라면서 연탄집게로 내 등을 후려치는 거예요. 순간 눈에 불이 번쩍하더라고요.

더 얻어맞기 전에 배후가 누군지 순순히 말하라는 거예요. 내가 "배후가 없습니다. 학생들이 순수한 마음에서 데모한 겁니다. 우리는 장일순 선생님을 만난 적도 없다"고 악을 썼죠. "플래카드도 우리끼리 돈을 염출해서 만든 거다"라고 말했어요. 다른 학생들도 저와 똑같은 얘기를 했어요.[2]

6월 3일, 시위대가 청와대 앞까지 이르자 박정희 정권은 극도의 위기감에서 이날 저녁 비상계엄을 선포하고, 시위를 주도한 학생들을 구속하면서 휴교령을 내렸다. 또한 굴욕회담의 협상 내용을 국회에서 공화당 의원만 참석한 채 비준했다.

장일순은 대성학교의 이사장직은 물론 이사직에서도 물러나야 했다. 정부 당국이 정보기관을 앞세워 장일순이 학교에서 손을 떼도록 만들었다. 학생들의 데모를 선동하지는 않았지만 이사장의 교육정신·민주주의와 참된 인간이 되라는 실천교육은 학생들이 불의에 도전하는 정의감으로 발현되고, 이것이 전국에서 처음으로 고등학생들의 시위로 나타났다.

참된 교육자가 되고자 했던 장일순의 꿈은 독재정권의 칼날 아래서 접어야 했다. 이후 전개한 사업(일)이 큰 테두리에서 보면 '교육'에 속하지만, 이로써 일단 '일선교육'의 현장에서는 물러났다.

시위를 주동해 퇴학 처분을 받았던 최정옥은 다시 학교로 돌아갈 때까지 장일순의 가르침을 계속 받을 수 있었다.

데모하고 나서 퇴학 처분 받고 집에서 놀고 있을 때 선생님이 저를 찾아오셔서 집안 식구들 안부를 물으시더니, "애야, 네 친한 친구 데리고 일주일에 한 번씩 우리 집에 와라" 그러셔서 같이 퇴학당한 친구와 함께 선생님 댁에 매주 가서 2~3시간씩 말씀을 들었어요. 주로 하신 말씀은 학교에 곧 복학할 수 있을 테니 용기를 가지라는 말씀과 쉬는 동안에 이러이러한 책을 꼭 읽으라면서 책 목록을 적은 쪽지를 주셨어요. 그때 선생님이 정말 우리들을 사랑하시는구나 라고 생각했어요. 선생님은 너희들 때문에 내가 고초를 겪었다는 말씀은 전혀 하지 않으셨어요. 나중에 알고 보니까 우리가 시위하고 나서 선생님이 고생 많이 하셨더라고요. 경찰서에서 며칠 동안 고초를 겪으셨다는 얘기를 들었어요. 그런데도 한마디 내색을 하지 않으셨어요. 저희들은 6개월 뒤에 복학을 했어요. 우리들이 복학되도록 무위당 선생님이 애쓰셨다는 얘기를 선생님들이 해주셨어요. 그런데 무위당 선생님은 저희들 때문에 아무 조건 없이 학교에서 손을 떼게 되었죠. 그 사실도 나중에 알았어요.

무위당 선생님이 돌아가시고 조문을 갔는데 장화순 선생님이 무위당 선생님 아드님들에게 저를 소개하시면서 "이 친구가 너희 아버지가 제일 아끼던 제자야"라고 소개하시는데 눈물이 나오더라고요.[3]

학교를 세운 장일순은 중국 오경(五經)의 하나인『예기(禮記)』의 학기(學記)편에 나오는 교학상장(敎學相長)을 강조했다. 이는 가르치는 자와 배우는 자가 나뉘고 고정된 것이 아니며 교육의 본질은 인간다운 삶을 함께 배우고 느끼는 의식의 상호작용이라는 것을 잊지 말라는 뜻이었다. 이와 함께 그의 교육철학은 '어미 닭과 병아리가 껍질 안과 밖에서 동시에 알을 쪼아 깨뜨린다'는 줄탁동시(啐啄同時)의 관점에 서 있었다.

> "알 속의 병아리가 껍질을 깨고 나오기 위해 안에서 쪼는 것을 줄이라 하고, 어미 닭이 새끼가 알에서 나오는 것을 돕기 위해 바깥에서 쪼는 것을 탁이라고 하거든. 그 둘이 맞아야 한다. 이 말이야. 어린아이가 신이 나서 하게 해야지, 부모가 억지로 당긴다고 되나? 안 되지!"[4]

자신에게 진실하고 타인에게 거짓되지 않는 삶

정치개혁에 나섰다가 좌절하고 교육사업에 투신했으나 이번에도 뜻을 이루지 못했다. 순전히 정당성이 없는 권력의 횡포에 눌린 결과였다. 새로운 길을 찾다가, 인도의 성자 간디와 그의 제자인 비노바 바베의 비폭력 저항운동(사티아그라하 운동)과 자활운동에 관심을 가졌다.

한국에 간디는 많이 알려졌지만 비노바는 덜 알려진 편이다. "비노바는 가장 정당하고 합당하게 간디의 이념을 따르고 있다고 말할 수 있을 것이다. 그는 간디를 진리로 인용하는 일은 거의 없지만, 항상 자신은 간디에 의해 형성되었다고 말한다. 오늘날 인도의 거의 모든 사람이 간디의 가장 가깝고 가장 진실한 추종자는 비노바라는 데 동의한다."[5]

비노바는 간디가 다 하지 못한 일, 곧 사랑과 설득으로 경제적·사회적 혁명뿐만 아니라 도덕적 혁명을 수행해야 하는 일을 이어받았다. "내가 간디 선생의 비폭력의 길을 따라서 양심적으로 근면하게 최선을 다해왔다는 것을 나의 마음이 증언하고 있다. 내가 좋아할 수 있었고, 동화될 수 있었던 그의 사상과 가르침들이 어떤 것이었든지, 나는 내 삶의 매 순간 그것을 온전히 인식하면서 실현하려고 노력해왔다."[6]

장일순은 새로운 출발을 앞두고 간디와 그의 제자 비노바의 사상·신념·실천에 주목했다. 폭력에 대응하는 방법, 자연주의 평화사상, 이웃들과 함께 사는 공동체에 관심을 쏟았다. 생의 가장 밑바닥이라는 감옥에서 3년여를 지내면서 세속적인 출세와 명예, 물욕따위가 얼마나 부질없고 허망한 것인지를 깨달았다. 이에 더욱 근원적인 삶의 가치를 찾고, 세상의 한 구석이라도 정화시키는 일을하고 싶었다. 이를 위해서 자신에게 진실하고, 타인에게 거짓되지 않는 삶을 살고자 다짐하고 또 다짐했다.

이런 새로운 삶을 위해 장일순은 1964년부터 포도 농사를 시작했다. 사실 사회안전법과 정치정화법 등에 묶인 것과는 상관없이 정치는 하고 싶지 않았고, 일체의 사회활동도 할 수 없는 데다, 대

골방에서 붓글씨를 쓰기 위해 벼루에 먹을 가는 모습(1960년대 후반).

성학원의 운영에서도 배제됨으로써 할 수 있는 일이 농사일밖에 달리 없었다. 차라리 이런 현실을 하늘의 뜻으로 받아들였다.

사회를 바꾸는 일로 패거리 의식과 야합이 판치는 정치판보다는 선량한 사람들과 함께하는 밑바닥의 농사짓는 일을 택하기로 했다. 이는 가족의 생계문제도 해결할 수 있는 길이기도 했다. 그동안 셋째 아들 동천(東天)이 태어나 부양가족도 늘었다.

장일순 집안의 가훈은 할아버지가 지은 "하늘과 사람을 대해서 부끄러움이 없어야 한다"였다. 장일순은 이를 늘 가슴에 새기며 살고자 노력했다. 농사야말로 가훈에 알맞은 직업이라 믿었다. 뿌린

마루에서 글씨를 쓰는 모습(1976).

만큼 거두고 가꾼 만큼 생산되는 것이 농사였다.

장일순은 포도 농사를 지으면서 농약이 흙을 망가뜨리는 문제를 심각하게 고심했다. 이 땅은 조상들로부터 물려받은 것이기도 하지만 후손들에게서 빌려 쓰는 것인데, 이렇게 농약을 뿌려 소중한 땅을 망가뜨려서는 안 된다는 것을 이때 깨달았다.

이때의 깨달음은 뒷날 유기농, 흙살림, 생명사상을 강조하는 계기가 되었다. 또한 이웃들에게 성경의 포도원 주인 이야기를 하면서, 아침에 온 일꾼이나 늦게 온 일꾼이나 똑같이 한 데나리온을 품삯으로 지급한 것은 세상 사람들이 의식주만큼은 평등해야 한다는 평등사상의 가르침이었다는 것을 일깨워주었다.

이렇게 시작한 포도 농사는 4년여 동안 계속되었다. 생업이면서 자기수련의 시간이었다. 이웃 농민들과 어울리고 더러는 연대하면서 열심히 포도 농사를 지었다. 이런 노력은 몇 해 뒤 신용협동조합 운동을 시작하는 계기가 되었다.

장일순은 틈틈이 시간이 나면 다시 먹을 갈고 붓을 들었다. 어렸을 때 차강 박기정 선생에게서 배웠던 글씨(휘호)를 세파에 휘몰리면서 한동안 쓰지 못했다. 장일순은 글씨를 '먹장난'이라 불렀는데, 포도 농사를 하면서 스스로를 다스리고자 '먹장난'을 시작했다. 먹장난을 다시 시작한 사연은 다음과 같다.

가끔 혼자서 이런 생각을 해보곤 하는데 말이지, 박정희 씨가 아니었으면 내가 먹장난을 다시 시작하지 않았을 게야. 그런데 그 박정희 씨 덕에 먹장난을 하게 되니까 뭐냐 하면 난초가 나왔단 말이야. 난초란 무아(無我) 상태에서 처리가 되는 건데, 그것을 일컬어 미(美)라 한다면, 박정희라고 하는 탄압이 없었으면 그놈의 난초가 생길 수가 없잖은가? 그래서 내 난초는 박정희 씨 덕이다, 그런 생각을 가끔 한다구. 그래 요전번에 근원 김양동 선생한테 난을 하나 쳐 드리면서 '정란유래정희공(淨蘭由來正熙公)'이라고 화제를 써준 적이 있지.[7]

맑은 난을 치게 된 배경이 박정희 때문이라는 내용이다. 장일순의 난은 서슬 퍼런 탄압과 폭압 속에서 피어난 강인한 난이었다.

8. 가톨릭을 기반으로 한
사회개혁운동

지학순 주교와 만나다

1965년에 천주교의 총본산인 로마 바티칸에서는 가톨릭교회가 앞으로 나아갈 길을 타진하고, 교회를 현대적으로 개혁하기 위한 '제2차 바티칸공의회'가 열렸다.

공의회를 개최한 교황 바오로 6세는 "구제해야 할 것은 인간이며 개혁해야 할 것은 인간사회"라고 밝히면서, "전 세계의 주교들이 그들 나라의 교구로 돌아가 폐쇄적이고 권위주의적인 교회상에서 벗어나 각자의 교구가 속해 있는 지역과 사회가 직면한 문제에 적극 참여하라"라고 촉구했다.

제2차 바티칸공의회는 한국 천주교를 크게 바꾸는 계기가 되었다. 바티칸공의회가 끝나고 교황청에서는 강원도를 관할하는 춘천교구를 분할해 강원도 남쪽에 원주교구를 설정했다. 원주교구 관할 지역은 인구 10만 명밖에 되지 않는 원주와 영월, 삼척 등 산악지역과 탄광 지역, 농어촌 지역 정도였다. 지역적으로는 교통의 오지이며, 문화·경제적으로 매우 열악한 지역이었다.

1965년 3월, 교황은 한국에서 제2차 바티칸공의회의 사목헌장을 실천할 신부로 44살의 젊은 신부 지학순을 선택해 초대 원주교구장으로 임명했다. 그해 6월 원동성당에서 원주교구장에 착좌한 지학순 주교는 사목지침을 '빛이 되어라!'로 정하고 교회가 민중의 편에서서 그들을 이해하고, 세상의 문제를 끌어안고 고민해야 한다는 바티칸공의회 정신을 구현하기 시작했다.

지학순 주교는 교구 내의 광산 노동자, 농민들의 참상에 주목하게 되었다. 이후로 그의 관심은 원주교구 안에 살고 있는 가난하고 소외된 주민들에게 초점이 맞추어지게 된다. 지학순 주교는 원주교구 지역이 경제적으로 낙후돼 있고, 특히 농촌과 탄광 지역 주민들이 고리채에 시달리는 것을 보고 이것을 극복하는 방법으로 신용협동조합을 만들어야겠다고 결심하게 된다. 원주교구장으로 부임하기 전 부산 초장동 주임신부로 있을 때 신용협동조합을 조직했던 경험이 있었기 때문이다.

지학순 주교에게는 자신의 뜻을 함께할 동지가 필요했다. 지역 유지들을 만난 자리에서 "내가 바티칸공의회 정신을 구현하기 위해 개방된 교회를 운영하고 싶은데 나와 같이 일할 수 있는 분을 소개해달라"고 부탁했는데, 많은 사람이 봉산동에서 포도 농사를 짓고 있는 장일순을 추천했다. 지학순 주교와 장일순은 이렇게 해서 만나게 되었다. 장일순의 나이 37살 때였다.

지학순이 1952년 사제로 서품되어 거제도 포로수용소에서 군종 신부로 일할 즈음 장일순은 가톨릭 신자로서 미군 통역관으로 거제도 포로수용소에서 복무하고 있었다. 어쩌면 두 사람은 그때에 서로 만났을지도 모른다. 설혹 만나지는 않았을지라도 두 사람은 민

지학순 주교 원주교구장 착좌식(1965년 6월 29일).

족사의 비극을 공유했을 것이다.

　장일순은 시대정신과 정의감이 넘치는 지학순 주교의 설교를 듣고, 지학순 주교는 장일순으로부터 개혁사상과 동서양의 고전에 관해 속내 깊은 대화를 나누면서 서로를 신뢰하고 존경하는 마음을 넓혀나갔다. 의기투합이 된 두 사람은 평생의 동지이자 지기로 민주화운동과 협동조합운동, 사회개혁운동을 함께 펼쳤다. 그러다가 지학순 주교는 1993년에, 장일순은 그 이듬해에 세상을 떠나게 된다.

생전에 두 사람은 서로 짝사랑하듯이 가까운 사이로 지냈는데, 지학순 주교님은 무위당 선생이 하는 일을 적극적으로 뒷받침해주었어요.

"장 선생은 사회교육 그리고 에큐메니칼(ecumenical) 운동, 교회일치운동을 해라. 뒷받침은 내가 하겠다"고 주교님이 말씀했어요.[1]

장일순이 활동 기반으로 천주교를 선택한 이유는, 장일순 개인의 종교와도 관련이 있지만, 지학순 주교의 적극적인 지원 속에 주민 가까이에서 적어도 일주일에 한 번씩 모임을 가질 수 있다는 점이 크게 작용한 것으로 보인다. 당시의 군사정권이 모든 반정부적 움직임이나 집회는 물론, 단체 활동이나 소모임조차 규제하려 했던 상황을 고려한다면, 교회는 정치권력의 직접적인 간섭에서 벗어난 안전한 장소였다. 더욱이 교회의 역할도 종교 본래의 역할뿐만 아니라 '삶의 에너지'로서 사회생활 전반에 힘이 될 수 있을 것이라 기대했다.[2]

1990년 초, 장일순은 지학순 주교와 만나서 이야기를 나누던 그때를 이렇게 회고했다.

마침 그 무렵에 천주교 원주교구가 준비 중이었고, 지학순 주교가 사람을 만나고 싶어 하던 와중에 물색하고 물색하다가 나를 만나게 된 거죠. 그때 지 주교가 교회를 제대로 제 모습대로 이끌어가야 할 텐데 어떻게 하는 것이 좋겠냐고 그러대요. 가톨릭교회만 하더라도 1950년까지는 토지지주로서 땅에서 나는 소득을 가지고

지학순 주교(가운데)와 이야기를 나누는 장일순(맨 왼쪽).

교회를 운영했는데, 그 이후에는 전란국가라는 것 때문에 바티칸에서 원조가 다소 있었고, 또 미국 등지의 원조 같은 것에 의존해서 운영이 되어오고 있었지요. 그런데 그렇게 해서는 일이 되게 되어 있지를 않거든.

이제는 교회가 하느님을 믿는, 예수를 믿는 사람 모두의 교회가 되어야 하지 않겠냐고, 그러려면 교육이 선행되어야 할 것이고, 또 하나는 교회 자체가 자치의 틀로 질서가 바뀌어야 될 것이라고 그렇게 말씀드렸습니다. 또 그것이 교회가 무엇 때문에 이 사회에 존재하느냐 하는 데 대한 자세를 구축하는 기초가 되는 거니까 그렇게 해보시자고 했지요.[3]

평신도 중심의 자립하는 교회

지학순 주교는 장일순을 원주교구 사도회장에 임명했고, 원주교구를 배경으로 사회 전반적인 면에서 운동을 할 수 있는 기틀을 마련해주었다. 당시 두 사람의 관심은 오로지 가난하고 소외된 이들에게 있었다. 지학순 주교는 제2차 바티칸공의회 정신인 교회의 개혁과 개방을 추진하기 위해서는 평신도의 위상을 높이는 것이 중요하다고 생각했다. 그래서 평신도 단기 교육훈련 과정인 꾸르실료(Cursillio) 활동을 활발하게 전개했다.

지학순 주교와 장일순은 전국의 천주교회 중에서 꾸르실료 교육과정을 원주교구에 처음으로 보급시킨 장본인들이었다. 장일순은 1967년 8월 서울에서 열린 제2차 꾸르실료 교육을 수료한 뒤 평신도 22명이 참석한 가운데 원주교구 남성 제1차 꾸르실료를 개최했다. 꾸르실료 활성화는 사제와 평신도가 차별 없이 사도직을 행한다는 의미에서 평신도 중심의 교회로 가는 데 기여한 바가 컸다.

지학순 주교는 해외 출장 갔다가 돌아올 때 일본에 들러 일본어로 된 제2차 바티칸공의회 문헌 3권을 갖고 와서 "장 선생이 일본어를 잘하니 번역해서 읽어보라"라고 했다. 장일순은 그걸 번역해서 열심히 공부하고 교재를 만들어 신도들에게 강의를 했다. 당시 강의를 들었던 김상범(전 무위당을 기리는 사람들 부회장)의 이야기를 들어보자.

바티칸공의회 문헌이 이 사회를 어떻게 발전시키고, 세상을 어떻

1967년, 서울에서 꾸르실료 교육을 받는 장일순(맨 왼쪽).

게 바꿔야 되고, 진정한 복음이 무엇인가 하는 것을 강의하셨는데 교사를 하셔서 그런지 강의를 쉽고 재미있게 잘하셨어요. 강의 내용을 전체적으로 요약하면 "교회는 사회의 어머니고, 교사다. 어머니가 뭐냐, 아프면 돌봐주고 불쌍한 사람, 불쌍한 애들도 차별하지 않고 다 따뜻하게 품는 분이시잖아요. 교회가 그렇게 해야 한다"고 말씀하셨어요. 그리고 "교사가 학생들을 품어주고 잘못하는 것이 있으면 바로잡아주듯이, 교회는 교사가 돼야 한다"고 말씀하셨어요.

그때 원주의 젊은 청년들이 무위당의 강연을 들으러 많이 왔어요. 이들이 나중에 천주교 신자가 됐고, 꾸르실료 교육을 받은 청년들이 나중에 원주교구 재해대책사업위원회와 사회개발위원회에서 일하면서 협동조합운동과 지역사회운동의 리더로 성장하게 됐지요. 이경국, 박재일 형님 같은 분들이 다 그런 분들이에요.

원주교구 설정 당시 경제적으로 노동자와 농민을 비롯한 민중들은 가난에서 벗어나지 못하고 있었다. 특히 평신도 중에는 소위 미국에서 주는 '구호물자 신자'가 많았다. 교회가 시혜자 입장에서 구호물자를 주고, 신자들은 구호물자 받으려고 교회를 나가는 경우가 흔했다. 1960년대 중반까지만 해도 그런 근성이 남아 있어서 교회자립은 아예 생각할 수도 없었다. 이런 사정 속에서 지학순 주교는 교회자립을 제창했고, 장일순은 평신도 교육을 통해 교회자립을 실천에 옮겼다.

이들의 활동을 곁에서 지켜본 김정하(전 진광고등학교 교장)의 말이다.

제2차 바티칸공의회 정신을 받아서 평신도들이 주인이 되는 교회로 발전시켜야겠다. 평신도들의 의식을 개발시켜 받드는 교회에서 자립하는 교회로 변화시키는 데 초점을 뒀죠. 공의회 문서에 4개의 헌장하고 9개의 교령하고 3개의 선언이 있었어요. 그런데 원주교구가 가장 먼저 이 공의회 문헌을 입수했어요. 1965년부터 평신도 지도자를 양성하기 위해 장일순 선생님이 공의회 문헌을 가져와서 매일 저녁에 강의를 해주셨어요. 장 선생님이 평신도 지도자 양성에 큰 몫을 하신 거죠. 그게 바로 원주교구를 발전시킨 원동력이 되기도 했죠. 당시 장 선생님이 초대 사도회장님이셨고 제가 총무를 맡아 일을 했어요. 공의회 문헌은 현대 교회가 나아갈 지침서예요. 현대 세계 상황에서 교회는 어떤 모습이어야 할까 자성하고, 쇄신, 변화해보자는 것이지요. 또한 타종파와의 관계모색이라든가, 사제나 평신도가 한 하느님의 백성이라고 보는 등 급변하는 사회에 대한 대사회적 선언이라고 보는 거죠.[4]

장일순은 평신도 교육을 통해 평신도들이 능동적으로 교회의 신앙 실천에 적극적으로 참여할 수 있는 길을 열었고, 교회의 자립뿐만 아니라 신도들에게 사회와 역사에 대해 책임감 있는 시민의식을 고취하는 데 크게 기여했다.

이 무렵 장일순은 '아집과 과격한 엘리트 의식을 버리고 대중에 대한 봉사 운동'으로서 협동조합운동을 시작했다. 공의회 문헌을 공부하는 모임을 계속하면서 신용협동조합운동에 대한 강의를 병행했다.

협동조합운동은 독재권력에 맞설 수 없는 상황에서 현실 정치를 벗어나 삶의 정치를 구현하는, 장일순에 따르면, '밑으로 기어가는 운동'이었다. 또한 경제적 진보운동으로서 지역자치운동의 시작이기도 했다.[5]

장일순이 1966년 신협운동을 시작할 때부터 참여한 이경국(전 무위당만인회장, 전 신협중앙회 사무총장)의 증언이다.

어느 날 신용협동조합 교육이 있다고 남으라고 하셔서 50여 명과 함께 무위당 선생님 교육을 받게 되었어요.

협동조합의 역사적 전개과정에 대해 교육을 받으면서 생소하기는 했지만 신선한 점을 발견할 수 있었습니다. 특히 150여 년 전에 영국에서 로치데일 공장 개척자 28명의 노동자가 협동운동을 시작하던 시절, 그리고 프랑스, 독일에서 시작된 협동조합운동이 기업의 착취에서 벗어나 자본주의의 모순을 헤쳐나가며 함께 잘살아가는 길을 제시했다는 점에 감명을 받았습니다.

특히 독일에서는 농촌운동을 겸한 라이파이젠 신용조합, 도시의 슐체 델리취 신용조합, 그리고 20세기 캐나다, 미국의 신용조합 성공 사례를 듣고 우리가 해야 할 일이라고 여기게 되었습니다. 우리나라에도 캐나다에서 교육을 받고 오신 메리 가브리엘 수녀님이 1960년 5월 부산에서 33명의 조합원과 함께 3,400환을 모아 성가신협을 시작한 후 전국에 50개 조합이 설립된 상태라고 하였습니다.

무위당 선생님은 우리 조상들의 전통문화인 두레, 계, 품앗이 등 다양한 협동의 문화를 소개하시고, 돈이 중심이 되는 자본주의 모순을 해결하고 더불어 함께 사람답게 살려면 협동운동을 펴나가야 한다, 더구나 이농현상이 점점 가속화되고 은행 문턱이 높아 돈을 필요로 하는 사람들이 많아지다 보니, 일수놀이나 사채 시장에 매달려 허덕이는 중소상인을 위해서도 신용협동조합 조직을 키워내어 땀 흘려 노력하는 민중이 대접받는 사회를 만들어가자고 말씀하셨습니다.[6]

지학순 주교는 원주교구의 재정자립을 위해 노력했다. 당시 원주교구 재정은 매우 열악했고, 재정의 거의 대부분을 외국 원조에 의존하고 있었다. 교구로 설정된 1년 뒤 원주교구의 재정을 살펴보니 그때까지 사용된 총경비가 2천6백30만 원이었는데, 그 가운데 신자들이 부담한 액수는 6만 3천 원에 불과했다. 나머지는 외국 원조였다. 그래서 나온 실천방안이 교회의 재정자립이었다.

1967년 1월부터 원동본당의 경우 신부 한 사람의 생활비를 자체 부담하도록 하고, 원동, 학성동, 단구동, 영월, 삼척 본당은 수녀 2명의 생활비를 부담할 수 있도록 하라고 당부했다. 그 결과 5년 뒤인 1972년에는 교구의 보조 없이 운영하는 자립 본당이 21개 본당 중 절반이 넘는 12군데나 되었다.[7]

이뿐만 아니라 지학순 주교는 교파나 교단의 차이를 초월하여 모든 그리스도교 신도의 일치 결속을 도모하는 교회일치운동을 펼쳤다. 이때 개신교 목사와 스님을 많이 알고 있는 장일순이 중간에서 큰 역할을 했다. 기독교 목사가 성당에 와서 설교를 하고, 신부가 기독교 교회에 가서 강론하고, 스님이 성당에 와서 이야기하고, 신부가 절에 가서 이야기하고, 한 달에 한 번씩 신부, 목사, 스님이 음식점에 모여 담소를 나누기도 하면서 종교 간의 벽을 허무는 데 앞장섰다. 지학순 주교가 투옥됐을 때는 개신교회에 '지학순 주교를 석방하라'라는 플래카드가 걸리기도 했다. 원주에 사는 기독교, 불교 신자들에게도 지학순 주교는 천주교 신자들만의 주교가 아니라 '우리 주교'라는 인식이 있었다.

장일순의 신용협동조합운동

지학순 주교는 원주 교구장으로 오기 전 부산 초장동 신부로 있을 때부터 협동조합운동에 관심이 많았다. 그런데 원주에서 장일순을 만나 이를 실현할 수 있게 되었다. 당시 강원도 지역은 시·군은 물론 면 단위 지역까지 사금융이 창궐하면서 서민들의 경제적 피해는 물론 인간관계까지 파탄을 불러와 심각한 사회문제로 번지고 있었다. 이 문제를 타개해준 것이 신용협동조합(신협)이었다.

1966년 11월, 원동성당 내에 원주 최초의 신협인 원주신협이 설립되었다. 이사장은 장일순이 맡았다. 그런데 원주신협을 시작한 지 6개월도 안 돼서 실무를 보던 사람이 출자금을 몽땅 갖고 사라져 행방불명이 됐다. 장일순은 가산을 털고 주위 사람들에게 돈을 꿔서 조합원의 피해를 막고 조용히 수습했다. 이때 장일순은 조합원 교육의 중요성을 절실하게 깨달았다. "협동조합운동은 지속적인 교육과 지도가 뒷받침이 되어야만 성공할 수 있다"라는 결론을 얻게 되었다. 그때부터 장일순은 조합원강습회와 임원강습회를 정례화시켰다. 서울 동교동에 있는 협동교육원에 장일순의 셋째 동생인 장상순 씨를 서울 주재원으로 파견해 교육을 받게 한 뒤 협동조합 강사로 투입해 조합원들에게 복식부기를 가르쳤다.

지학순 주교는 1967년에 진광중학교를, 1972년에 진광고등학교를 설립했다. 그리고 학교 안에 '협동교육연구소'를 두어 장일순의 동생 장상순이 이곳에서 협동교육을 담당하게 했다. 진광중·고등학교에서는 '협동'이라는 과목을 개설해 주 1회 1시간씩 학생과 교직원이 의무적으로 협동조합 교육을 받게 했다. 그리고 학교 안에 '진광협동조합'을 만들었는데, 이것이 우리나라 최초의 학교 협동조합이다. 이곳에서 여·수신 업무뿐만 아니라 매점을 운영하고 교

진광중학교 협동조합에서 운영한 매점(1974).

과서와 교복을 공동구매하는 사업도 했다. 나중에는 이것이 커져
서 식당까지 직영으로 운영해 친환경 식사를 학생과 교직원에게 싼
값으로 제공했다. 얼마 뒤 이 학교의 교사인 박재일(한살림 초대 회장)
이 합류하면서 학생들뿐만 아니라 지역주민들에게 협동조합 교육
을 체계적으로 실시하면서 원주 지역을 중심으로 강원도 지역의 신
협운동을 주도해나갔다.

교사에서 협동운동가로 변신한 박재일의 말이다.

당시 가톨릭센터에서 무위당 선생님께서 협동조합강좌를 열고
계셨는데 학교 끝나고 이 강좌에 참여하면서 협동조합운동에 매력
을 느끼게 되었고, 교사보다 협동조합운동이 내 적성에 맞아 교사

원주 가톨릭센터 지하에 마련한 밝음신협(1971).

를 관두고 협동조합운동에 매진하게 되었습니다. 그 당시 농촌에
서 부락공동기금의 부정사용, 장리쌀, 고리사채 등이 성행했던 시
절이라 서민의 삶이 피폐하고 불신도 극심했습니다. 이런 속에서
어려운 사람들끼리 십시일반으로 서로 돕고 자립하는 길을 모색
해보자고 협동조합운동에 투신하게 된 것이죠. 아침에 도시락 하
나 싸가지고 나가면 시내버스를 타고 우선 종점까지 가서 다시 시
내 쪽으로 걸어내려 오면서 모내기도 거들고 하면서 사람들을 만
나 얼굴을 익히고, 새참 나눠먹고 막걸리도 얻어먹고 하면서 자연
스럽게 협동적인 삶과 협동조합의 필요성 같은 것에 대해 이야기
를 나누고 하면서 홍보도 하고 그랬지요."[8]

　1966년에 장일순이 주도해서 설립한 원주신협을 필두로 황지신
협, 문막신협, 단구동신협, 삼척신협이 잇달아 설립되었다. 1970년

에 박재일은 장상순과 함께 원성군 호저면에 영산광격신협(영광신협), 원성군 판부면의 세교신협 창립을 주도했다.

협동교육연구소를 중심으로 신협운동이 전개되던 1971년 8월에 장일순은 대성고등학교 제자들과 함께 원주 가톨릭센터에서 밝음신협 창립총회를 열었다. 밝음신협의 초창기 모습을 김상범(전 '무위당을 기리는 사람들의 모임' 부회장)은 이렇게 회상한다.

> 기독병원 잔디밭에 최희웅, 이대성, 김태환 등 주로 대성학교 출신들 7~8명이 모여서 보람 있는 일을 하자면서 신협을 만들기로 결의했어요. 이것이 밝음신협으로 귀결이 됐어요. 초창기에 밝음신협은 가톨릭센터 2층으로 올라가는 계단 아래 빈 공간에서 여 직원 한 명 두고 시작했어요. 처음엔 사무 보는 직원 월급이 없었어요. 임원들이 오백 원이고 천 원씩 돈을 걷어서 신발값이나 하라고 주고 그러면서 시작을 했어요. 그게 이렇게 발전한 것이지요.

이후 밝음신협은 발전을 거듭하면서 단순히 금융기관 차원이 아니라 신협운동에 기반한 지역개발사업을 활발히 전개하는 데 큰 영향을 끼쳤다.

원주 밝음신협을 이야기할 때 빼놓을 수 없는 게 있다. 1980년에 당시로는 꽤 큰돈인 540만 원을 들여 구급차를 사서 원주소방서에 기증했는데, 이것이 '119구급대'의 효시가 되었다고 할 수 있다. 이를 계기로 이후 소방방재청에서 구급차를 운영했기 때문이다.

현재 원주시 인구 36만 명 중 원주시민의 44%인 15만 명이 신용협동조합원이다. 신협을 통해 지금까지 약 1조 원 이상의 자산이 형성되어 지역사회 발전에 크게 기여하고 있다.

남한강 대홍수와 재해대책사업위원회 활동

1972년 8월, 남한강 유역에 집중호우가 쏟아져 원주교구 산하 탄광 지대와 제천·단양 지역 등 남한강 유역의 13개 시·군이 막대한 피해를 입었다. 8월 18일과 19일 이틀 사이에만 450㎖의 물폭탄이 쏟아져 원주교구 관할 농촌 마을이 대부분 물에 잠겼다. 원주교구에서 집계한 수해 피해는 사망자 66명, 부상자 330명, 수재민 수는 14만 5천 명에 이르렀다. 침수된 건물만 5만 채가 넘어 재산피해만 133억 원으로 집계됐다.

수마가 할퀴고 간 재해 현장은 처참했다. 시·군 공무원들도 무엇부터 손을 대야 할지 엄두를 내지 못하는 상황이었다. 지학순 주교는 교구 차원에서 수해복구사업을 하기로 결심했다. 그래서 탄생한 것이 장일순과 뜻을 함께하는 원주그룹을 중심으로 구성된 '재해대책사업위원회'였다.

지학순 주교는 대규모 수해복구사업을 위해 세계 각국의 가톨릭 구호기관에 지원을 호소했다. 그해 9월에 지학순 주교는 독일 가톨릭 주교회의 자선기구인 미제레오와 카리타스에 도움을 호소하는 편지를 직접 써서 보냈고, 11월 26일에는 서독을 방문해 서독 주교단 주선으로 미제레오와 유럽 카리타스와 대규모 구호자금 지원에 대해 협의했다.

1972년 8월, 남한강 유역의 홍수로 물에 잠긴 집과 건물들.

1972년 12월 말에 미제레오와 카리타스는 이전까지 소규모로 진행된 구호자금 지원 관행을 깨고 291만 마르크(약 3억 6천만 원)라는, 당시로는 단양군 1년 예산에 맞먹는 긴급구호자금을 원주교구에 지원하기로 결정했다.

지학순 주교와 장일순은 이 돈을 수재민에게 거저 나눠주면 의타심만 조장할 것이라고 생각했다. 장일순은 "그 돈으로 물고기를 사서 주면 한 끼를 맛나게 먹고 말겠지만, 물고기 잡는 법을 가르쳐준다면 스스로 물고기를 잡아서 내내 맛난 식사를 할 수 있지 않을는지요"라고 말했다.

당시에는 홍수 피해를 당한 지역에 밀가루와 옷가지 등 식량과 물품을 무상지원하는 것이 일반적인 구호 방식이었다. 그러나 장

일순과 지학순 주교는 무조건 구호하는 게 아니라 스스로 자립하겠
다는 노력의 대가로 지원하기로 의견을 모았다.

"교회는 이해관계로 장바닥 같은 성전이 아니며 신앙을 강요하
거나 돈과 그것을 바꾸는 집단이 되어서는 안 된다"[9]는 것이 지학순
주교와 장일순의 생각이었다.

당시 재해대책사업위원회에 상담원으로 참여한 박재일(한살림 초
대회장)의 증언이다.

> "지 주교님과 무위당 선생님은 수해를 당한 사람이 농토든 주택
> 이든 스스로 해야 할 일을 찾게 만든 뒤 그 대가로 쌀이나 일당을
> 주는 방식으로 사업을 전개하겠다는 원칙을 세우신 거죠. 절대로
> 공짜는 없다는 생각을 가져야만 피해 주민들이 자립할 수 있다는
> 확고한 생각을 두 분은 견지해나가셨어요."[10]

이에 따라 수재민 지원에 앞서 몇 가지 원칙을 정했다.

> 첫째, 여름에 수해가 났기 때문에 이듬해 수확기까지 먹을 게 없
>   으므로 식량 지원을 최우선으로 한다.
> 둘째, 수해로 소실된 농토를 복구하여 농사를 지을 수 있게 한다.
> 셋째, 농민의 소득원을 개발한다.

1973년 1월, 지학순 주교는 종교, 행정기관, 교육계, 언론계 대표
등을 망라해 남한강사업을 추진할 재해대책사업위원회 중앙위원

회와 집행위원회를 만들어, 원주교구 관할 수해지역의 구호사업을 할 수 있는 조직을 구성했다. 중앙위원회 위원장에 지학순 주교와 소속 신부 2명을 두었으나 그 밖에는 제2차 바티칸공의회 정신에 따른 교회일치운동과 평신도운동에 기반을 둔 평신도가 위원회의 중심을 이루었고, 피해지역인 강원도와 충청북도 행정기관의 실장급 공무원을 위원으로 참여시켰다. 1월 22일, 지학순 주교는 재해복구사업을 집행할 집행위원회 위원장에 김영주(당시 원주교구 기획실장)를 임명했고, 원주교구 평신도회의 장일순, 장화순 형제가 힘을 실어주었다.

재해대책사업위원회 자문위원으로 대학과 연구소에 있는 전문가들이 대거 참여했다. 장일순은 우리끼리 독단적으로 일을 해서는 안 된다면서 되도록 많은 사람들을 참여시키고, 특히 전문적인 사람들이 지도를 해주는 체계를 갖추는 것이 필요하다고 말했다.

재해대책사업위원회가 꾸려지기 전부터 원주그룹에서 건국대 농촌문제연구소와 고려대 노동문제연구소, 그리고 한국가톨릭농민회 등에서 전문가를 초빙해 강좌를 연 것이 전문가를 영입하는 데 큰 도움이 되었다. 이때 참여한 전문가와 주요 강사로는 마을 지도자 교육에 장일순, 농업 문제는 농촌문제연구소의 이우재, 마을개발사업은 건국대 김병태 교수, 회계 교육은 장일순의 동생인 장상순이 담당했다. 그 밖에도 협동조합운동의 현장 경험이 풍부한 홍고광, 김헌일, 김상범, 박재일, 이경국, 정인재 등이 강사로 참여했다.

이렇게 착수된 재해대책사업을 요약하면 다음과 같다.

재해대책사업은 4단계로 나뉘어 있어 1단계는 긴급 식량구호사업, 2단계는 전답복구사업, 3단계는 마을개발사업, 4단계는 지역개발사업이었는데, 가장 중요한 비중을 갖고 추진한 사업이 마을개발사업이었다.

마을개발사업을 전개하는 데는 몇 가지 원칙이 있었다. 첫째, 가능한 한 생산적이면서 지속적인 소득을 올릴 수 있는 사업을 선정할 것, 둘째, 개인적인 사업이 아닌 공동사업일 것, 셋째, 사업은 철저하게 협동적 개발원칙으로 추진할 것이었다.

이와 같은 원칙에 따라 진행된 마을개발사업은 구체적 성과를 거두는데, 한우작목반이 조직·운영되고, 당시 농촌과 광산촌의 심각한 문제였던 고리채 해결을 위한 신용협동조합도 조직되었다. 이 과정에서 진광협동교육연구소와 협력하여 농촌 지역에 53개의 조합과 광산지역에 15개의 신협(1987년 현재)을 조직하기에 이른다.[11]

장일순은 협동조합운동을 해온 원주교구 청년회 출신의 젊은이들을 현장에서 사업을 진행할 실무요원인 상담원으로 추천했다. 상담원은 농촌사회운동 경험이 있고, 원주교구의 사업을 이해하고, 봉사 및 희생정신이 투철한 사람들로 구성했는데, 이들은 이후 민주화운동과 협동조합운동의 상징이 된 '원주그룹'('원주캠프'라고도 부름)의 주축이 되었다. 농촌사업은 박재일, 김상범, 정인재, 이우근, 홍고광이 담당했고, 한우지원사업에는 장상순, 광산사업에는 이경국, 교육사업에는 김헌일 등 주로 원주그룹의 인재들이 선발되어 사업을 담당했다. 중앙위원회 위원장인 지학순 주교는 집행위원회에서 논의된 사항을 보고하면 이를 추인해 각 사업장에 파견

천주교 원주교구 재해대책사업위원회(1973).

된 상담원들이 일을 추진하는 형식으로 체계를 세웠다.

재해대책사업의 실무요원들을 상담원이라고 부른 이유는 농촌 마을에 있는 마을 지도자 또는 지도원 등의 호칭은 관이 주도해서 일방적으로 농민을 가르치는 것으로 오해받을 수 있는 용어라고 판단했기 때문이었다. 상담원들의 주된 역할은 농민과 함께하며 마을이 안고 있는 문제를 의논하고 종합 분석하여 마을 주민 스스로가 문제를 해결할 수 있도록 정보를 제공하며, 마을 지도자를 육성하는 일이었다. 재해대책사업위원회가 중점을 두고 실시한 것이 마을 지도자 교육이었다.

장일순은 각 지역에 파견된 상담원들에게 마을의 문제를 조사하면서 마지막에 반드시 "당신이 위급한 상황에 처하면 이 동네 누구와 상의합니까?"라고 묻게 했다. 주민들 입에서 가장 많이 나오는 이름이 실질적인 마을 지도자라고 생각했기 때문이었다. 그러면 상담원들이 그 사람을 찾아가 "이번에 마을을 위한 이러이러한 교육이 있는데 선생님이 와주셨으면 좋겠다. 선생님이 오셔야 이 마을에서 말이 통할 게 아니냐"라고 설득해서 상담원들과 함께 현장교육도 하고, 마을 지도자들을 원주교육원에 초청해 마을 회의 진행법, 회계교육 등을 가르쳐줌으로써 재해대책사업위원회가 하는 사업에 적극 동참하는 마을 지도자로 육성했다.

마을의 모든 일이 회의를 통해서 결정되자 점차 민주적이고 협동적인 마을로 변해갔다. 또한 마을 단위로 협동조직이 구성되고, 주민들이 서로 협동하면서 조화롭고 인간적인 공동체를 만들어가기 위해 노력했다. 마을의 사안은 자율적으로 토론하고 협동해 민주적으로 해결했다. 두레, 품앗이의 전통이 되살아나기 시작한 것이다. 마을과 마을끼리도 연대하면서 지역협동운동이 생겨났고, 이는 신협, 농촌협의회, 광산협의회 등 광범위한 협동운동으로 발전해갔다. 마을에 신뢰가 쌓이니까 자금이 모이고, 그러자 인근 마을에서도 같이하자고 나서고, 자연스럽게 마을 연대가 이뤄졌다.

각 지역에 파견된 상담원들은 한 달에 한 번씩 원주에 모여 그동안 진행된 활동 상황이나 결과 등을 서로 보고하고 점검했다. 이때 장일순은 항상 그 모임에 나가 상담원들의 이야기를 경청하고 격려했다.

장일순의 성육고등공민학교 제자로서 장일순과 40여 년 동안 인연을 맺어온 언론인 출신 한기호는 곁에서 이 재해대책사업을 지켜보았다.

무위당 선생님은 지학순 주교님과의 만남을 통해 인생으로 치면 홈런을 치는 계기를 맞으신 거지요. 무위당은 주교님에게 꼭 필요한 분이었고 또 서로가 잘 맞은 거예요. 그리고 교구청 재해대책사업할 때 선생님이 처음으로 큰일을 벌이신 거라고 할 수 있어요. 가장 힘을 쏟아 일하신 거지요.

이경국·박재일 형제들과 함께 평소 생각하신 일을 성취하시고 그런 때였어요. 당시 한참 좌절하고 그러실 때였는데 재해대책사업을 하게 되니까 정열을 쏟으셨어요. 그때도 공식 직함은 안 가지셨는데 그 양반은 그래서 영원한 야인이라고 생각해요.[12]

장일순은 활동범위를 점차 넓혀나갔다. 세상이 변하고 경제가 발전해도 가난과 각종 재해에서 헤어나지 못하는 민초들의 생활이 안타까웠기 때문이다. 이들과 더불어 사는 길이 협동조합운동이고, 이 운동이 곧 사회의 민주화를 앞당길 수 있는 길이라고 생각했다.

재해대책사업이 성과를 내면서 원주를 비롯해 강원도 내에 신용협동조합이 여러 곳에 설립되고, 농민들은 연대해 농가의 생산소득을 높일 수 있는 길을 함께 찾았다. 일종의 자치적인 모임이고 연대였다. 장일순은 조합원들에게 사람 중심, 신뢰, 민주적 운영, 기금운영의 투명성을 강조하고 이를 실천하게 이끌었다. 장일순의 협동조합운동이 사람들의 호응을 얻자 소문은 꼬리에 꼬리를 물고 이어져, 협동조합운동은 전국으로 확산되었다. 장일순에 대한 믿음과 신뢰가 바탕이 되었기에 가능한 일이었다.

협동조합운동은 성공적이었다. 당시 농촌과 광산촌에 만들어진 신용협동조합이 74개나 될 정도였다. 3개 도, 13개 시군, 47개 읍면, 129개 리(里)와 17개 광업소가 사회개발위원회(재해대책사업위원회의 후신)에 참여했다. 신협, 소협(소비자 협동조합)의 경험이 축적되면서 생활협동조합도 추진하기로 했다. 이뿐만 아니라 좀 더 넓은 단위를 아우르는 지역협동운동도 일어났다.

장일순은 우주 천지만물이 모두 한 생명의 끈으로 이어져 있기 때문에 모든 것이 협동적으로 존재할 때만 건강하게 살아갈 수 있다고 확신했다. "우주의 모든 생명의 존재 법칙인 협동과 공생을 민중이 본받고 실천하여, 자본가에 대한 경제적 약자의 대항 수단이라는 의미를 넘어, 진정한 삶을 누릴 수 있기를 바랐다."[13]

탄광촌에서 광부들 의식을 일깨우다

지학순 주교와 장일순은 남한강 수해복구사업이 어느 정도 궤도에 올라 성과를 보이자 이번에는 광산촌으로 눈을 돌렸다. '막장'이라는 말이 광산의 용어이듯이, 사회적으로 가장 어려운 계층이 광부들이었다. 탄광촌은 대부분 도시에서 많이 떨어진 산중에 있어서, 유통과정을 여러 단계 거치다 보니 생활필수품의 소비자 가격이 다른 데보다 비쌌다. 심지어 3배 이상 비싼 경우도 많았다.

광부들은 비싼 사채에 시달리는 사례도 적지 않았다. 힘들여 번 돈을 고리채로 뜯기는 일이 예사였다(이는 농민들도 다르지 않았다). 장일순은 이들을 돕고자 나섰다. 장일순의 부탁으로 태백광산에 파견되어 10년 넘게 광산신용협동조합운동에 헌신한 이경국은 그때

1970년대 태백 장성탄광의 광산촌 풍경.

의 일을 이렇게 말했다.

원주 시내에서 건축자재 장사를 잘하고 있는 저를 무위당 선생님이 주교관으로 와달라고 부르셔서 가보니까 지 주교님과 함께 계셨어요. 무위당 선생님이 "경국아, 너 사람 낚는 어부 한번 해봐라. 광산에 가서 광부들 모시고 일 좀 해다오"라고 말씀하셨어요. 제가 누구 명인데 거절하겠어요. 한 달 뒤 저는 장사를 접고 보따리 하나 짊어지고 광산으로 갔어요.

그때 태백 탄전에 20만 명의 광부들이 있었습니다. 3년 동안 광부들을 설득해서 협동조합 교육을 시키고, 신용협동조합 15군데 만들고, 광산의 물가가 너무 비싸서 생필품을 싼값에 공급할 수 있는 소비조합 50군데를 만들었어요.

광산에 지학순 주교님이 건물을 크게 지어주셔서 소비자협동조합 사무실을 거기다 두고 1층에는 광부들이 사용할 생필품을 잔뜩 싸놓고 15년 동안 협동조합운동을 했습니다.[14]

박정희 정권 시대에는 건전한 노동운동이 용공 좌익으로 몰리기 십상이었다. 광산촌의 노동조합도 대부분 어용노동조합이었다. 어용노조가 다 그렇듯 광산의 노조도 회사와 유착관계이고 회사의 입장을 대변하는 곳이라 광부들의 권익향상은 안중에도 없었다. 이경국은 이 같은 여건에서도 장성·태백·도계 지역의 탄광촌을 다니면서 조합원들의 의식을 바꿔놓았다.

광부들은 새로운 지도자를 뽑고, 노동금고 등 폐쇄적인 조합을 신용협동조합으로 전환하려고 노력했다. 장일순은 때로 광산촌을 찾아 광부들에게 신용협동조합의 필요성을 일깨워주었다. "협동조합은 민주주의를 배우는 훈련장"이라고 말하면서, 고리채에 고통받는 가난한 광부와 농민들이 푼돈을 저축한 돈을 자금으로 하여 신용협동조합을 만들고, 돈이 필요한 사람들이 신용협동조합에서 은행보다 더 싸고 쉽게 빌려 쓰면 자립할 수 있다고 강조했다.

신협이 생기면서 어떤 변화가 일어났는지 정인재(전 '무위당사람들' 이사장)의 말을 들어보자.

광부들이 교육을 통해 신협의 원리를 알게 되니까 조합원으로 출

광산에서 협동조합운동에 헌신한 활동가들.

자해서 신협이 만들어졌어요. 무위당 선생의 셋째 동생인 장상순 선생이 간사로 있던 원주 진광학교 부설 협동교육연구소에서 임원 교육, 실무자 교육 등 초청교육을 했어요. 그러면서 광부들의 의식을 깨우친 거죠. 장일순 선생님이 "협동조합은 민주주의 교육 훈련하는 과정이다"라고 늘 말씀하셨어요. 사람들의 의식이 계발되는 거죠.

전처럼 이장이 동네 주민들 도장을 갖고 있던 것들이 바뀌어갔고요. 면사무소에서 보기를 주민들이 전에는 말을 잘 들었는데 이후에는 자꾸만 묻고 따지기 시작한다면서 불편해하더라고요.

신협이 어떻게 성장하고 발전해나갔는지 이경국은 이렇게 이야기한다.

신협구판장(1970년대 중반).

광부들은 교육을 통해서 자기들이 사 먹고 사 입는 것, 생필품들이 여러 유통조직을 통해 마을까지 도착한다는 것을 알게 됐어요. 그래서 유통구조를 줄이는 방법에 관심을 갖기 시작했어요. 소비조합의 원리에 의해서 마을주민들이 조합에 가입해 공동구매사업을 시작했어요. 그 전에는 다섯 단계를 거쳐서 마을까지 왔다면 세단계로 줄이는 방법을 찾은 거죠. 그래서 소비자협동조합을 만들었어요.

우리는 신협을 만든 경험이 있으니까 그 경험을 토대로 소비조합을 만드는 것은 어렵지 않았어요. 소비조합을 운영하면서 물건 값을 줄였는데 나중에는 소비조합연합으로 발전했어요. 광산소비조합협의회와 농촌소비조합협의회 등으로 말이죠.

신협운동이 활발하게 전개되면서 1977년에 협동조합운동은 3개 도 13개 시·군, 90여 개 농촌 마을과 10여 개 탄광 지역으로 퍼져나갔다.

이때에도 장일순이 중점을 둔 것은 교육활동이었다. 상담원들은 한 달에 한 번씩 원주시 개운동에 있는 원주교구교육원에 모여 협동조합운동을 적극적으로 추진할 수 있는 교육을 받았다. 신협운동이 본격적으로 추진된 1975년부터는 신협 임원 교육과 실무자 회계 교육, 조합원 및 광산 부녀자 교육이 활발히 추진되었다.

장일순은 협동을 주제로 한 교육을 할 때마다 "우리가 연대의 관계 속에서 유기적인 관계 속에 있으면서, 헤어질 수 없는 관계 속에 있으면서, 화합과 협동의 논리라는 시각으로 봐야만 우리가 존재할 수 있다"라는 점을 강조했다.[15]

9. 유신체제의 폭압 속에서

한국 천주교 최초의 시민문화센터,
원주 가톨릭센터

1968년에 지학순 주교가 건립한 가톨릭센터를 중심으로 장일순과 원주캠프가 활발하게 펼친 사회변혁운동과 문화행사는 원주시민은 물론 인근 지역 주민들의 의식을 크게 바꾸는 계기가 되었다.

지학순 주교의 정신은 사목 표어인 "빛이 되어라"라는 말에 잘 나타나 있다. '어둠이 있는 곳에 빛이 되라고 하느님께서 나를 원주교구로 보내셨다'는 것이 지학순 주교의 믿음이었다. 지학순 주교는 교회와 세상이 만날 수 있는 원동력을 찾는 데 집중했다. 원주교구장으로 취임하자마자 원주교구가 관할하고 있는 농촌·광산·어촌 등 낙후된 지역을 두루 돌아보면서 원주교구의 모든 역량을 교육과 문화, 복지에 쏟기로 결심했다. 지역을 위해 봉사하는 교회의 정신을 실천하기 위해 먼저 교구청이 있는 원주에 문화공간과 학교, 병원, 장애인 복지시설 등을 세우기로 했다. 지학순 주교가 구상하는 사업은 그 당시 원주시에서 하는 사업보다도 규모가 크고 예산도 많이 필요했다.

제2차 바티칸공의회 정신인 '개방하고 개혁하는 교회, 사랑으로 봉사하는 교회, 정의와 평화를 실천하는 교회'를 만들고자 하는 지학순 주교의 원대한 구상이 결실을 맺은 것이, 한국 천주교 최초의 시민문화센터인 원주 가톨릭센터였다.

그 당시 한국의 천주교에서는 원주 가톨릭센터 같은 문화시설을 만들 생각조차 해본 적이 없었다. 서울대교구에서조차도 감히 이런 생각을 하지 못할 때였다.

지학순 주교는 원동성당 앞에 있는 천주교 부지에 3층짜리 가톨릭센터를 건립하기로 결정하고 차근차근 준비해나갔다. 지학순 주교는 로마에서 공부할 때 인연을 맺은 유럽과 미국의 종교단체와 후원단체에 지원을 호소했다. 여러 단체의 지원과 지학순 주교의 놀라운 추진력 덕분에 1968년 7월 12일에 원주 가톨릭센터가 준공되었다. 오늘날 원주 가톨릭센터의 절반 크기로, 3층 건물 안에는 사무실과 여섯 개의 회의실, 전시실, 영사실, 1층 식당과 지하다방, 합숙시설 등이 마련되었다.

전국에서 유일한 가톨릭 교구 내의 시민문화센터 준공을 축하하는 자리에는 김수환 서울대교구장을 비롯해 이효상 국회의장 등 각계각층의 인사들이 참석했다.

가톨릭센터에 대한 원주시민들의 자부심은 대단했다. 상가를 제외하고 원주 시내에 3층짜리 건물이 세워진 것은 한국전쟁 이후 처음이었다. 특히 가톨릭센터 지하다방과 1층 식당의 인기는 대단했다. 교구청에서 직접 운영했는데, 천주교 젊은 신자 중에서 직원을 뽑아 예절교육을 철저하게 시킨 뒤 규정에 따른 옷을 입고 가슴에

한국 천주교 최초의 시민문화센터인 원주 가톨릭센터.

명찰을 달게 했다. 이 때문에 직원들은 손님들의 신뢰를 얻었다.

지하다방은 원주 청춘남녀들에게 최고의 데이트 장소였다. 선남선녀들이 1층 식당에서 돈가스를 먹고, 지하다방에 내려와 커피와 음료수를 마시면서 디제이가 틀어주는 팝송이나 클래식 음악을 감상하면서 데이트를 즐겼다. 지하다방에는 원주에 있는 방송국보다 음반이 더 많아서 지역 방송국 피디가 음악방송에 틀어줄 음반을 빌리러 올 정도였다. 다방에서는 차만 판 게 아니라 지역 음악인들의 공연과 예술인들의 작품 전시회도 열었다. 팝송이 흘러나오는 아늑하고 넓은 지하다방은 추억의 음악감상실이자 지역 문화예술인들의 아지트였다. 저녁이면 지역의 문화예술인들이 이곳에 모여

지학순 주교.

정담을 나누고 열띤 토론을 벌이기도 했다. 장일순도 자주 이곳에 들러 지역의 문화예술인들과 격의 없이 대화하는 것을 즐겼다. 무대와 조명시설이 완벽한 2층 메인홀에서는 원주 극단 '산야극회'의 연출가인 장일순의 셋째 동생 장상순이 기획한 연극이 무대에 오르기도 했다.

이 당시 김지하는 김영일이라는 이름 대신 '지하(芝河)'라는 필명으로 시인이 된 뒤 원주에 내려와 지학순 주교와 장일순 곁에서 지냈다. 목포에서 태어나 중학교 때 아버지 직장을 따라 원주로 오게 된 김지하는 원주중학교를 졸업하고 서울로 유학하여 중동고등학교와 서울대 미학과를 졸업했다. 김지하는 대학 재학 시절부터 문필로 이름을 날리며 민주화운동에도 깊이 관여했고, 졸업한 뒤에는 박정희 정권의 장기집권에 반대하는 운동에 동참했다.

그 뒤 부모님이 있는 원주로 내려온 김지하는 학성동 언덕에 있는 주교관과 가까운 곳에 살았다. 그러면서 지학순 주교의 일을 돕고 장일순을 스승으로 따르며, 서울에서 민주화운동을 하는 민주인사들과 수시로 연락을 주고받았다.

'70년대 원주, 80년대 광주'라고 할 정도로 원주는 1970년대 민주화운동의 가장 강력한 진원지였다. '원주 캠프'라고 불린 원주의 막강한 재야 인맥이 형성된 데에는 김지하의 영향이 컸다. 김지하는 대학가의 문화운동패 후배들인 임진택·채희완·김민기·홍세화 등을 원주로 불러 내리고, 장일순의 동생인 장상순을 비롯한 원주의 연극인들과 힘을 합쳐 마당극과 탈춤, 연극 등을 통해 민중문화운동을 펼쳐나갔다.

얼어붙은 저 하늘 얼어붙은 저 벌판

태양도 빛을 잃어 아 캄캄한 저 가난의 거리

어디에서 왔나 얼굴 여윈 사람들

무얼 찾아 헤매이나 저 눈 메마른 저 손길

오 주여 이제는 여기에

오 주여 이제는 여기에

오 주여 이제는 여기에

우리와 함께하소서

이것은 1973년 원주 가톨릭센터에서 초연된 김지하의 희곡 〈금관의 예수〉 첫머리다. 이 희곡의 주제가인 〈주여, 이제는 여기에〉

원주 가톨릭센터 옥상에서 봉천내 뚝방과 멀리 집을 배경으로 사진을 찍은 장일순 부부(1972).

는 김지하의 시에 김민기가 곡을 붙였는데, 김민기는 이 노래를 첫 공연지인 원주로 가는 버스에서 작곡했다고 한다. 이 연극을 계기로 원주 가톨릭센터는 전국적으로 유명해졌고, 전국 대학에서 민중문화운동을 하는 학생들이 원주로 모여들기 시작했다. 이후 원주 가톨릭센터는 서서히 민주화운동의 구심지가 되었다.

1970년대에 접어들면서 지학순 주교와 장일순은 의기투합하여 가톨릭센터를 거점으로 두 사람이 평생 추구해온 교육운동과 협동조합운동, 민주화운동 등 사회개혁운동을 과감하게 펼쳐나가게 된다. 이때부터 원주 가톨릭센터는 독재정권의 탄압을 피해 원주로 피신해 오는 대학생과 민주인사들의 해방구이자 민주화운동의 거

다. 정의감 없는 포용은 위선이거나 삿됨이지만, 그의 시침(時針)은 언제나 '참되자'는 지점을 가리켰다.

우리나라 옛 역사를 보면 소도사상(蘇塗思想)이라는 게 있었다. 고대국가 단계에서 제의의 하나로 출발했으나, 『위지(魏志)』에 따르면 "소도에 참석한 사람은 설혹 도망자(죄수)라 하더라도 돌려보내지 않고 받아들였다(諸亡逃至其中 皆不還之……)"라고 한다. 소도는 일종의 금기지역 역할을 했다. 고대 서양의 아쉴룸(asylum, 피신처)과 비슷한 일종의 신성지역을 일컫는다.[2]

뜬금없이 소도(사상)를 소개한 것은, 1970년대 유신의 광기가 휘몰아칠 때, 그리고 1980년대 살육의 피바람이 거셀 때 원주 장일순의 집은 일종의 '소도'와 같은 역할을 했기 때문이다. 집주인은 민주화운동으로 수배되어 쫓겨 다니다가 원주로 피신해 오는 사람들에게 숨을 곳을 마련해주었고, 안주인은 텃밭에 심은 채소와 산나물을 뜯어다 굶주린 이들의 허기를 채워주었다. 그리고 진정 어린 언어로 시대를 진단하고 미래상을 제시했다.

그러다 보니 유신시대 권력에 쫓기는 자들뿐만 아니라 정신적으로 흔들리는 지식인들도 그의 문전을 찾는 사람이 많아졌다. 5공 시절에는 군사령관, 지방경찰 책임자들도 연말연시면 찾아와 인사를 했다. 때로는 이런 웃지 못할 일도 있었다고 한다.

천일공사(天日公社), 중앙정보부 원주사무소가 바깥으로 내걸었던 이름이다. 그 천일공사 사무소장이 아침에 출근하면 제일 먼저 하는 일이 있었으니, 지학순과 장일순 사진을 보고 절을 하는 일이

었다고 한다. 그 두 사람이 조용하면 원주가 조용하기 때문이었다
나![3]

장일순의 방에는 언제부터였는지 손때 묻은 동학의 『동경대전』
을 비롯하여 2세 교조 해월 최시형의 문집과 노자(老子)의 『도덕경』
이 놓여 있었다. 장일순과 긴 시간 '노자'를 논한 이현주 목사는 짧
은 문장으로 장일순 사유의 세계를 짚었다.

> 도가의 관 쓰고 유가의 신발 신고 불가의 옷 걸치니,
> 세 집안이 모여 한 집안을 이루었도다.
> **道冠儒履佛袈裟** (도관유리불가사)
> **會成三家作一家** (회성삼가작일가)[4]

지학순 주교, 민청학련 사건으로 구속되다

권력의 한 속성이기도 하지만 권좌(權座)는 주인을 잘못 만나기라도
하면 붙박이게 된다. 민주공화제를 정체로 하는 대한민국의 최고
권좌가 박정희를 만나면서 공화주의를 빼앗기고 고착되었다. 고인
물이 썩듯이 붙박이 된 권력은 부패한다. 원주에서 지학순 주교와
장일순이 앞서고 많은 성직자·신도 그리고 시민들이 요구했던 '부
정부패 일소' 운동이 박정희 정권에게는 반성과 깨우침 대신에 '불
순세력'으로 인식되었다.

4천 년 봉건군주체제에서 살아오던 한국은 일제 식민지 치하인 1919년 3월 자주독립을 선언하고 4월에는 민주공화의 깃발 아래 임시정부를 세웠다. 그리고 해방 후 이승만이 권좌를 붙박이 하려 들자 이승만 정권이 들어선 지 12년 만에 4·19 혁명을 일으켜 독재자를 쫓아냈다. 이승만의 아류 격인 일본군 장교 출신 박정희가 대일 굴욕회담을 감행하자 원주의 고등학생들까지 나서서 반대했다. 그럼에도 권력자는 반성보다 체제강화로 역주행만 일삼았다.

박정희와 그를 추종하는 권신(權臣)들은 국민의 수준 높은 민주정신을 헤아리지 못했거나, 알고도 이를 무시했다. 유신쿠데타로 정권을 붙박이 했으나 개헌과 민주회복을 요구하는 학생·종교인·교수·문인들의 성난 외침은 날이 갈수록 강도를 더해갔다. 시민들의 합세도 늘었다.

박정희는 유신쿠데타와 함께 대한민국의 헌정궤도를 완전히 이탈했다. 제3공화국 시대까지는 최소한 헌정의 테두리를 지키려는 모습을 보였다. 그러더니 3선개헌을 변칙 처리하고, 비상사태를 선포하면서 종신집권은 물론 국회의원 3분의 1과 법관의 임명권까지 자신이 장악하는 유신체제를 발족하고, 야당 대통령 후보 김대중을 수장시키려다 국내로 납치해오는 등 폭거를 감행했다.

1963년에 감옥에서 나온 이후 줄곧 사회안전법의 감시를 받아온 장일순에게 유신헌법이 통과될 즈음엔 당국의 감시가 더욱 심해졌다. 기관원들이 늘 집 주변을 기웃거렸고, 어디를 갈 때도 미행당하는 경우가 많았다. 누가 미행하는 느낌이 들면 길에서 아는 사람이 인사를 해도 못 본 체하고 지나치기도 했다. 이렇게 감시를 받다 보니 자유롭게 사람들을 만나는 것조차 힘든 상황이 되었다. 장일순은 잠시 몸을 피하기로 마음먹었다. 장일순의 피신을 도왔던 이계열(전 진광고등학교교장)은 당시 상황을 이렇게 떠올린다.

10월 유신이 발동되던 바로 그날이었어요. 전국이 비상계엄 상태였으니까 상황이 어찌 될지 몰랐어요. 오전에 가톨릭센터에 모임이 있어서 갔었는데, 저를 부르시더니, "내가 자네 집에 가서 며칠 머물렀으면 좋겠다" 그러시는 거예요. 그때 누추한 집에 며칠 모신 적이 있습니다. 당시는 영장 없이 구금할 수 있고, 가택수색도 늘 마음대로 할 수 있고 그랬거든요.

선생님과 약속을 하고 저는 먼저 집에 가 있었고, 밤 10시는 되었을까, 늦은 밤에 택시를 타고 오셨지요. 당시 며칠 안 계셨는데, 문밖출입을 못 하셨어요. 밖에 나가시지를 못하시니까 힘드셨지요. 화장실은 할 수 없이 밖에 나오셔야 하니까 화장실만 가시고 그러셨죠. 아마 몇 권의 책은 가져오셨던 것 같아요. 우리 집에 계시는 것을 아무도 몰랐으니까 찾아오는 이도 없었죠. 그때 한 살 남짓하던 우리 큰애와 아이 봐주는 할머니와 종일 지내셨지요. 책을 주로 보셨던 것 같고, 낮에는 제가 출근했으니까 매우 적적하셨을 거예요. 텔레비전도 없었던 때고요. 그동안 신문도 보시고 라디오도 듣고 하시다가 며칠 새 상황이 좀 변하고 해서 다른 곳으로 거처를 옮기셨지요. 바로 집으로는 못 가셨어요.[5]

원주에 사는 목수 이창선은 일솜씨가 야무지고 성실해 장일순 형제들이 집을 짓거나 수리할 일이 생기면 그에게 맡기곤 했다. 이창선도 당시 장일순과 관련된 이야기를 다음과 같이 기억한다.

몇 년 전에 무위당의 막냇동생인 장예순 씨(전 원주MBC 총무국장) 안방을 고칠 때였어요. 붙박이장 속에 있는 이불을 꺼내고 바닥에 있는 널빤지를 들어 올리자 그 밑에 한 사람이 들어가 숨을 수 있는 공간이 나왔어요. 이게 뭐냐고 물어봤더니 예순 씨가 형님이 숨어지내야 할 일이 생길 경우를 대비해 만들어놓은 은신처라고 설명하더라고요.

1987년 6월항쟁 직후에 무위당 선생님이 연탄광을 서재로 쓸 수 있게 고쳐달라고 부탁하셨어요. 광에 쌓여 있는 연탄을 전부 끄집어내자 바닥에 사각형의 널빤지가 하나 놓여 있는 거예요. 널빤지를 치우자 땅속에 큰 항아리가 묻혀 있었고 습기가 들어가지 않도록 꽁꽁 싸맨 비닐 안에 책 수십 권이 들어 있었어요. 리영희의 『전환시대의 논리』, 강만길의 『분단시대의 역사인식』, 『한국 노동운동사』 같은 군사정권이 이적표현물로 분류한 금서들이었어요. 옆에 있던 선생님이 "이제는 이 책들을 꺼내도 될 때가 되었다"라고 하시면서 소중한 보물 다루듯 항아리 속에서 책을 한 권씩 꺼내셨어요.[6]

1973년 10월 2일에 서울대 문리대생들이 유신체제에서 처음으로 반독재 민주화 시위를 벌인 것을 시발로 시위는 곧 전국의 대학으로 확산되었다. 12월 24일에는 함석헌과 장준하 등 재야 민주인사들이 개헌청원 100만인 서명운동을 전개했는데, 이것은 지극히 온건한 방식으로 유신헌법을 개정하자는 운동이었다.

박정희가 믿는 것은 오로지 힘(공권력)뿐이었다. 제1야당 신민당까지 개헌을 요구하고 나서자 박정희는 1974년 1월 8일 긴급조치 1호와 2호를 선포했다. 1호는 유신헌법에 대한 반대와 개헌논의 금지, 2호는 비상군법회의 설치였다. 국민의 정당한 주권행사를 금지시키고, 평시인데도 군사재판소를 설치하고, 여기서 민간인들을 재판했다.

그해 4월 3일에는 이른바 민청학련 사건을 발표했다. 학생과 재야 인사들이 정부를 전복하고 노농(勞農)정권을 수립하려는 국가변란을 기도했다고 날조한 사건이다. 지학순 주교를 비롯해 윤보선 전 대통령, 박형규 목사, 김찬국·김동길 교수, 김지하 시인, 서울대생 이철, 인혁당 재건(2차 인혁당 사건) 관련자 21명, 일본인 2명을 포함해 무려 253명을 구속했다.

정부는 동시에 긴급조치 4호를 선포하여 민청학련 관련자들을 비상군법회의에 송치하는 등 전국을 공포의 도가니로 몰아넣었다. 유신체제를 유지하고자 학생과 민주인사들을 다시 희생양으로 삼은 것이다.

지학순 주교는 반국가단체인 민청학련에 시위자금을 제공했다는 어마어마한 누명을 뒤집어쓰고 구속되어 군사재판에 회부되었다. 민청학련 사건의 배후로 지목된 것이다. 누구보다 심한 충격을 받은 사람은 장일순과 민주화운동과 협동조합운동을 함께해온 사람들이었다. 이들은 지학순 주교의 구속을 그동안 반부패 투쟁 등

양심선언을 발표하는 지학순 주교.

원주에서 민주화운동을 해온 데 대한 보복으로 인식했다. 박정희 정권의 중앙정보부는 해외에서 돌아오는 지학순 주교를 김포공항에서 납치하다시피 하여 중정으로 끌고 갔다. 그들에게는 가톨릭 주교의 신분은 안중에도 없었다.

지학순 주교가 1974년 7월 6일 오후 4시 50분 CPA 450편으로 분명히 귀국하는 것을 보았는데도, 그 행방이 묘연해지자 원주교구는 발칵 뒤집혔다. 7월 7일 아침에 중앙정보부로부터 지학순 주교가 그곳에 있다는 사실을 통보받고, 김수환 추기경은 박정희와 면담을 한 뒤 중앙정보부로 가서 지학순 주교를 면담했다.

이 자리에서 지학순 주교는 자신이 민주주의 회복을 위해 투쟁하는 학생들에게 김지하를 통해 얼마간의 자금을 주었는데, 유신 당국이 그것을 문제 삼고 있다면서, "학생들에게 돈을 준 것은 나다. 그것은 민주화를 위한 활동자금이었지 공산주의 단체와는 아무런 관계가 없다. 나는 떳떳하다"라고 밝혔다. 오후에는 교황청 대사도 지학순 주교를 면회했다.[7]

지학순 주교는 밤 8시경에 풀려났지만, 활동 영역은 명동 성바오로 수녀원으로 제한되었다.

검찰 조사 뒤 후암동에 있는 동생 지학삼의 집으로 주거가 제한되었다가, 당뇨병으로 기관원의 감시를 받으며 서울 성모병원에 입원하게 된다. 며칠 뒤인 1974년 7월 23일 아침에 병원 현관에서 김수환 추기경과 윤공희 대주교, 신자와 기자들이 지켜보는 가운데 지학순 주교는 "비상군법회의의 어떠한 절차가 공포되더라도 그것은 본인이 스스로 출두한 것이 아니라 폭력으로 끌려간 것임을 미리 밝혀둔다"라면서, "유신헌법이 민주헌정을 파괴하고 폭력과 공갈과 국민투표라는 사기극에 의해 조작된 것이기 때문에 무효이고 진리에 반대되는 것"이라는 양심선언을 발표했다. 기자회견을 마친 지학순 주교는 명동성당에서 미사를 집전하고 중앙정보부로 연행되었다. 그리고 8월 9일, 박정희 정권은 내란선동 및 긴급조치 위반으로 징역 15년 자격정지 15년을 선고하고 지학순 주교를 법정구속했다.

지학순 주교의 구속은 저항의 도시 원주를 다시 뜨겁게 달구고 장일순을 역사의 현장으로 불러냈다. 또한 한국 천주교가 반독재 저항운동에 나서게 되는 계기가 되었다. 독재자가 저항자를 탄압하면 탄압받는 사람들이 더욱 강하게 저항하는 것은 당연한 수순이다. 장일순은 할 일이 더 늘어났다. 천주교 신자들뿐만 아니라 일반 시민들까지 모아 지학순 주교의 석방운동과 반독재 투쟁을 벌였다.

원주를 민주화의 해방구로 만든 두 사람

1970년대 원주는 천주교 원주교구와 장일순을 중심으로 하는 시민 사회단체가 연합 또는 연대하면서 민주화의 열기가 넘쳐흘렀다. 가톨릭 신자들은 물론 일반 시민들도 정부가 지학순 주교를 '좌경 불온단체 민청학련'에 자금을 지원했다는 혐의로 투옥한 데 대해 분노를 감추지 않았다. 국민의 존경을 받는 주교를 공산주의자로 매도하는 박정희 정권을 용납할 수 없었다.

하루하루가 살얼음판 같은 '긴급조치시대'에 중앙정보부의 출두 를 거부하면서 유신체제를 원천적으로 비판한 것은 지학순 주교가 처음이었다. 더욱이 그가 행한 '양심선언'은 이후 권력과 압제에 맞 서는 시민들의 저항수단으로 활용되었다. 많은 민주인사가 '양심선 언'을 하면서 독재와 싸웠다. 1980년대 '민주화의 성지'가 광주였다 면 1970년대 '민주화의 성지'는 원주였다. 원주는 압제로부터 '해방 구'가 되었다.

지학순 주교의 구속을 계기로 1974년 9월 24일 원주 원동성당에 서 천주교정의구현전국사제단이 결성되고, 9월 26일 1차 시국선언 을 발표했다. 박정희 정권 내내 유신체제를 가장 강력히 비판하며 저항했던 천주교정의구현전국사제단은 당시 전국 800여 명의 신부 중 500여 명이 참여할 만큼 천주교의 전폭적인 지지를 받았다. 종교계에서 '정의(正義)'를 기치로 내건 것도 초유의 일이었다.

천주교정의구현전국사제단 결성을 주도하고 대변인을 맡아 유신정권에 치명타를 날렸던 함세웅 신부는 명칭에 굳이 '정의'를 넣게 된 배경을 이렇게 설명한다.

정의라고 꼭 써야 하는 이유에 대해 저는 신학적으로 크게 공감했어요. 왜냐하면 정의가 하느님의 대표적 속성이거든요. 사랑의 하느님도 정의의 하느님에 내포된 것이에요. 정의의 하느님이시기 때문에 선과 악을 판단하시고, 구원을 주시고, 그에 따라 정의가 이루어진다는 의미에서 '정의구현'을 선택했습니다. 저녁에 지학순 주교님의 성당에서 기도하고 서약서를 올려놓고 진지하게 의식을 치렀어요.

저녁미사를 원주의 원동성당에서 봉헌하고 있는데 원동성당 교우들이 꼭 데모를 해야 한다고 그래요. 왜냐하면 9월 26일에 서울에서 선언하기로 했거든요. 사제단 결성을 정식 선언하기 전에 원주에서 전 단계로 데모하고 가야 한다는 거지요. 난생처음으로 데모를 해보는 신부들이 시위대 맨 앞에 섰을 때는 솔직히 겁이 났어요. 원동성당을 나와 거리에서 구호를 외치며 행진하는데 얼마 못 가서 경찰 병력과 마주쳤어요. 확성기에서 '해산 않으면 강제로 진압하겠다'며 겁을 주는데 다리가 후들거리면서 더 이상 전진할 용기가 나지 않는 거예요. 그때 뒤에 있던 원주 시민들이 "앞으로 행진!" 하면서 신부들의 등을 사정없이 떠미는 거였어요. 그러니 자동으로 앞으로 나갈 수밖에요. 경찰을 밀어내고 우리가 세상으로

지학순 주교 석방을 촉구하며 시위를 벌이는 신부들과 원주 시민들.

처음 나가봤어요. 신부들이 시위하는 방법을 원주에서 처음 배운 셈이에요.[8]

원주에서 시위를 마친 천주교정의구현전국사제단은 3일 뒤인 9월 26일에 서울 명동성당에서 유신헌법의 철폐와 민주헌정 회복을 내세운 시국선언문을 발표했다. 미사를 마친 뒤 사제들은 신도 2,000여 명과 함께 십자가를 앞세우고 명동성당을 나와 가두시위에 나섰다. 보수적인 가톨릭교회에서 천주교정의구현전국사제단은 지학순 주교의 강력한 우군인 동시에 암울했던 1970년대 국민들의 희망이자 민주주의의 등불이었다. 이때부터 천주교정의구현전국사제단이 모이는 명동성당은 민주화운동의 집결지가 되었다.[9]

지극히 보수적이었던 원주가 반유신 저항운동의 전진기지가 되고 일종의 해방구 역할을 할 수 있었던 것은 지학순 주교 같은 정의

감옥에서 석방된 뒤 원주에 도착해 시민들의 뜨거운 환영을 받는 지학순 주교.

로운 성직자와, 이와 관련해 행사를 준비하고 사람을 불러 모으고 무대를 만드는 사람들이 있었기 때문이었다. 그 중심에는 장일순이 있었다.

민청학련 사건 당시, 장일순과 지학순 주교의 연대는 1970년대 널리 퍼진 지식인과 종교계의 결합의 선구가 되었다는 점에서 그 의미가 크다. 그 이후 1976년 3월 명동성당에서 천명된 '민주구국선언'을 비롯해, 유신독재가 몰락할 때까지 벌어졌던 많은 반유신저항운동의 인적·공간적 연결의 중심은 원주였다. 1980년 6월에 광주 사건의 진상을 알린 이후 쫓기던 김현장, 1982년 미문화원 방화사건을 일으킨 문부식과 김은숙이 원주에서 몸을 숨기다 구속된 것도 그 연장선이었다.[10]

천주교 신부들의 거센 비판을 시발로 각계에서 들불처럼 번지는 반유신 저항운동, 여기에 국제인권단체가 한국 정부의 인권탄압을 비판하면서 박정희 정권은 구속자 일부를 석방했다. 1975년 2월, 지학순 주교도 풀려났다. 김영주(무위당만인회 고문)는 지학순 주교가 석방되어 원주로 돌아오던 날을 이렇게 기억한다.

지 주교님이 석방되어 원주역에 도착한 날은 원주시민 거의 반 이상 거리로 뛰쳐나와 환영하는 인파로 북적거렸죠. 중간에 주교 님은 차에서 내려 환영 나온 사람들과 함께 원동성당으로 행진했 습니다.

지금도 기억나는 것이 원동성당에 도착할 무렵 한 청년이 주교님 앞에 와서 외투를 벗어 길에 깔자 너도나도 외투를 벗어 길에 깔았 죠. 예수님의 예루살렘 입성이었습니다. 이것이 원주였죠. 민중의 고향! 호산나의 원주![11]

장일순은 지학순 주교를 얼싸안고 그간의 노고를 위로하면서 새 로운 결의를 다졌다. 민주주의를 지키는 데는 작은 노력도 결코 헛 되지 않는다는 사실을 명심하면서.

10. 생명운동으로
동학을 부활시켜

동학과 최시형의 생명사상을 부활시키다

장일순은 다양한 사람을 만나고 여러 가지 일에 참여하는 등 정신 없이 바쁜 와중에도 평상심을 잃지 않고 근검하고 질박한 생활을 유지했다. '단순 소박한 삶'이었다. 그는 먹고 입고 사는 일에 지극히 범속했다. 1970년대 그의 일상의 단면이다.

그는 대개 아침에 일어나면 잠깐 자리 운동을 하고 묵상하며 '마음의 숙제'를 생각한 후 책을 한 시간가량 본다. 6시쯤이면 마당을 쓸고 산책에 나갔다가 돌아와 다시 책을 보다가 조반을 든다. 그 외에는 거의 자기 시간보다는 찾아오는 사람들의 뜻에 따라 움직이거나 문병을 가거나 딱한 사람들을 찾는다. 사실 그를 찾는 발길은 거의 끊이지 않는다. 리영희·임재경·백낙청·김금수 씨와 같은 비판적 지식인들, 김지하·김민기와 같은 문화인들, 이창복 씨 등 민중운동가들과 정치인들, 원주역전의 구두닦이들…….[1]

장일순의 일상은 '범속'했으나 그가 하는 일들 중에는 범속하지 않은 일도 적지 않았다. 그중 특히 대표적인 일이 동학 2세 교조 해월 최시형을 연구하고 그를 본받은 것이다.

최시형은 가난한 집안에서 태어나, 어려서 부모를 잃고 한때 종이 만드는 일을 했다. 34살 때인 1860년에 최제우가 창도한 동학에 입교하여 수련과 포교활동을 오랫동안 하고, 최제우의 뒤를 잇는 제2세 교주가 되었다. 최제우가 고종 정부에 의해 사문난적으로 몰려 처형되자 최시형은 태백산 등지로 피해 다니면서 포교에 힘쓰는 한편, 『용담유사』, 『동경대전』 등 경전을 간행하여 동학을 완성했다.

최시형은 '사람이 곧 하늘'이라는 기본 가치 아래 생명을 중시하는 삼경설(三敬說)을 제시했다. 하늘을 섬기고(敬天, 경천), 사람을 섬기고(敬人, 경인), 천지만물을 섬기라(敬物, 경물)는 철학사상이다. 이는 곧 사람을 하늘처럼 섬기고 자연만물의 생명을 똑같이 중히 여긴다는 사상이다. 장일순이 주목한 것은 이 대목이었다. 곧 장일순의 생명사상은 최시형의 삼경 철학에서 발원한다(최시형은 원주에서 관군에 체포되어 혹세무민·좌도난정의 죄를 뒤집어쓰고 1898년에 서울에서 처형되었다).

장일순이 동학에 관심을 갖게 된 것은 학창 시절 때부터였다. 그는 어느 인터뷰에서 사회운동에 눈을 뜨게 된 것은 누구의 영향이었느냐는 질문에, 할아버지와 글을 가르쳐주신 차강 박기정 선생 그리고 해월 최시형 선생이었다고 술회한다. 당시 인터뷰의 질문과 답변이다.

서재에서.

"사회운동에 눈을 뜨게 된 것은 누구의 영향입니까?"

"조부님과 글을 가르쳐주신 차강 박기정 선생, 해월 최시형 선생
이었어요. 우리 집 바로 앞에 천도교 포교소가 있었습니다. 그래서
동학을 알게 됐습니다. 1946년에 수운 최제우와 해월을 알게 되었
지요. 영원한 세계, 이 땅에서 행복하게 살 수 있는 말씀들을 다 가
지고 있더라구요. 그렇게 되니까 이 쑥매기가 함부로 갈 지(之) 자
를 못 하겠더군요."[2]

장일순에게 동학을 알게 해준 이는 이웃에 살던 오창세라는 친구
였다. 그 덕분에 동학에 관심을 갖게 되었다. 장일순은 동학을 알게
된 과정을 이렇게 이야기했다.

"선생님! 어떻게 동학에 관심을 가지시게 되었습니까?"

"한국전쟁 무렵, 여기 원주에 오창세라는 친구가 있었다. 인격적으로 훌륭했지"라고 하시면서 그 친구로부터 동학을 알게 되고, 수운과 해월 선생 이야기를 많이 들었다고 말씀해주셨습니다. 그런데 그 무렵 동학, 천도교분들이 '민족자주'를 가치로 했던 혁신정당, 근로인민당에 많이 가입했는데 보도연맹사건 때 억울하게 학살당하셨다고 증언해주셨어요. 눈시울이 뜨거워지던 순간이었지요.[3]

장일순은 동학을 접한 뒤 최시형의 생명사상을 단순히 따르는 것이 아니라 오랜 세월 동안 자신만의 또 다른 사상으로 발전시켰다. 사람들에게서 잊혔던 동학과 최시형의 생명사상은 그렇게 서서히 부활의 날갯짓을 시작했다.

장일순의 특장의 하나는 어떤 사상이나 철학에 접하면 일회용 영양제 식으로 소화하는 것이 아니라 집요하게 탐구하여 체화하고 실행한다는 점이다. 민주화운동, 협동조합, 이후 전개하게 되는 한살림운동, 생명운동 등이 그렇다. 동학사상은 훗날 많은 제자들이 장일순을 '걸어다니는 동학'이라 일컬을 만큼 동학(최시형)을 연구하고, 그 사상의 알짬인 생명사상을 부활하고 현재화하는 데 큰 역할을 하였다.

1992년에 장일순을 찾아와 대담한 적이 있는 《녹색평론》 발행인 김종철 교수는 장일순이 한살림 공동체를 통해 실천하고 있는 생명운동의 근저에는 만물에 대한 공경을 바탕으로 생명계의 모든 이웃들과의 조화로운 삶[活시]을 강조한 해월 최시형의 사상이 중심에 있음을 알게 되었다고 말했다. "무위당 선생의 가장 큰 업적은 아무도 주목하지 않고 잊혀져가는 해월 최시형 선생을 세상 밖으로 끌어내어 그분의 사상을 조명하고 새롭게 정립하였으며, 한살림운동을 통해 생활 속에서 실천했다는 것이다."[4]

사회활동 기조가 된 동학사상

동학은 대단히 심오하고 원대한 민족종교사상이다. 그래서 이를 압축하는 일은 쉽지 않다. 장일순이 동학의 생명사상을 설명한 것을 한 인터뷰어는 이렇게 정리했다.

동학은 물질과 사람이 다 같이 우주생명인 '한울'을 그 안에 모시고 있는 거룩한 생명임을 깨닫고 이들을 '님'으로 섬기면서[侍] 키우는[養] 사회적, 윤리적 실천을 수행할 것을 촉구하고 있다고 한다. 자연과 인간을 자기 안에 통일하면서 모든 생명과 공진화해가는 한울을 이 세상에 재현시켜야 할 책임이 바로 시천(侍天)과 양천(養天)의 주체인 인간에게 있다고 한다.[5]

1970년대 중반 이후 장일순의 활동의 기조는 동학정신(사상)의 실천에 기초하고 있었다고 해도 과언이 아니다. 그리고 그 본질은 앞에서도 잠깐 언급했듯이 생명사상이었다. 시인 김지하가 감옥에서 나와 "선생님, 운동의 방향을 바꾸셨더군요"라고 묻자 장일순은 이렇게 답한다.

그걸 자네 어떻게 아는가? 난 사실은 77년서부터 결정적으로 바뀌어 되겠다고 생각을 했네. 땅이 죽어가고 생산을 하는 농사꾼들이 농약중독에 의해서 쓰러져가고, 이렇게 됐을 적에는 근본적인 문제서부터 다시 봐야지. 산업사회에 있어서 이윤을 공평분배하자고 하는 그런 차원만 가지고는 풀릴 문제가 아닌데. 그래서 나는 방향을 바꿔야 되겠구나, 인간만의 공생이 아니라 자연과도 공생을 하는 시대가 이제 바로 왔구나 하는 것 때문에 이제 방향을 바꿔야 하겠다고 생각을 했지.[6]

장일순의 동학 특히 최시형에 대한 인식은 대단히 파격적이고 사실적이다. 장일순은 왜 그렇게 최시형을 중요하다고 생각했을까? 장일순의 생각을 직접 들어보자.

최시형 선생님은 우리 민족의 거룩한 스승 아닙니까? 그분이 안 계셨다면 3·1 만세운동이라든가 망국의 한을 갖다가 어디에 기초하고 뭘 할 수 없지 않았겠습니까? 그분이 계셨기에 손병희 선생이 계셨고, 또 3·1 만세운동도 됐고, 또 하나는 아시아에 있어서 뭐냐 하면 식민지 상황에 있던 중국이라든가 인도에도 커다란 각성운동을 준 게 아닙니까? 그래서 최시형 선생이 대단한 분이라고 저는 생각합니다.[7]

안방에서 붓글씨 삼매경에 빠진 장일순. 책장에 해월 최시형 초상화가 놓여 있다.

　　장일순이 동학의 최시형을 부활시킨 것은 그저 호기심에서 역사
인물을 복원하기 위한 차원이 아니었다. 그의 목적은 최시형의 정
신과 철학을 복원시키는 것이었다. 곧 장일순의 관심은 생명사상,
생명운동이었다.

　　장일순은 동학사상을 단지 잊힌 지식을 복원하는 수준이 아니라
오늘날 가장 필요한 삶의 실천적 원리로 되살려냈다. 어떤 사상이
건 그것이 우리 삶에 녹아 있고 계속 살아 숨 쉬려면 우리에게 사회
적으로나 생태적으로나 건전한 삶을 꾸려갈 수 있는 정신적 원리가
되어야 한다.

　　장일순은 동학의 한울님사상을 사람과 사람, 사람과 생명계 모
든 이웃의 조화로운 관계를 보증하는 생명사상으로 읽어내고, 이

것을 현실의 사회생활에 적용하여 한살림공동체운동으로 풀어냈다. 우리 옷을 입은 가장 실질적인 녹색운동이고 새로운 사회·문화운동인 한살림운동은 이렇게 원주에서 그 역사적인 첫걸음을 내디뎠다.[8]

작은 벌레도 거룩한 스승이다

장일순이 살아오면서 다양한 일을 했지만, 그중에서 알짬이라면 최시형의 사상을 모태로 하고 자신의 철학을 보태어 생명사상을 정립한 일이다. 즉 생명경시, 물질만능이 익숙해진 세태에 생명존중을 시대적(미래적) 가치로 제시한 일이다. 생명은 우주만물의 근원이고 중심이다. 생명이 없는 사회·지구란 상상하기 어렵다. '천상천하유아독존'이라는 부처의 말씀도 '독존(獨尊)'이라는 한자식 표현에도 불구하고 근본 뜻은 생명의 존귀함을 말한다.

영어의 'life'—불어의 'vie', 독일어의 'Leben'—를 우리말로 대개 '생명'이라고 번역하고 있다. 그러나 우리가 일상생활에서 말하며 쓰는 '생명'이라는 단어에서는 감지할 수 없는 어떤 다른 것이 느껴진다. 그것이 무엇일까? 생명이라는 글자를 풀이해보면 그것이 무엇인지를 감 잡을 수 있다.

'생명(生命)'에서 생(生)이라는 글자는 '땅에서 싹이 돋아나는 것'을 형상화한 글자라고 한다. 이 글자에서 읽어낼 수 있는 의미는 '하늘과 땅 사이에서 하늘과 땅의 큰 힘을 받고 땅을 뚫고 하늘을 향해

장일순이 집에서 나와 원주 시내를 오가며 사색에 잠겼던 원주천 둑방길.

새 싹을 틔워 그 사이에 존재하게 됨'이다. 생명에서 명(命)이라는 글자는 중요한 의미를 지니고 있다. 명(命)은 '입 구(口)' 자와 '명령할 령(令)' 자가 합쳐진 글자이다.[9]

장일순은 최시형의 생명사상에 접하기 전에 생명의 존귀함을 깨닫고 있었다. 어릴 적에 따르던 형을 잃은 아픔을 겪고, 한국전쟁 과정에서 뭇 생명이 죽어가는 모습을 지켜봤다. 자신도 총살 직전에 정말 기적적으로 살아남았다. 젊은 시절 4·19 혁명 때 사람들이 싸늘한 주검이 되는 것을 바로 곁에서 보았다.

이승만 정권은 평화통일론자 조봉암을 사법살인하고, 박정희 정권은 인혁당 관련 청년 8명을 누명을 씌워 죽였다. 장일순은 서대문형무소에 갇혔을 때도 자신의 신념을 지키려다가 죽어 나가는 사람들의 이야기를 들었다. 전쟁으로 죽고 권력이 죽이고 각종 재해

재난으로 많은 사람이 상하고 죽었다. 인명(人命)뿐만이 아니었다. 산업화라는 이름 아래 아름다운 자연이 파헤쳐지고 과수원과 논밭에는 각종 농약이 살포되었다.

사회활동을 하면서 장일순의 생각은 더욱 깊어졌다. 길을 걸을 때나 밥을 먹을 때나 생명의 존귀함과 더불어 그 가치에 대해 생각하는 날이 많아졌다.

나는 가끔 한밤에 풀섶에서 들려오는 벌레소리에 크게 놀라는 적이 있습니다. 만상(萬象)이 고요한 밤에 그 작은 미물이 자기의 거짓 없는 소리를 들려주는 것을 들을 때 평상시의 생활을 즉시 생각하게 됩니다. 정말 부끄럽다는 이야기입니다. 이럴 때면 내 일상의 생활은 생활이 아니고 경쟁과 투쟁을 도구로 하는 삶의 허영이었다는 사실을 깨닫게 됩니다. 삶이 삶이 아니었다는 것을 하나의 작은 벌레가 엄숙하게 가르쳐줄 때에 그 벌레는 나의 거룩한 스승이요, 참 생명을 지닌 자의 모습은 저래야 하는구나 라는 것을 가슴 깊이 새기게 됩니다.[10]

실천하는 행동인, 고뇌하는 사색인

장일순은 어느 때는 실천하는 행동인인가 하면 어느 때는 고뇌하는 사색인이다. 실천성은 민주화운동과 신협운동 등으로 이어지고, 사색이라는 씨앗은 생명운동이라는 고귀한 싹을 틔웠다. 그렇다고 생명운동을 자신이 신앙하는 종교의 울타리에 가두거나 관념의 울 안에 가두어두지 않았다. 장일순은 생명운동을 실생활에 연계시키고, 시대적 가치로 사람들과 공유하는 일을 멈추지 않았다.

대체로 유명세를 타는 지식인들이나 정치인들은 허장성세로 한 몫을 하려 든다. 허접한 논리나 공허한 구변으로 떠들고 주목을 받으려 한다. 장일순은 이런 부류를 좋아하지 않았다. 지식인이 지식인다우려면 실사구시(實事求是)의 자세가 기본이라고 생각했다. 뜬 구름 같은 주장이 아니라 이웃들에게 보탬이 되는 실용성을 중시해야 한다고 하고, 자신도 이를 실천하는 자세로 살았다. 포도 농사를 지을 때는 일체의 화학비료를 사용하지 않았고, 신협운동을 할 때는 허튼 약속을 함부로 하지 않았다.

지금 세계가, 땅이 죽어가고 있어요. 근데 여러분들이 이 일에 함께 한다는 것은 자기를 살림과 동시에, 자기 사는 게 뭐냐, 땅을 살려야지. 땅을 살리게 되면 유익한 모든 미물이, 여러분들 들으셨겠지요, 개구리들 메뚜기들 거미들 모든 유충들이 거기서 우글거리고 살게 돼. 그러면서 벼를 더 건실하게 자라게 하고 땅을 비옥하게 해줘. 그래서 서로 환원이 돼. 자연으로 돌아가는 거야.[11]

한말 조선왕조는 무능한 군주와 탐욕적인 지배세력에 의해 국운이 크게 기울게 되었다. 양반들은 기득권을 유지하고자 나라 밖 사정에 눈을 감고, 일부 피지배 백성들이 부당한 압제에 저항하기보다 양반 족보를 사서라도 기득권층에 편입되려고 재산을 모을 때,

실천하는 행동인이자 고뇌하는 사색인, 장일순.

최제우와 최시형 등이 후천개벽에 나섰다. 두 사람은 비록 뜻을 이루지 못한 채 반역죄로 몰려 처형되고 말았으나, 그들이 뿌린 생명존중사상은 단절되지 않고 그 생명력은 이어졌다.

박정희 시대에도 다르지 않았다. 수많은 지식인과 언론인들이 권력에 빌붙어 독재를 미화하고 국민을 억압하는 도구 역할을 했으나, 장일순은 이들과는 다른 모습을 보였다. 독재의 시대에 반독재를, 반생명의 시대에 생명의 가치를 내걸고 주변의 작은 일부터 실천해나갔다. 그렇게 장일순의 삶은 반부패 투쟁, 협동조합운동, 생명운동으로 이어지고 넓어졌다.

장일순은 사회정의가 증발되고 이성이 마비된 유신시대에 사색인으로 행동하고, 행동하면서 사색하는 지성인의 정도를 걸었다. 발걸음은 빠르지 않았으나 멈추지 않았고, 사유의 폭은 넓었으나 편벽하지 않았고, 교우의 대상은 많았으나 차별을 두지 않았다.

생명사상의 원류, 동학

19세기 말 서양 제국주의 열강의 정복과 지배의 마수는 아시아·아프리카 국가들을 주요 먹잇감으로 삼았다. 이들은 약육강식과 적자생존이라는 설익은 자연법칙을 침략과 약탈의 사회이론으로 환치하면서 포유류의 포식성을 거침없이 드러냈다. 뒤늦게 제국주의의 발톱을 드러낸 일본도 이 대열에 합류했다.

그 시기에 극동의 변방 조선에서 "사람이 곧 하늘이다"라는 가느다란 목소리가 들렸다. 목소리는 제국주의 국가와 이에 부화뇌동한 내부 지배세력에 의해 곧 묻혀지고 말았지만, 완전히 생명력이 끊어진 것은 아니었다. 모든 가치 있는 씨앗은 땅에 떨어지면 반드시 생명을 틔우기 마련이다. 수운 최제우는 보국안민과 광제창생이라는 씨앗을 척박한 조선의 대지에 뿌렸고, 그 본질은 생명사상이었다.

선지자의 사상은 시공을 초월하고 능히 100년, 1,000년 앞을 내다보는 식견이 담긴다. 해월 최시형의 삼경설(三敬說)은 일찍이 세계 어느 사상가나 철학자도 내세운 바 없는 고유하고 독특한 이데올로기에 속한다. 하늘을 섬기고[敬天], 사람을 섬기고[敬人], 천지만물을 섬기[敬物]라는 삼경설은 경천만 있고 경인이 없으면 이는 농사의

人 敬 物

이치는 알되 실지로 종자를 땅에 뿌리지 않는 행위와 같다고 했다.

사람이 사람을 공경함으로써만으로는 도덕의 극치에 이르지 못하고, 나아가 자연을 공경함에까지 이르러야 덕에 합일될 수 있다는 뜻이다. 삼경사상은 서구 중세의 신(神) 중심사상 체계와 근대의 이성(理性) 중심사상 체계를 뛰어넘어 인간과 한울님(신)과 자연만물을 일체화하는 통합적인 철학사상이다.

동학의 양천주설(養天主說)도 다르지 않다. 이는 내 안에 모신 한울님을 부모와 같이 받들고 봉양하며, 사람만이 아니라 천지만물을 똑같이 공경하라는 뜻이다. 즉 각자의 마음속에 있는 한울님을 잘 살려나가는 양천주 마음, 한울님을 인간과 동일시하고 나아가서 만물과 동일시하는 사상이다.

최시형은 이와 같은 신앙·종교·철학을 '사인여천(事人如天)'이라는 넉 자로 집대성했다. 사인여천에는 "사람은 하늘이라 평등이요 차별이 없나니, 사람을 인위로써 귀천을 분별하는 것은 곧 천의에 어긋나는 것이니 제군은 일체 귀천의 차별을 철폐하여 선사의 뜻을 경천(敬天), 경인(敬人), 경물(敬物). 하늘과 사람과 만물을 공경하라(1988년 작품).

이어 가기를 맹세하라"라는 의미가 담겼다.

동학의 종교·사상·철학의 기본바탕은 생명사상이었다. 동학은 사람과 천지만물의 생명을 절대가치로 두었다. 장일순 등 눈썰미가 밝은 사람들은 오래전부터 동학의 이런 생명사상에 주목했다. 인류는 지금 물질문명의 발달과 끊임없는 욕망으로 인해 생태계가 파괴되고 지구촌이 이상기온으로 시달리고 있다. 장일순은 동학의 경천·경인·경물의 정신을 현재화하는 것이 지구촌을 살리는 길이라 믿고, 이를 자신의 철학으로 정립하고 설파하고 실행했다.

동학의 2세 교주이신 해월 선생은 밥 한 사발을 알면 세상만사를 다 아느니라, 그런 말씀을 하셨어요. 의암 손병희 선생도 밥 한 사발은 백부소생(百夫所生)이라, 즉 많은 농민들이 땀 흘려서 만든 거다, 그러셨어요. 그런데 사실은 사람만이 땀 흘려서 만든 것이 아니라 하늘과 땅과 일체가 앙상블이 되어서, 하나로 같이 움직여서 그 밥 한 사발이 되는 거 아니에요? 그러니까 그 밥 한 사발은 우주적인 만남으로 되는 거지요.

　한걸음 더 들어가보면, 해월 선생 말씀에 이천식천(以天食天)이라
는 말씀이 있어요. 하늘이 하늘을 먹는다는 말이에요. 동학에서 일
컫되 인내천(人乃天)이라, 그리고 사람만이 하늘이 아니라 곡식 하
나도 한울님이다 이 말이야. 돌 하나도, 벌레 하나도 한울님이다
이 말이에요.[12]

　동서양의 철학자·사상가 중에 하늘·사람·자연을 일체화시키고
이것을 공동운명체로 인식한 사람은 찾기 어렵다. 장자의 '무위자
연'이나 루소의 '자연회귀'는 인간과 자연만을 화두로 삼았을 뿐 하
늘(한울)은 배제되었다. 동학의 한울은 천리(天理)와 천기(天氣)를 포
함하고 있다.

　인간이 인간을 학대하고 착취하는 것이 자연법 사상에 배치되듯
이, 인간이 생명의 모태인 자연을 파괴하고 자연의 뭇 생명을 손상
하는 것은 천리에 역행하는 일이다. 인류는 지금도 여전히 경제발
전과 성장이라는 구실로 산과 바다와 늪지를 파괴한다.

　자연의 산물인 인간은 자연을 활용할 수밖에 없다. 그러나 활용
을 최소화해야 한다. 끊임없는 욕망과 편리주의는 산업화를 더욱
부추기고, 산업화는 지금도 여전히 무차별적으로 자연을 파괴하고
있다. 결국 인류는 파괴된 자연으로부터 엄청난 보복을 당하고 있
다. 앞으로 인류가 이 문제를 풀지 못하면 지금까지의 재앙과는 비
교할 수 없는 끔찍한 대재앙을 맞게 될 것이다.

　장일순은 늘 역설했다. 많이 늦기는 했으나 지금이라도 새로운

만사를 안다는 것은 밥 한 그릇을 아는 데 있나니라(1986년 작품).

길을 찾아야 한다고, 길은 멀리 있지 않다고, 동학의 시천주(侍天主, 하늘님을 모신다)와 사인여천(事人如天, 사람을 하늘처럼 섬긴다)의 사상과 경천·경인·경물의 정신을 찾는다면 인간과 하늘, 사람과 자연이 동귀일체(同歸一體)의 사회를 만들 수 있다고, 인류·지구촌을 구원할 수 있다고.

II. 깨어 있는 지식인들의 교사

민주화 운동가들의 정신적 구심체

장일순은 어느 면에서도 발광체(發光體)가 아니었다. 정치적인 거물
도 아니고, 언론계나 학계의 거물도 아니고, 그렇다고 종교계나 문
화계의 지도자도 아니었다. 유별난 사건으로 유명인사가 된 것도
아니고, 특이한 작품으로 저명인사의 반열에 오른 것도 아니었다.

5·16 쿠데타 이후 3년여 동안 옥고를 치렀지만, 박정희 정권에
서 투옥된 민주인사는 수없이 많았다. 별 몇 개씩을 달고 5년, 10년
징역 살고, 고문으로 반주검이 된 인사도 적지 않았다. 글이나 선언
서로 필화를 입은 문사, 언론인들도 있었다. 이들에 비하면 그의 이
력은 크게 내세울 것이 못 된다.

그런데도 1970년대 원주 그의 집에는 당대의 올곧은 인사들과
유신체제에 저항하는 청년들의 발길이 끊이지 않았다. 그들 중에
는 나중에 권력의 곤룡포 속으로 찾아 들어가거나 초심을 잃고 변
절한 자들도 없지 않았으나, 다수는 군사독재의 탄압에도 굴하지
않고 이 땅의 민주화에 이바지했다. 장일순은 이런 의식 있는 인사
들의 정신적 구심체 역할을 했다.

김금수, 김도현, 김동완, 김민기, 김병태, 김상현, 김성동, 김영주, 김영준, 김정남, 김중태, 김종철, 김지하, 김찬국, 김현장, 남재희, 리영희, 명노근, 박재일, 박우섭, 박의근, 박현채, 방용석, 백기완, 백낙청, 서경원, 서석재, 손세일, 손학규, 송건호, 송기숙, 송철원, 신대진, 신동수, 신현봉, 원경, 원혜영, 유인태, 유홍준, 이길재, 이돈명, 이문영, 이부영, 이우재, 이우정, 이철, 이철수, 이총각, 이해찬, 이현주, 이희천, 임광규, 임재경, 임진택, 임채정, 장경옥, 장기표, 장영달, 전옥숙, 정성순, 정성헌, 정인숙, 정호경, 제정구, 최기식, 최병욱, 최열, 함세웅, 황석영······.[1]

위의 명단은 장일순의 장례식에 참석한 명단이다. 이들이 곧 생전에 원주를 찾아 그의 이야기를 듣고 그와 대화를 나누었던 인사들이기도 하다. 박정희의 긴급조치가 1호부터 9호까지 이어지던 엄혹했던 시절에 왜 그들은 장일순을 찾았을까.

아니, 장일순의 무엇이 그들을 원주로 오도록 만들었을까. 명사도, 도사도, 당수(총재)도, 재벌도, 언론사 사주도 아닌 장일순에게 특별한 무엇이 있었을까. 한국 현대사의 대표적인 지식인으로 박정희·전두환 정권과 치열하게 싸웠던 '사상의 은사' 리영희는 존경하는 인물이 누구냐고 묻자 이렇게 답한다.

분야는 다르지만 장일순(張壹淳) 선생입니다. 나이는 1년 반 정도 위인데 인격·사상·품위·경륜 모든 것으로 해서 내가 10년 위로 모시고 싶은 분이었어요. 마음으로는 웃어른으로 모셨어.[2]

1975년 12월, 첫 전시회에서 함께한 장일순(왼쪽)과 리영희.

문학평론가 임헌영이 리영희에게 "무위당 선생을 노장사상과 사회적인 식견까지 갖춘 분으로 얘기합니다. 가톨릭·노장사상·사회의식이 조화된 분이라고 알고들 있지요"라고 말하자 다음과 같이 답했다.

그뿐만 아니라 불교도 깊었어요. 오히려 그분의 생활양식은 노자적이면서 불교적이고, 오히려 비기독교적이라고 볼 수 있어요. 그분의 생활양식은 가톨릭의 규율이나 범주에는 전혀 매이지 않앉어. 어느 이념이나 종파에도 매이지 않기 때문에 모든 것을 포용할 수 있었다고 봅니다. 지학순 주교가 반독재·반기독교 개혁에 큰 역할을 했는데, 장 선생이 그 뒤에서 영향을 줬다고 얘기하잖아요? 그런데 본인은 정작 "난 아무것도 한 일이 없어"라고 말씀하셨어. 이렇게 이야기하니 장 선생이 정말 보고 싶어지는군.[3]

젊은 시절부터 마르크스주의에 관심을 가졌던 리영희는 장일순과 만나면서 새삼 '인간 내면'의 중요성을 깨닫게 되었다고 밝힌 바있다.

나는 그때 맑시즘에 상당히 깊은 관심을 가지고 있었어요. 때문에 대부분의 인간의 운명, 사회적 존재로서의 인간, 계급, 집단을 사회적 관계나 물질적 토대와 관련시켜서 생각하곤 했어요. 그러던 것이 무위당 선생과의 여러 토론이나 그분의 삶에서 받은 영향을 통해서 사회적 관계나 지적 토대가 인간을 지배하는 것이라기보다 인간 자신의 내면적인 것이 분명하게 더 중요한 요인이라는 것을 차츰 깨닫게 되었던 것 같아요.[4]

그 당시에 많은 지식인들이 반(反)군부독재 민주화운동의 행동양식으로 생각했던 맑시즘이나 사회결정론 또는 모든 것을 사회과학적 관점과 맥락에서 찾으려고 하는 사고방식, 그리고 서양학문의 합리주의적 사고의 틀과 환경 속에서 나 또한 공부하고 가르치고 사회활동도 하곤 했는데 종종 벽에 부닥친단 말이에요. 그럴 때 원주에 내려가면 그런 벽이라든가 인위적인 방법의 한계 등이 동양적 사상의 지혜로써 극복될 수 있다는 것을 알게 된다 이 말이죠. 그런 다방면적인 여러 각도에서의 깨우침 같은 것을 무위당 선생과의 폭넓은 대화 속에서 얻을 수 있었습니다.[5]

다시는 그런 인물 나오기 힘들 것

리영희의 신념 체계를 크게 바꿔놓은 사람이 장일순이다. 리영희는 1960년대 말에서 70년대 초쯤 김지하 시인과 자주 만나던 때 김지하 시인이 장일순이라는 사람을 소개해 원주로 찾아가면서 처음 만났다고 한다.[6]

리영희는 암담한 시대에 마음이 외롭거나 영혼이 적막할 때이면 장일순을 찾아 원주로 내려갔다.

자주 내려갔어요. 우선 순전히 물질주의적인 사회, 콘크리트 속을 떠나서 선생님 댁에 가면 아까 말한 것처럼 마당과 주변에 살고 있는 게 그냥 자연이니까, 자연과 하나가 되는 속에서 아주 차원이 다른 인간적 생존양식 같은 것을 느끼고는 했거든요. 다시 말하면 물질적인 생활에서 정신적인 생활로, 또는 현대 자본주의적인 생활에서 인간 본연의 생활로 돌아가는 느낌이었어요.[7]

리영희는 장일순을 사숙하고 배우면서 자신과 크게 다른 점을 솔직하게 털어놓았다.

　나는 무위당처럼 넓은 의미에서의 인간과 자연과 우주와 어울려
서 사는 분의 사상이나 자세에는 어림도 없죠.
　나는 너무 서양적인 요소가 참 많아요. 사회를 직선적으로, 구조
적으로, 이론적으로 해석하고 보려고 하는 측면이 있기 때문에 나
의 경우는 분석적이라고 할 수 있지요. 같은 의미에서 무위당은 종
합적이랄까, 총괄적이랄까, 잡다하게 많은 것을 이렇게 하나의 보
자기로 싸서 덮고 거기에 융화해버린단 말이에요. 난 그걸 굳이 골
라서 A, B, C… 이렇게 분석하고 그러니까 작은 거죠. 차원이 낮은
거고.
　둘째는 역시 나는 감히 못 따를 하나의 인간으로서의 삶의 자세
인데, 그 철저하면서도 하나도 철저한 거 같지 않으신, 이게 말이
좀 모순이 있지만 말입니다. 그 삶이 얼마나 철저합니까. 그렇게
살 수가 있어요? 한 예로 그 집의 변소를 보면, 남들은 전부 개조
해서 세상을 편리하게만 살아가려고 고치는데, 그냥 막 풍덩풍덩
소리가 나고 튀어 오르고 야단이 났어요. 지금도 그 부엌이 그대로
인지 모르지만 사모님 사시는 부엌도 그렇지, 마당 그렇지, 우물
그렇지.[8]

리영희도 매사에 철저한 사람인데, 장일순은 더욱 철저했던 것
같다. 리영희는 다시는 장일순과 같은 사람이 나오기 힘들 것이라
고 아쉬워한다.

생명력이 넘치는 온갖 풀이 자라는 장일순의 자택 마당.

그런 크기를 지니고 사회에 밀접하면서도 사회에 매몰되지 않고, 인간 속에 있으면서 영향을 미치고 변화를 시키면서도 본인은 항상 그 밖에 있는 것 같고, 안에 있으면서 밖에 있고, 밖에 있으면서 인간의 무리들 속에 있고, 구슬이 진흙탕에 버무려 있으면서도 나오면 그대로 빛을 발하고 하는 그런 사람이 이제 없겠죠.[9]

인간관계는 상대적이다. 인간(人間)이라 할 때 '사이 간(間)' 자를 쓰는 이유도 사람과 사람의 사이를 뜻하는 것이다. 리영희만 한 그릇이기에 장일순의 '무위자연'의 큰 그릇이 보였을 것이다.

12. 저항과 예술의 변증법

유신의 심장을 겨눈 비수, '원주선언'

1970년대 중반부터 장일순이 민주화운동에서 생명사상으로 운동의 방향을 전환시켰다고 해서 유신체제를 용납하거나 침묵한 것은 아니었다. 자유로운 민주질서에서만이 건강한 생명운동이 가능하다고 믿었기에 반유신 투쟁을 접을 수 없었다.

1970년대 중반기에 들어 박정희의 폭압성은 더욱 극렬해졌다. 1974년 8·15 경축식장에서 부인 육영수가 문세광이 쏜 총에 살해되면서부터였다. 박정희는 1975년 5월 13일에 독재의 결정판이라 할 긴급조치 9호를 선포했다. 유신헌법에 대한 비방·반대·개정주장 및 긴급조치 9호에 대한 비판을 금지한다는 내용이었다.

서구에서 근대 성문헌법이 제정된 이래 히틀러를 제외하고 헌법을 비판하거나 개정을 요구하는 것을 봉쇄하는 조치(긴급조치 9호)를 내린 것은 박정희가 처음이었다. 여기에 위반자를 군사재판에 회부한 것도 유례가 없는 일이었다.

박정희는 이에 그치지 않았다. 같은 해 7월 16일에 이른바 사회안전법이라는 소급법을 제정하여, 그동안 정권에 의하여 사상범이나 공안사범으로 규정된 사람은 형기를 마치고도 보안처분을 할 수 있도록 만들었다. 보안처분은 검사가 청구하고, 법무부장관이 보안처분심사위원회의 의결을 거쳐 결정하도록 규정했다. 자신들의 입맛에 맞지 않는 사람을 골라 활동을 규제하는, 위헌 법률이었다.

5·16 쿠데타 이후 군사정권에 의해 투옥된 수많은 민주인사들의 활동을 계속 통제하려는 독재정권의 악랄한 수법이었다. 장일순도 어김없이 규제의 대상이 되었다. 그동안 산전수전을 다 겪은 장일순이나 민족·민주인사들이 이런 통제 따위에 겁먹을 사람들은 아니었다. 그러나 심리적인 부담은 어찌하기 어려웠다.

1975년 8월 17일, 장일순과도 가까웠던 《사상계》 발행인인 장준하가 등산하다가 암살되었다. 광복군 출신의 장준하는 5·16 쿠데타 이래 박정희에게 가장 버거운 존재였다. 그는 일본군 장교 출신의 박정희를 대통령으로 인정하려 하지 않았다. 대한민국 국민 누구나 대통령이 될 수 있지만 일본군 장교 출신은 안 된다고 강력히 주장했고, '유신헌법 개정 100만인 청원운동'을 가장 먼저 시작했다. 그러다가 결국 암살당하고 말았다.

긴급조치 9호 선포로 또다시 폭압의 어둠이 짙게 깔릴 때 이번에도 '70년대 민주화의 성지' 원주에서 봉화가 올랐다. 1976년 1월 23일, 천주교 원주교구 원동성당에서 '인권과 민주회복을 위한 기도회'가 열렸다. 이 자리에는 신·구교의 목사, 신부, 성직자들을 비롯하여 그동안 장일순과 함께 협동조합운동에 참여한 상인, 농민, 광부 등 수백 명이 참석했다. 늘 그렇듯 장일순은 뒤에서 조용히 사람들을 모으는 등 기도회를 준비했다.

2006년 1월 23일, 원동성당에서 열린 '원주선언' 30주년 기념 미사를 집전하는
신현봉 신부(가운데). 30년 전 원동성당의 '인권과 민주회복을 위한 기도회'(1976년 1월 23일)에
참석했던 함세웅 신부(왼쪽)와 문정현 신부(오른쪽)의 모습이 보인다.

　　1975년 5월 긴급조치 9호가 발동되어 또다시 깊은 암흑이 온 세상
을 짓누르고 있을 때, 그 어둠을 맨 먼저 헤쳐 나갈 움직임은 1976
년 1월 23일의 원주선언이 아니었나 싶다. 그러나 원주선언은 세
상에 그렇게 널리 알려지지 않았다. 내용에서도 시대상황에서도
원주선언은 매우 중요한 의미를 지닌다. 유신시대에 나온 여러 문
건 가운데서도 가장 잘 정리된, 유신시대의 대표적인 반유신 선언
이라 할 수 있다.[1]

　　한국 민주화운동의 막후 대부로 불리는 김정남(전 청와대 교육문화
수석)의 말이다.

　　1976년 1월 23일 오후 7시 일치주간 기도회에서 원주 봉산동 성당
주임신부인 신현봉 신부는 신·구교회의 일치, 전 민중과의 일치,

특히 억압받고 고통을 당하는 이웃들과의 일치를 지향하는 강론을 한다. 국민소득 500불이 달성되었다고 정부는 큰소리치고 있지만, 그 그늘 아래 하루 임금 5원을 받고 있는 근로자들이 있다는 것, 정부의 천문학적인 부정부패와 한국 사회의 빈부격차, 그에 따른 부조리를 고발했다.

기도회가 끝나고 난 뒤 오후 9시 40분경 참가자들 중 신·구교 성직자들 16명은 원주 단구동에 있는 가톨릭 교육원 기숙사에서 이계창 신부가 읽은 문안, 즉 '원주선언'을 듣고 신·구교 성직자들이 이에 찬성, 서명한다. 그리고 원주선언을 참석자들이 하나씩 품에 안고 돌아간 것이다. 그것이 한편으로는 3·1 민주구국선언이 나오는 계기와 배경이 되었고, 다른 한편으로는 해외로 전달돼 2월 15일경 일본에서 공개되었다. 이것이 원주선언의 준비에서 서명, 발표에 이르는 일련의 과정이었다. 발표는 일본 천주교 정의와평화협의회에서 했고, 이는 즉시 보도되었으며, 영어로도 번역되었다.[2]

3·1 민주구국선언의 모체가 된 '원주선언'은 유신의 심장을 겨눈 비수였다. '원주선언' 중 주요 내용은 다음과 같다.

△ 적어도 하나의 제도가 민주주의로 불리어지기 위해서는 반드시 지켜져야 할 근본이념과 최소한의 원칙이 있으며 이것이 파괴될 때는 이미 민주주의는 존재하지 않는다. 그 근본이념이란 국가권력의 절대성과 무오류성을 부인하고, 견해와 이익의 다양성과 가치의 상대주의를 용납하며, 국가권력을 민중의 자유에 대한

3·1 민주구국선언을 발표하는 참가자들(1976년 3월 1일).

가상의 적으로서 부단히 감시, 견제, 제한하는 비판정신을 장려하는 데 있다. 그 최소한의 원칙들이란 주권재민, 기본적 인권의 최고우월성 보장, 인신구속 영장제도, 죄형법정주의, 비판적 언론의 자유, 신앙·사상·양심의 자유, 집회·시위·결사의 자유, 생존권 특히 노동3권의 보장, 3권분립의 원칙, 특히 사법권과 입법권의 행정권력으로부터의 독립, 정당활동의 자유 그리고 공명선거의 보장 등이다.

△ 불평등 속의 총화나 억압에 의한 총화란 논리적으로도 모순되는 개념이며 현실적으로도 실현 불가능한 환상이다. 국민총화의 적은 바로 부패와 특권 그리고 그것을 유지하기 위한 억압과 착취의 질서이며, 그로 인한 민권과 민생의 위축과 지나친 사회 불균형이다. 총화는 침묵이 아니며, 총화의 적은 비판과 저항이 아니다.

△ 우리는 민주인사들을 비애국으로 탄압하면서 애국과 안보를 혼

자 떠맡는 듯이 하던 티우와 론놀, 바로 그들 자신이 결정적인 시기에 조국을 버리고 거금을 싸서 도망친 사실을 깊이 음미해야 한다. 배는 난파되어도 선장용의 구명보트만은 안전했다는 사실은 압제자의 운명과 민주의 운명은 어떠한 경우에도 절대로 일치할 수 없다는 사실을 웅변해주는 것이다.

△ 최근 들어 일련의 극단적인 억압정책은 일시적으로는 민중을 침묵시킬지 모르나, 장기적으로 민주주의를 사멸시킴으로써 국민총화를 파탄시킴은 물론, 우리나라를 국제적 고립화와 파멸의 길로 인도하게 될 것이다. 그러므로 우리는 위와 같은 억압조치들이 낱낱이 철회, 취소, 중지되어야 한다고 주장하는 바이다.

서명자: 신현봉, 함세웅, 김택암, 함석헌
문익환, 문동환, 서남동, 조화순

난을 닮고 난을 치다

고려 말의 명장 최영 장군을 두고 '출장입상(出將入相)'이라 했다. 출장입상이란 '나가서는 장수가 되고 들어와서는 재상이 된다'라는 뜻으로, 문무를 다 갖추어 장상(將相)의 벼슬을 모두 지냄을 이르는 말이다. 그는 문하시중의 높은 벼슬을 하고, 왜구와 홍건적의 침략을 격퇴한 출중한 장군이었다. 이성계가 쿠데타를 일으키면서 최영 장군을 가장 먼저 살해한 것은 최영의 문무양겸의 역량을 두려워했기 때문이다.

장일순은 평소 온화한 성품대로 일상적인 생활을 즐기는 범부이다. 튀거나 나서기보다 사색하고 책을 읽고, 틈나면 시·서·화에도 열중했다. 언제부터인지, 그의 작품을 원하는 사람이 많아졌다. '먹장난'으로 쓴 글씨와 그림이 입소문을 타고, 구속학생과 민주인사들의 영치금, 또는 이들의 후원회 기금 마련용으로 요청되었다.

그의 시·서·화는 처음부터 상업적으로 만들어진 것들이 아니었기에 더욱 빛이 나고 그만큼 가치가 있었다. 유신과 5공 시대에 양심수가 늘어나면서 구속자가족협의회 등 이들을 뒷바라지하는 재야단체들이 생겨났다. 하나같이 생활이 어렵고 활동자금이 부족했다. 일부 종교단체와 해외 인권단체의 기부금이 들어왔으나 워낙 구속자가 많아서 턱없이 모자랐다. 그래서 생긴 것이 '기금모금 서화전'이었다.

장일순은 기금모금 서화전이 열린다는 연락을 받을 때마다 흔쾌히 그림을 그리고 글씨를 써주었다. 고명한 서예가나 명사들이 '공짜 글씨와 그림'을 거부할 때도, 그는 열과 성을 다했다. 몇 차례 본인의 이름으로 시화전을 열어서 생긴 기금도 모두 후원금으로 내놓았다. 그러다 보니 청탁하는 사람과 단체가 늘고 그는 그만큼 바빠졌다.

장일순의 구도자적인 온화함의 외면과 저항가적 행위의 내면을 종합하면 "무서운 깊이 없이 아름다운 표면은 존재하지 않는다"는 니체의 잠언이 떠오른다.

그의 행동철학은 혁명적이고 전사의 기질을 품었고, 품성은 낭

만주의적이고 사색형이며, 기질은 풍류적으로 예술과 시문을 즐겼다. 장일순은 감시받고 배를 곯으면서도 난을 치고 글씨를 쓰는 취향과 여유가 있는 풍류묵객이었다.

공적으로는 신념과 대의를 위해 서릿발 같은 준열함을 보이고, 사적으로는 마을 정자 앞에 우뚝 선 한 그루의 거목처럼 여유롭고 흔들리지 않아서 이념·출신·노유(老幼)를 가리지 않고 그의 그늘을 찾는 사람이 많았다. 그런가 하면 아나키스트의 담백함과 초연함은 계산을 모르는 철학자의 모습이었다.

장일순은 대나무나 솔도 그렸지만 특히 난을 많이 쳤다. 조선의 선비들은 난초를 개결함의 상징으로 보았다. 누구라도 사군자 중의 으뜸인 난을 그릴 수 있지만, 권부를 탐하거나 지조와 절개를 잃은 자의 작품은 격에 맞지 않다.

조선시대 신숙주나 정인지의 작품보다 생육신의 한 사람인 남효온(1454~1492)의 작품을 몇 배나 높이 산다. 대원군 이하응의 호는 석파(石坡)였는데, 세도가 대원군 시절의 작품은 파락호 시절의 석파난을 당하지 못한다. 독립운동가 우당 이회영은 만석의 재산을 신흥무관학교 운영에 바치고 중국 베이징에서 망명생활을 할 때는 몇 끼씩 곯으면서도 난을 치고 퉁수를 불며 스스로를 달래고 청년지사들을 격려했다.

일제강점기 민족지성이었던 정인보는 만해 한용운을 위한 조시(弔詩)에서 만해의 풍모를 '풍란화 매운 절개'에 비유했다.

풍란화 매운 향내 당신에야 견줄손가

1977년 12월, 원주 가톨릭센터에서 열린 전시회에서.

이날에 님 계시면 별도 아니 빛날런가

불토(佛土)가 이외 없으니 혼(魂)아 돌아오소서.

장일순은 난초를 닮은 구석이 많아 보인다. 뛰어나지 않으면서도 빼어난 기품이 있고, 화려하지 않으면서도 사람들의 눈길을 머물게 한다. 난은 산속 바위틈에 외롭게 피어 있는 것 같아도 그 향기가 궁벽한 마을까지 번져나가듯이, 그는 민초들 속에 묻혀 살면서도 맑은 지성과 깨어 있는 야성 그리고 훈훈한 인성을 품어냈다.

장일순의 난초는 참으로 독창적인 것이다. 그는 난초를 치면서

12. 저항과 예술의 변증법

고귀한 멋이나 곱상한 생김새를 자랑하는 춘란(春蘭)이나 기품을 앞세운 건란(乾蘭)은 즐기지 않는다. 장일순의 난초는 한마디로 조선 난초이다. 잎이 짧고 넓적하면서 강인한 생명력을 느끼게 하는 잡초 같은 난초를 좋아한다. 그것도 바람결에 잎을 날리면서 꽃줄기만은 의연히 세우고 그 향기를 펼치는 풍란(風蘭)을 즐겨 그린다. 그리고 거기에 걸맞은 화제(畵題)를 붙인다.

장일순의 난초 그림에서는 맑은 품성과 강인한 생명력이 동시에 느껴진다. 그리고 이를 통하여 인간과 자연에 대한 깊은 사랑과 믿음─장일순이 주창하는 생명사상과 정신을 표출해내고 있는 것이다. 그런 가운데 그 난초는 우리가 민중이라고 부르는 힘차고 건강하고 소탈한 심성의 인간상에 들어맞는 민초도(民草圖)로 전환되고 있음을 느낄 수 있다.[3]

장일순이 남긴 서화 중에는 난초 그림이 유난히 많았다. 조선시대 올곧은 선비들이 그랬듯이, 그도 자신과 난을 일체화했을 것이다. 그래서 사군자 중에서도 난을 많이 쳤다. "난초를 그린다고 하지 않고 친다고 한다. '친다'라는 역학 동사는 '눈보라 친다', '떡메로 내려친다' 할 때처럼 격렬한 동작을 나타내는 말이다. 그러면서 솟구치는 억울함과 분한 마음 그리고 응어리진 분노를 분수처럼 밖으로 시원스럽게 쏟아내는 행위는 분명 그리는 것이 아니라 치는 것이라 해야 맞다."[4]

장일순이 난을 칠 때의 심경은 어땠을까. 중립화 통일론을 내걸었다고 감옥에 가두고, 독재를 비판한다고 학생과 민주인사들을

천지여아동근 만물여아일체
(天地與我同根 萬物與我一體, 하늘과 땅은 나와 그 뿌리가 같고, 온갖 만물은 나와 한 몸이다).

탄압하고, 경제개발 5개년 계획에도 민초들의 궁핍함을 해결하지
못하고, 근대화 명분 아래 자연을 마구 파괴하는, 독재자·반자연
주의자들에 대한 분노와 응어리를 '마구 치는' 마음이었을 것이다.
그러면서도 난의 새싹에서 생명의 짙은 향기를 맡지 않았을까.

> 내가 그리는 난은 노방에 뒹굴고 지나가는 사람의 발에 밟히면서
> 도 의연하게 살아 있는 이름 없는 풀 같은 난이에요. 어찌 보면 난
> 초라기보다는 풀이라고 할 수 있지. 난을 치되 반드시 난이 아니라
> 이 땅의 산야에 널려 있는 잡초에서부터 삼라만상이 다 난으로 되
> 게 해서, 시나브로 난이 사람의 얼굴로 되다가 이윽고 부처와 보살
> 의 얼굴로 되게끔 쳐보는 게 내 꿈일세.[5]

앞에서 말했듯이 장일순은 민주화운동 단체를 후원하기 위해서

사람의 얼굴을 닮아 의인란(擬人蘭), 중생란(衆生蘭)이라 불리는 장일순의 난초화.
계수배례어천 즉 증무위도(稽首拜禮於天 則證無爲道)
머리 숙여 하늘에 예배하면 무위의 도를 깨달을 수 있다.

나 한살림 설립을 위한 기금마련을 위한 전시회를 제외하고는 서화를 팔아 집안 살림에 보탠 일이 단 한 번도 없었다. "만약 이 그림을 그리면 얼마를 받는다는 생각이 들어오는 날이면 나는 붓을 꺾을 것"이라 말한 생전 결심을 끝까지 지켰다. 그는 글씨와 그림을 자신을 찾아오거나 원하는 사람들에게 두루두루 무상의 선물로 주었을 뿐 단 한 번도 '예술'이라고 생각해본 적도 없었다. 그가 써준 글과 그림 속에는 격려의 덕담과 일생 품고 살아야 할 깊은 가르침이 담겨 있었다. 장일순의 서화는 받은 사람들에겐 삶을 위로받는 일종의 부적과도 같았다.

까까머리 중학생 시절에 장일순을 서예실에서 처음 봤다는 김익록(강원도교육청 장학사)의 말이다.

따로 작업실을 갖고 있을 형편이 안 되셨던 선생님이 내가 붓글씨를 배우러 다니던 선생님의 고향 후배가 하는 서예실에 자주 오셔서 붓글씨를 쓰셨다. 잘 갈아진 먹으로 화선지 반절에 큼지막한 글씨를 척척 쓰셔서 주위 분들에게 나눠주시고 그 뜻을 설명해주시는 모습이 참으로 멋져 보였다. 선생님의 글씨를 받아들고 기뻐하던 분들이 부러워서 어느 날 나도 모르게 불쑥 "선생님, 저도 한 장 써주세요!" 하고 말씀드렸다. 일순 주변은 조용해졌고, 속으로 아차 싶었다. 언감생심이라고, 그게 얼마나 무례한 요구인지 그때는 몰랐다. 그런데 선생님이 껄껄 웃으시며 나를 잠시 쳐다보시더니 새 종이를 펴서 '학불염(學不厭)' 석 자를 써주셨다. '배우는 것에 싫증을 내지 말라'는 뜻의 공자님 말씀이었다. 어린 학생인 내게 가장 어울리는 구절이라고 생각하셨던 모양이다. 하룻강아지 철 없는 어린아이의 부탁을 흔쾌히 들어주신 선생님의 넉넉한 마음이 지금도 그 작품을 볼 때마다 느껴진다. 아마도 선생님께서는 내 끈기가 부족함을 이미 파악하시고 '넌 평생토록 배워야 한다'고 주문하신 것 같다.

장일순을 평생 곁에서 모신 대성학교 제자 김상범은 지금도 제자들이 스승에게 편안하게 붓글씨를 쓸 수 있는 작업실을 마련해드리지 못한 것을 미안하게 생각하고 있다.

제자들이 원주 시내에다 선생님이 붓글씨를 쓰실 수 있는 공간을 마련해드렸으면 좋았을 텐데 제자들이라고 하나같이 가난하니까 마음 놓고 서예를 하실 방 한 칸 마련해드릴 수가 없었어요. 선생님이 마음 놓고 붓글씨를 쓰실 수 있는 서예실이 있었다면, 시내 나오셔서 선생님 뜻도 잘 이해하고 있지 못하는 사람들이 운영하는 서예실에서 붓글씨를 쓰시진 않았을 텐데 하는 죄송스러운 마음이 남아 있어요. 선생님이 쓰시다가 버린 것도 챙겨뒀다가 나중에 팔아먹은 사람들도 있는 걸로 알고 있어요. 선생님 사무실을 마련해드렸으면 그런 폐단도 없었을 거라는 생각이 들기도 하는데, 지금 생각해보니 선생님께 받기만 했고 해드린 게 아무것도 없었어요.

개성 있고 생명력 있는 글씨, '무위당체'

"글은 사람이라 하여 문장이 인격의 반영임을 말한 사람이 있지만 글보다도 더욱 인격을 반영한 것이 글씨인 것이다." 시인 논객 조지훈의 「글씨의 미(美)」에 나온 말이다.

장일순의 글씨는 독특하다. 그 나름의 필체인 것이다. 우리나라 서예계에서는 오래전부터 '한석봉체', '추사체' 등이 정석처럼 자리 잡았다. 장일순은 이 같은 '정통서체' 형식을 취하지 않고 자신의 필체를 개발했다. 개성이 있고 생명력이 있는 글씨였다.

글씨를 가르쳐준 분은, 할아버지도 가르쳐주셨지만, 차강 박기정 선생이라고, 17세 때부터 배웠어요. 이분은 워낙 선비 집안인데

동해에서 일출을 바라보며(1987년경).

통감부가 생기니까 낙향을 해서 강원도 지방 평창 도암에 내려와
사시면서 평생을 묵객(墨客)으로 지냈지요. 20세 때는 유인석 장군
밑에서 의병투쟁도 했구요. 그래서 일본 애들이 그 양반 글씨를 못
받아갔어요. 이분은 묵객생활로 번 돈을 쓰시면서 남은 돈을 임시
정부로 보내는 거지. 루트를 통해서 해외에 보냈지.[6]

역시 배움의 뿌리가 다르다. 한량 묵객들의 서체가 아름다울지
는 몰라도 독립운동가 출신과는 격과 결이 다를 수밖에 없을 것이
다. 장일순은 박기정 선생의 필법에 자신의 맑은 정신을 배합하여
'무위당 필체'를 개발한 것이다.

장일순은 1990년 《생활성서》 편집부장과 대담할 때, 출감한 뒤

우주과실(宇宙果實, 우주가 과실이다)(1984년 작품).

서필어생(書必於生, 글씨는 삶에서 나온다)(1990년 작품).

다시 글씨를 쓰게 된 과정을 다음과 같이 설명한다.

"책만 보고 있을 수는 없더군요. 살기 위한 것마저 아무것도 허용되지 않으니……. 서울로 유학 가면서부터 그만두었던 붓글씨를 그때 다시 쓰게 되었지요. 동양에 있어서 예도는 무위자연(無爲自然)의 경지인데, 그러려면 무아상태가 되어야 하는데, 나중엔 참으로 자연과 합일되는 경지까지 가야 하는데……."

그는 자신의 작품이 늘 못마땅하고 장난처럼 여겨져 버리곤 하는데 정 누군가가 해달라고 부탁하면 안 해드려도 좀 교만한 것 같아 흥치 않은 정도가 되면 주기도 한다고 한다. 《한겨레신문》 제자(題字)나 이돈명·송건호·리영희 씨 등의 회갑논문집 등에 실린 그의 서화도 그런 경우에 해당한다. 그러나 그의 작품을 볼 줄 아는 이들은 영서지방 정통의 묵맥을 이었고 그의 청정한 삶이 녹아 있는 글씨라고들 한다.

장일순은 휘호 얘기가 나오면, "글씨가 반드시 삶 속에서 나와야 한다"고 말했다. 즉 삶과 동떨어진 글씨는 죽은 글씨라는 것이다. 또한 예술은 거짓 없는 인생을 건 작업이며 전통은 그때그때의 창작이었기 때문에 전통에 대한 철저한 공부를 당부하고 있다.[7]

이것이 바로 무위당 선생님의 서예관이자, 생명서예가로서 숨이 살아 있는 작품이 나오게 되는 바탕이었다. 붓의 형상을 뛰어넘어 세속의 속기를 초월하지만 결코 세상을 버리지 않았고, 어려운 시대에 살면서도 저항하기보다는 세상을 끌어안아주는 것을 혁명이

라고 하셨으며, 인위적임을 내세우기보다는 스스로 그렇게 자연
스러운 무위사상을 붓이라는 물건을 통해 생활 속의 느낌을 하나
하나 작품화하여 세상 사람들을 향해 조용히 전하고 있는 것이다.[8]

　　장일순의 글씨와 관련해 전해지는 비화와 일화가 많은데, 글씨의
모양새보다 정성과 생명력을 중시하는 이야기 두 편을 들어본다.

　　양승학은 원주 가톨릭회관 지하에서 수족관을 하고 있다. 장일순
은 그 근처에 갈 때면 가끔 양승학을 만나기 위해 수족관에 들렀다.
그곳에서 장일순은 양승학이 타서 내놓은 차를 마시며 이야기를 나
눴다.
　　어느 날, 양승학이 장일순에게 물었다. 평소 궁금하게 여기던 것
이었다.
　　"선생님, 어떤 글이 정말로 훌륭한 글입니까?"
　　장일순이 빙그레 웃으며 대답했다.
　　"길을 가다가 자네도 아마 봤을 거야. 왜 리어카나 포장마차에
'군고구마 팝니다' '붕어빵 팝니다' 하고 써놓은 글이 있잖아? 그런
글이 정말로 살아 있고 생명력이 있는 글이야. 꼭 필요한 글이지."[9]

　　가톨릭 농민회 초대 회장이었던 조한수가 이 세상을 떠났을 때였
다. 김익호는 조한수의 무덤에 세울 묘비의 비문을 장일순에게 부
탁했다. 약속한 날짜에 비문을 찾으러 가 장일순이 써놓은 글씨를
보니 김익호는 마음에 들지 않았다. 서툴러 보였다. 김익호는 느낀

1991년 와병 중에 열린 원주 전시회에서 이철수 판화가(맨 오른쪽)와 함께.

대로 솔직히 말했다.

"선생님. 글을 되게 못 쓰셨네요!"

장일순이 껄껄 웃었다.

"자네. 아직 멀었네. 이쁜 글씨가 잘 쓴 글씬 줄 아는가 본데 그렇지 않다네. 잘 쓴 글씨란 그저 정성껏 자신의 진실을 밝히면 되는 걸세."[10]

장일순의 그림과 글씨가 세간의 화제가 되면서 주위 사람들이 전시회를 열자고 제의했다. 평소 형식적이고 요란한 행사 같은 것을 좋아하지 않는 성격이지만, 민주인사(구속자)와 불우 이웃을 돕자는 설득에는 고집을 부릴 수 없었다.

첫 개인전은 1975년 12월 19일부터 22일까지 원주 가톨릭센터에서 열렸다. 그동안 쓰고 그린 작품들이 한 곳에 전시되자 이를 보기 위해 시민·학생들의 발길이 이어졌다.

두 번째 개인전은 1976년 4월 7일부터 10일까지 강원일보사 초 청으로 춘천도립문화회관에서, 세 번째는 1977년 12월 7일부터 11 일까지 원주 가톨릭센터에서 열렸는데, 원주 가톨릭센터에서는 이 후 네 번째(1981)와 다섯 번째 전시회도 잇달아 개최되었다. 여섯 번 째는 1988년 서울 인사동 '그림마당 민'에서, 생전의 마지막 전시회 는 1991년 서울과 원주에서 열렸다. 그리고 유작전이 1998년부터 원주, 서울, 광주, 목포, 청주, 충주, 대전, 전주, 경산, 성남 등 각지 에서 열려 작품이 널리 소개되었다.

장일순의 글씨와 그림은 그 말의 참뜻이 유지되는 한에서 재야서 가(在野書家)의 글씨이며, 우리 시대 마지막 문인화가(文人畫家)의 글 씨이며, 회화세계이다. 그리고 그 예술이 목표로 하는 바의 미적 이상은 일격(逸格)의 예술이다.[11]

13. 반동의 시대를 겪으며

청강(靑江)에서 무위당(无爲堂)으로

1979년은 한국 현대사의 변곡점이었다. 박정희 정권이 긴급조치로 포장된 폭압통치를 통해 제1야당의 총재인 김영삼을 국회에서 제명하자, 그동안 유신체제에 대한 불만이 극에 이른 부산과 마산 지역에서 유신체제에 반대하는 항쟁(부마항쟁)이 일어난다. 이 부마항쟁은 마침내 박정희 통치 18년의 1인지배체제에 종언을 불러왔다. 중앙정보부장 김재규가 박정희 대통령과 차지철 경호실장을 궁정동 안가의 비밀요정에서 역순으로 총격을 가해 절명시켰기 때문이다.

그러나 박정희는 죽었어도 그가 남긴 악의 뿌리는 함께 제거되지 않았다. 군사독재의 유재(遺滓)는 한국 사회 곳곳에 겹겹이 쌓여 있었다. 그 대표적인 예가 권력에 맛을 들여온 정치군인들이다. 하나회라 불리는 이들은 박정희의 친위사단에 속하는 정치군인들이었다. 이들의 존재로 하여 10·26 사태 이후 '서울의 봄'은 곧 안개정국에 덮이고, 민주화를 바라는 국민은 다시 불안감에 휩싸였다.

장일순은 10·26 사태에 비교적 담담했다. 자신의 청춘과 이상을 짓밟히고, 그것도 모자라 3년의 투옥과, 가산을 털어 세웠던 학교를 나오게 되고, 교육사업에서 추방되고, 이후 사회안전법의 규제를 받는 등 그동안 박정희 정권에 당한 설움과 아픔을 생각하면 박정희의 죽음에 덩실덩실 춤이라도 춰야 맞겠지만, 장일순은 오히려 담담한 심경이었다.

그 당시 장일순은 세속의 권력자나 자신이 당한 고난과 같은 속사(俗事)에 상당히 초월해 있었다. 그렇다고 무슨 도사이거나 성인이 되었다는 뜻은 아니다. 그만큼 정신적으로 성숙해졌다는 뜻이다. 묵혀두었던 글씨를 다시 쓰게 된 계기가 박정희 때문이었다고 술회할 만큼 마음이 넓어지고 깊어졌다. 『노자』를 꾸준히 배우고 해월을 익힌 까닭일 터이다.

장일순에게 어떤 심적 동기가 있었는지는 모르지만, 37살 때(1965년)부터 써오던 청강(靑江)이라는 호를 박정희가 죽은 뒤 무위당(无爲堂)으로 바꾸었다. 푸른 강을 보면 마음이 편해져서, 맑고 푸른 강처럼 그렇게 살고 싶다고 해서 지었던 청강이라는 호를 바꾼 것이다.

장일순은 이와 함께 조 한 알이라는 뜻의 '일속자(一粟子)'를 호로 쓰고, 스스로는 이 아호(雅號)를 가장 즐겨 사용했다.

무위당은 하찮은 벌레나 풀잎보다 자신을 낮추곤 했다. 무위당의 여러 호 중에 '조 한 알(一粟子)'이라는 호가 있다. "나도 인간이라 누가 추어주면 어깨가 으쓱할 때가 있지요. 그럴 때마다 내 마음을 지그시 눌러주는 화두 같은 거야. 세상에 제일 하잘것없는 게 좁쌀한 알 아닌가." "내가 조 한 알이다 하면서 내 마음을 추스르는 거

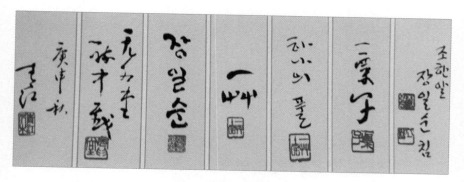

장일순의 올곧은 삶과 시대정신을 느낄 수 있는 아호 낙관.

지." 이 호를 사용한 게 바로 이런 이유에서였다. 자신을 낮추고 이
웃을 섬기며 살겠다는 다짐을 의미하기도 했다. 1980년대 이후 사
람들은 그를 무위당 선생으로 불렀으나 1980년대 후반부터는 스스
로 조 한 알이란 호를 주로 사용했다.[1]

　장일순이 청강에서 무위당으로 호를 바꾼 것은 철학적인 성숙을
의미한다. 무(無)라는 말은 무(无)의 차자(借字)에 속한다. 무(无)의 원
래 뜻은 『설해문자』에 따르면 "존재하던 어떤 것이 없어진다"는 것
을 의미한다는 것이다. 무(無)라는 말은 사상적 개념으로서는 전국
시대 후기에 활동한 도가에서 처음으로 사용했으며, 이후 도가 계
열의 여러 사상에서 참된 실재인 도(道)의 하나의 성질[유(有)의 부정]
및 나아가 도(道) 그 자체라는 의미로 일관되게 사용되었다.

　중국 춘추전국 시대의 사상가 장자, 노자, 열자 등 도가(道家)들은
도(道)를 우주의 원리로 보고 무위자연(無爲自然)을 주장했다. 장일순
이 『노자』에 심취하면서 무위당으로 자호한 것은 이 같은 사상사의
흐름에 자신의 존재를 띄운 것이라 하겠다. 일반적으로 '청강'이 아

웃사이더의 위치에서 사회개혁운동을 전개할 때, '무위당'은 세속을 뛰어넘으면서, '일속자'는 무위에서도 작은 존재 즉 민초의 역할을 자임하면서 취한 자신의 모습이다.

복권되었으나 정치참여 안 해

1979년 10월 27일 새벽, 헌법(당시) 제48조의 규정에 의해 대통령 권한대행이 된 최규하는 불과 몇 시간 전만 해도 '별 볼 일 없는' 국무총리에 불과했다. 여기서 굳이 '일인지하 만인지상(一人之下 萬人之上)'의 국무총리를 '별 볼 일 없는'이라고 표현한 것은 유신체제의 3권을 장악하고 있는 박정희 대통령 밑에서 국무총리는 그야말로 '대독총리', '행정총리'에 불과했기 때문이다.

더구나 최규하는 정치적 야심이나 정치세력이 전혀 없는 직업외교관 출신이라는 것이 장점이 되어 1975년 국무총리에 기용되었던 인물이다. 그런데 하룻밤 사이에 느닷없이 '만인지상'이 되었으니 어떤 면에서는 '행운'이라고 해야 할 것이다.

최규하는 27일 새벽 4시를 기해 전국에 계엄령을 선포하고 대통령 권한대행에 취임하여 '대권'의 자리에 앉았다. 최규하 대통령 권한대행의 취임으로 우리나라는 4·19 후 꼭 20년 만에 또 한 차례의 '과도정부'를 맞게 된 셈이다.

최규하는 12월 6일 통일주체국민회의 제3차 회의에서 단독 입후보하여 제10대 대통령에 선출되었다. 대통령의 임기는 당선 즉시 개시되어 박정희 대통령의 잔여임기인 1984년 12월 26일까지 재임

할 수 있으나 11월 10일 특별담화를 발표해, 잔여임기를 다 채우지 않고 가능한 한 빠른 기간 내에 헌법을 개정하고 11대 대통령 및 국회의원 총선을 실시, 정권을 이양하겠다고 밝혔다.

그러나 최규하 체제는 과도정권의 성격상 순탄할 리가 없었다. 대통령에 당선된 지 일주일도 안 돼 12·12 사건이 발생했고, 권력의 기반이 없는 그에게 공화당이나 유정회는 이미 정치적 기능이 상실된 여당일 뿐이었다. 신민당은 마치 새 집권당이나 되는 듯이 꿈에 부풀어 있었다.

이에 재야세력과 일부 정치인들은 1979년 11월 24일 명동 YWCA에서 '통일주체대의원에 의한 대통령 선출 저지를 위한 국민대회'를 열어 최규하의 대통령 선출을 반대했다. 신민당도 과도정부의 정치일정에 심히 반발하고 나섰다. 엎친 데 덮친 격으로 과도정부는 정부 주도의 개헌안을 마련한다는 방침을 세워 국회 헌법개정특별위원회와 마찰을 빚기도 했다.

자체적인 정치기반이 없이 신군부의 등에 업힌 꼴인 최규하 정권으로서는 민주화를 바라는 국민의 염원을 제대로 수용할 수가 없었다. 학생·노동자·재야인사들은 정치 일정의 단축과 유신잔재 청산을 요구하며 대대적인 시위를 벌였고, 김대중·김영삼·김종필로 대표되는 정치집단에서는 각기 이해가 엇갈린 상태에서 마찰을 빚어 정국은 날로 혼란이 확산되어갔다.

여기에다 신현확 총리의 이원집정부제 발언과 출처불명의 여권 신당설이 나돌고, 5월 15일의 서울역 앞의 대규모 시위와 사북사태까지 겹쳐 위기설은 더욱 증폭되어갔다.

1980년 3월, 신학기부터 각 대학에서 학생회와 평교수회가 부활되고, 2·29 복권조치에 의해 긴급조치로 해직 또는 제적되었던 교수와 학생들이 학원으로 돌아오자 학원가에서는 '학원민주화'를 외치는 토론회·농성·교내시위가 일기 시작했다. 3월 27일의 조선대학교 교내시위를 시발로 학생들의 시위는 서울과 지방의 각 대학으로 번져나갔고, 구호도 "학원 내 언론자유, 어용교수 퇴진, 재단운영 개선" 등으로 구체화되었다.

4월 14일에 전두환 보안사령관이 중앙정보부장 서리를 겸임하는 등 유신 잔당과 신군부 세력의 체제개편 음모가 노골화하자 학생들은 학원민주화 투쟁에서 사회민주화 투쟁으로 전환한다. 5월 2일에 1만여 명의 학생이 참가한 서울대 '민주화대총회'를 시발로 각 대학이 '민주화대행진'에 돌입해, '유신세력 퇴진, 계엄 철폐, 2원집정부제 반대, 정부 주도 개헌 반대' 등의 정치적인 문제를 내걸고 거리로 진출하기 시작했다. 이러한 학생들의 가두시위는 5월 15일 전국 대학생의 계엄해제 요구시위에서 절정에 이르렀다.

5월 13일 오후, 서울 광화문 일대에서 6개 대학 2,500여 명의 학생이 '계엄 철폐'를 외치며 가두시위를 감행하고, 서울 시내 27개 대학 학생대표들은 13일 밤 회의를 소집해서, 14일부터 일제히 가두시위에 돌입할 것을 결의했다. 이에 따라 14일 서울 시내 21개 대학 5만여 명의 학생들은 빗속에서 밤늦게까지 서울의 종로, 광화문, 시청 앞 등 도심지에서 가두시위를 벌였으며, 지방 10개 도시의 11개 대학도 일제히 가두시위에 돌입했다.

전국적인 격렬한 시위는 15일에도 이어져 그날 저녁 서울역 광장에는 학생 10만, 시민 5만 명이 집결해, 계엄철폐와 유신잔당 퇴진을 요구하며 격렬한 시위를 벌였다.

정부는 이에 앞서 2월 29일, 긴급조치 등 정치적 이유로 공민권이 제한되어 있던 윤보선·김대중·함석헌·정일형·이우정·문익환·문동환·서남동·윤반웅·리영희·백낙청·김찬국·지학순 등 687명(정치인 22명, 종교인 42명, 학생 373명, 교직자 24명, 언론인 9명, 기타 217명)에 대한 복권조치를 단행했다. 장일순도 이때에 복권되었으나 정치 일선에는 나서지 않았다.

5월 중순에 접어들면서 군부의 '위기설'이 나돌자 학생운동 지도부는 학교로 돌아가기로 결정하고 16일에는 이화여대에서 제1회 전국대학총학생회장단회의를 개최해, 17일부터 정상수업을 받기로 결정했다. 그러나 권력장악을 기도해온 전두환 신군부는 17일 새벽 쿠데타를 자행하여 '서울의 봄'은 일진광풍에 산산이 찢기고 말았다.

신군부 쿠데타, '서울의 봄' 짓밟다

장일순이 우려했던 일이 현실로 나타났다. 전두환 중심의 '하나회' 출신 정치군인들은, 전두환이 공석이던 중앙정보부장(서리)에 취임(4월 14일)하여 내각에 합법적인 영향력을 행사하게 되면서 본격적으로 쿠데타를 모의한다. 그러는 한편, 그 전 단계로 12월 12일 육군참모총장 정승화를 체포함으로써 군권을 장악했다.

12·12 하극상을 통해 군권을 장악한 신군부 측은 13일 새벽부터

국방부·육군본부·수경사 등 국방 중추부를 차례로 장악하고, 각 방송국·신문사·통신사를 점거하여 자신들이 통제했다.

이들은 정승화를 비롯해, 그의 추종세력인 3군사령관 이건영, 특 전사령관 정병주, 수도경비사령관 장태완 등을 1980년 1월 20일 자로 모두 예편시키고, 정승화에게는 징역 10년형을 선고했다. 군권을 장악한 전두환 세력은 거칠 것이 없었다.

1980년 5월 17일 저녁 9시경, 중앙청 국무회의실에는 비상국무회의 소집 연락을 받은 국무위원들이 모여들었다. 그들은 무엇 때문에 저녁에 갑자기 국무회의가 소집되는지, 무슨 안건을 심의해야 하는지도 모르고 회의에 참석했다.

신현확 총리는 9시 42분에 제42회 임시국무회의 개회를 선언하고 국방부에서 '의안 360호'로 제출한 비상계엄 전국 확대 선포안을 의안으로 상정하여 의결해줄 것을 요청했다. 김옥길 문교부장관이 의안에 대한 설명을 요구했지만 찬반토론은 전혀 없었다. 신 총리가 이 의안의 가결과 국무회의의 산회를 선언했을 때 시간은 9시 50분이었다. 찬반토론도 없이 단 8분 만에 비상계엄 전국 확대 선포안이 의결된 것이다.

이렇게 토론 한마디 없이, 헌법기구인 국회를 쓸어버리고 민주화를 짓밟는, 그리하여 5·17 쿠데타를 뒷받침하는 계엄포고령이 국무회의에서 어이없게도 처리되었다. 신군부의 이른바 '싹쓸이' 작전은 이렇게 시작되었다.

임시국무회의가 계엄포고령을 의결한 것은 요식절차에 불과하고, 이보다 앞서 이날 오전 11시부터 전군 주요 지휘관회의가 소집

되었다.

전군 지휘관회의는 최성택 합참정보국장의 정세보고와 현황설명 뒤 자유토론 형식으로 진행되었다. 정호용 특전사령관과 노태우 수경사령관, 박준병 20사단장 등이 강경발언을 계속했으며, 일부 신중론이 있었지만 대세에 영향을 미치지는 못했다. 신군부는 회의가 끝날 무렵 백지를 돌려 참석자들의 연서명을 받았다.

회의를 마친 주영복 국방장관과 이희성 계엄사령관은 전국 주요 지휘관들의 연서명이 첨부된 신군부의 시국대책안을 들고 오후 5시경 신 국무총리를 찾아갔다. 신 총리는 국보위설치안에 대해서만 반대하고 나머지는 모두 받아들였다. 셋은 곧바로 청와대로 가서 최규하 대통령에게 군부의 시국대책안을 설명했다. 최규하는 오후 7시경 이를 승인하고 신 총리에게 비상국무회의를 소집하라고 지시했다.

이보다 앞선 16일 밤 10시 30분경, 사우디 방문 중이던 최 대통령이 일정을 앞당겨 귀국하자 전두환은 신 총리, 이희성 계엄사령관, 주영복 국방장관, 김종환 내무장관과 청와대에 들어가 비상계엄 확대조치의 필요성을 주장했다. 청와대를 나온 전두환은 보안사의 권력장악 시나리오 준비팀인 권정달 정보처장, 이학봉 대공처장, 허화평 비서실장, 허삼수 인사처장 등 심복들을 가동시켜 군지휘관회의에서 결정할 사항과 민주세력을 말살하기 위한 작전을 준비시켰다.

신군부는 5월 초순부터 이른바 '충정작전'의 구실로 충정부대의 서울 인근 투입을 시작으로 5월 17일 이전에 탄압 준비를 이미 완료

했다. 특히 광주에는 공수부대의 핵심부대를 파견했다.

신군부는 치밀하게 짜여진 작전계획에 따라 5월 18일 0시를 기해 지역계엄을 전국계엄으로 확대하고, 계엄포고령 제10호(모든 정치 활동의 중지 및 옥내외 집회·시위의 금지, 언론·출판·보도 및 방송의 사전검열, 각 대학에 휴교령 등)를 선포했다.

이어서 18일에는 김대중·김상현·김종필·이후락 등 정치인 26명을 학원·노사분규 선동과, 권력형 부정축재 혐의로 합동수사본부에 연행하고 김영삼을 가택연금 시키는 등 정치적 일대 탄압을 자행하기 시작했다. 장일순은 이번엔 잡혀가지는 않았으나 경계와 감시는 어느 때 못지않았다.

신군부는 5월 18일부터 전국계엄 확대와 김대중 구속 등에 대해 저항에 나선 광주시민들을 무참히 학살한다. 5월 20일에는 이미 소집 공고된 임시국회를 무산시키기 위해 수도군단 30사단 101연대 병력으로 국회의사당을 봉쇄하고, 헌법에 규정된 국회통보 절차조차도 밟지 않은 채 사실상 국회를 해산시켜버리는 국헌문란을 자행했다.

실질적인 물리력을 장악한 신군부는 정치사회 일반에 대한 모든 권력을 찬탈하고자 국가보위비상대책위를 설치하고 전두환이 상임위원장에 취임했다. 국보위는 초법적인 권력기관으로 등장, 정권을 탈취해 5공정권 수립에 받침대 노릇을 했다. 이로써 유신보다 더 포악한 5공시대가 시작되었다.

광주학살 주범 전두환의 5공화국 출범

장일순은 거의 모든 활동이 제한된 가운데 참담한 심경으로 시국을 지켜볼 수밖에 없었다. 역사의 시련이었다. 역사는 가끔 반동기를 겪는다. 프랑스 혁명 등이 그랬고 한국 현대사도 다르지 않았다. '서울의 봄'을 짓밟고 광주를 피바다로 만들면서 전두환이 등극했다. 연대기적으로 제5공화국, 전두환 시대는 박정희의 유신시대에 못지않은, 아니 그보다 더 포악하고 잔혹한 무단통치 시대였다. 다시 민주주의는 실종되고 군사독재가 자행되었다.

광주에서 민주화를 위한 항쟁(抗爭)이 일어나 수많은 시민이 군인에 의해 목숨을 잃어가는 동안에 전두환 신군부의 철저한 언론통제로 인해 국민은 대부분 한반도 남쪽에서 엄청난 비극이 벌어지고 있다는 사실을 까맣게 몰랐다. UPI, AFP, 《뉴욕 타임스》 등 외신들이 18일의 평화적 시위에 대한 공수부대의 만행을 규탄하는 보도를 쏟아내고 있는데도 한국의 언론은 고립된 광주에서 벌어지는 참상을 극소수 불순분자와 폭도들이 난동을 일으킨 '광주소요사태', '광주사태' 등으로 보도할 뿐이었다.

장일순은 비밀리에 민주화 세력을 돕고 있는 정부 내의 인사로부터 광주에서 엄청난 학살이 벌어지고 있다는 소식을 듣고는 경악했다. 광주의 소식을 전해 들은 원주그룹의 민주인사들이 장일순을 찾아와 분개하면서 원주에서도 궐기해야 하는 것 아니냐고 말했다. 장일순은 전두환의 무자비한 폭압성은 박정희와는 성격이 다르다고 이미 예감하고 있었다. 전두환이 대통령이 되었을 때도 대

1980년대 후반, 원주시 봉산동 자택에서.

통령으로 인정하지 않고 그저 무력으로 정권을 탈취한 무자비한 군
인으로 생각했다. 누구보다도 전두환 신군부의 잔학성을 알고 있
던 장일순은 원주에서 궐기하다가는 자칫하면 고향 원주가 쑥대밭
이 될 수 있다고 생각했다. 광주민주항쟁이 일어나기 바로 직전에
서울에서 대학생들이 대규모 시위를 하고 있을 때 신군부에서 반정
부 성향이 짙은 도시 하나를 표적으로 삼고 있다는 소문이 있었는
데, 원주가 그 안에 포함되어 있다는 이야기가 들려오기도 했다. 이
소문을 듣고 있었던 장일순은 자칫하다간 이 작은 도시가 너무 큰
희생을 치를 수도 있겠다고 예감했다. "원주에서 절대로 그런 일이
벌어져서는 안 된다. 숨죽이고 있어라. 너희들 한 사람, 한 사람이
참 중요하다."

장일순은 울분과 혈기에 차 있는 재야 민주인사들에게 이번만큼 은 엎드려 있으라고 신신당부했다. 이계열(전 진광고등학교 교장)은 이 렇게 이야기한다.

"광주사태를 겪으시면서 선생님은 늘 '기어라'라는 말씀을 많이 하셨어요. 그 말씀을 나름대로 생각해보면 그냥 숙이라는 것이라 기보다는, '살아야 되지 않겠느냐? 너희들이 살아야 하지 않겠느 냐?' 그런 의미였지요. 그냥 뭐 사람을 마구 잡아가고 광주에서처 럼 인명손실이 많은 판이었으니까요. '세상을 다 얻는다 해도 네 목숨 하나 없으면 그 뭐하냐?' 그런 말씀을 하시면서 '기어야 한다' 그런 말씀을 하셨어요."[2]

광주에서 참혹한 학살이 벌어지는 동안 신군부는 민주인사들을 무차별적으로 체포해 투옥했다. 무자비한 정치군인들이 총칼을 앞 세워 마구잡이로 잡아가기 시작했다. 장일순의 신변도 위태로웠 다. 가족들과 주변에서 잠시 피신해 있는 것이 좋겠다고 권유했다. 처음에는 막냇동생인 장예순 씨 집에 숨어 있다가, 그곳도 위험하 다 싶어 고향 후배인 최규창의 집으로 옮겼다. 장일순은 한 달 이상 집에 들어가지 않고 이 집 저 집으로 옮겨 다니면서 숨어 지냈는데, 나중에 어느 술자리에서 그 당시를 '낭인 생활'이라고 표현하기도 했다.

재야 민주화운동 세력 중에는 장일순의 '기어라'라는 말에 대해 불만을 갖고 대놓고 선생을 비판하는 이들도 있었다. 불의한 정권은 투쟁을 해서 타도해야 하는 것이 정의로운 행동이라고 생각하는 운동권의 입장에서는, "싸우지도 않고 기기만 하면 어떻게 하느냐?"라며 장일순을 회색분자라며 비판하기도 했다. 그래도 장일순은 조금도 괘념치 않았다. 광주민주화운동을 진압하고 전두환이 집권했을 무렵 집으로 찾아온 사람들에게 전두환의 얼굴이 보이는 신문을 가리키며 "저이가 위험한 사람이야. 우리가 저 사람을 위해 기도하고 사랑해줘야 해"라고 말하기도 했다. 그러자 일부에서는 "동족을 죽인 살인자를 어떻게 사랑할 수 있습니까?"라고 하면서 노골적으로 항의를 하기도 했다. 세월이 지나 장일순을 비판했던 사람들 중에는 장일순이 그때 왜 '기어라'라고 했는지 이제야 알 것 같다고 말하는 이들이 있다. "울분이 안 풀려도 아끼는 사람들이 살아남아야 나중에 다시 어떤 일이든 도모할 수 있지 않냐. 이런 참혹한 상황에서도 살아남아야 한다"라는 뜻이었음을 뒤늦게 깨닫고 부끄러워하기도 했다.

무위당학교 강연에서 이부영(전 국회의원)은 이렇게 말했다.

광주민주화항쟁이 끝나고 우리들의 가슴속에 분노가 꽉 차 있을 때 가끔 장일순 선생님이 우리들을 원주로 불러주셨어요. 형사도 안기부원도 없는 치악산 계곡으로 우리들을 데리고 가셔서 난닝구만 입고 물에 발 담그고 앉아 정답게 얘기하시면서 술을 먹여주셨어요. 절망, 패배, 두려움을 느끼지 않도록 격려해주시면서 용기를 북돋아주셨어요. 그런 생각을 할 때마다 저희들은 참 복을 받았다고 생각했습니다.

광주민주화항쟁 이후 장일순은 아예 정치 얘기를 입 밖에 꺼내지 않았다. 장일순은 권력이란 허무한 것이고, 이런 엄혹한 시기에 정치를 해서는 안 된다는 생각을 갖고 있었던 것 같았다. 제자들이 장일순을 찾아와 정치를 하기 위해 선거에 출마하겠다고 하면 노기를 띠며 극구 말렸다. 장일순은 소인배가 날뛰는 시기에 군자는 그들과 다투지 않고 다음 기회를 보며 몸을 숨기는 게 상책이라는 뜻의 '천산둔(天山遯)'을 써서 주며 민주화 세력을 다독였다.

전두환은 이미 대통령에 당선되기 전의 과도기간 동안에 민간 정치인들을 철저히 규제하여 정치활동을 봉쇄하고, 이른바 김대중 내란음모 사건이라 하여 김대중을 비롯해 문익환·이문영·예춘호·고은·김상현·이해찬 등을 투옥했으며, 중앙정보부를 국가안전기획부로 명칭을 바꿔서 정치·사회·언론·노동 등 모든 부문에 걸쳐 사찰을 강화하고, 언론기본법을 제정하고 언론통폐합을 단행하여 반정부적인 언론인을 대대적으로 숙청, 711명이 해직되는 사태를 빚는 등 언론계를 쑥대밭으로 만들었다.

또한 노동관계법, 즉 기존의 근로기준법·노동조합법·노동쟁의조정법·노동위원회법에 새로이 노사협의회법을 만들어 제3자 개입금지 조항을 신설해, 외부의 지원이나 연대를 차단하고, 노동조합에 대한 행정관청의 간섭을 합법화했으며, 쟁의행위를 규제하는 복잡한 절차를 만들어 단체행동권을 크게 제한하는 등 노동운동을 심하게 탄압했다.

또한 국가보안법을 크게 강화시켜 인권탄압을 가중시킨 것을 빼놓을 수 없다. 반공법을 폐지함과 동시에 이를 국가보안법에 흡수

시켰는데, 반국가단체의 애매한 규정 등 제정 당시부터 악용될 소
지를 안고 있던 이 법은 전두환 체제 출범 이후 각종 조직사건을 비
롯해 민주세력을 탄압하는 도구로 악용되어 '정권보안법'이라 불릴
만큼 지탄받았다.

　전두환 일당은 12·12의 하극상으로부터 출발하여 광주 민주시
민을 학살한 피 묻은 손으로 정권을 빼앗아 제5공화국을 출범시켰
다. 그리고 향후 7년 동안 무소불위의 전횡과 부패, 인권유린을 자
행했다. 이때 '땡전뉴스'로 상징되는 어용언론인들과, 검찰·법조
인·정치인·사이비 지식인들은 정권의 '호위무사' 노릇을 충실히
수행했다.

폭압 속에 저항자들 보듬어

10·26 사태 후 노도광란의 한국 현대사는 스스로 무위당이라 부르
며 소외되고 서러운 사람들과 함께 평범하게 살고자 한 장일순에게
다시 무거운 부채감을 안겨주었다. 전두환 일당의 12·12 하극상과
5·17 쿠데타, 광주시민 학살은 도저히 묵과할 수 없는 만행이었다.
1970년대 민주화의 성지였던 원주가 5·18 광주민주화운동을 기점
으로 광주에 그 바통을 넘겨주었다.

　광주항쟁은 전두환 정권의 폭압에도 굴하지 않고 다시 곳곳에서
저항의 불꽃으로 되살아났다. 1982년 3월 18일에 벌어진 청년 학생
들의 부산 미국문화원 방화 사건도 그중 하나였다.

　1982년 새 학기가 시작되면서 부산 지역의 대학가에 시위가 전

개되기 시작했다. 3월 2일, 대학생들은 '살인마 전두환 북침 완료'
라는 제목으로 '부산시민들이여 총궐기하자. 군부정권 타도하자'는
내용을 담은 벽보 20매를 부산대 의대 부속병원 정문 앞 육교 기둥
18개소에 붙인 뒤 부산 시내에 유인물을 뿌렸다.

　3월 18일에는 12·12 사태 때 신군부의 군사 행동을 방조하고, 광
주민주화운동이 진행 중이던 1980년 5월 23일 위컴 한·미연합군사
령관이 연합사 소속 병력의 광주 시위 진압에 동의하는 등 미국이
광주 학살 및 전두환 신군부의 집권을 지원·인정한 것에 대해 항의
하면서 문부식, 김은숙, 김화석, 박정미가 부산 미문화원에 불을 질
렀다.

　이들은 부산 미문화원 현관에 휘발유를 붓고 불을 지른 뒤, "미
국은 더 이상 한국을 속국으로 만들지 말고 이 땅에서 물러나라"라
는 내용을 담은 전단을 살포했다. 이 사건으로 당시 문화원 내에서
책을 보던 동아대생 장덕술이 사망하고 3명이 중경상을 입었다.[3]

　미문화원 방화사건은 1980년대 민주화운동의 새로운 이정표로
제시되었다. 학생들은 방화의 동기에 대해 "불평등한 한미관계를
올바르게 정립하고 5·18 광주항쟁에 대한 미국의 책임을 묻는 것"
이라고 밝혔다.

　전두환 정권은 현상금 2,000만 원을 건 체포 담화문을 발표하는
등 이들을 검거하는 데 혈안이 되었다. 광주항쟁의 불꽃이, 유신을
전복시킨 부마항쟁의 중심지에서 부산 미문화원 방화 사건으로 이
어지고, 주동자들은 '현상금 붙은 범인'의 신분으로 원주를 피신처로
찾았다. "먼저 광주항쟁으로 수배를 받던 김현장 씨가 원주를 찾아

가톨릭원주교육원에 은신한 데 이어 주범이면서 용공분자로 몰려 당국의 수배를 받던 문부식과 김은숙까지 원주로 숨어든 것이다."[4]

이들은 지학순 주교가 있는 원주교구라면 우리를 받아주겠지 하는 심정으로 원주를 찾았다. 처음에 교육원장인 최기식 신부는 망설였지만, 고통받는 광주 사람들을 위해 무언가를 해야 하지 않느냐는 생각으로 흔쾌히 받아들였다.

"정인재(무위당사람들 전 이사장) 씨가 어느 날 사람 하나를 데리고 온 거야. 이 사람이 누구냐고 물어봤더니 광주민주화운동 때 '전두환 살인마, 전두환 살육 작전'이라는 유인물을 썼다는 거예요. 보일러실 담당을 하면서 서무도 보고 있었던 문길환 씨에게 이 사람을 돌보고 주변 단속을 잘하라고 당부했어요. 부엌에 아주머니가 두 분 있었는데 이분들에게도 절대로 밖으로 발설하면 안 된다고 말했어요. 며칠 뒤에 지학순 주교님에게 보고하고 주교님은 모르는 것으로 해주셨으면 좋겠다고 말씀드렸어요.[5]

김현장은 1년 10개월, 문부식과 김은숙은 14일 동안 가톨릭원주교육원에 은신해 있다가 자진출두 형식으로 공안당국에 자수했다. 이들을 숨겨준 최기식 신부는 1982년 4월 5일 서울 남영동 대공분실로 끌려가 구속되고, 관계자들이 큰 고초를 치렀다.

그해 8월 재판부는 최기식 신부에게 국가보안법 위반 및 범인은닉죄 등을 적용해 징역 3년을 선고했고, 김현장과 문부식은 사형, 김은숙 등 5명에게는 15년형을 선고했다. 천주교에서는 최기식 신

부산 미문화원 방화 사건 범인은닉죄로 연행되는 최기식 신부.

부의 석방과 문부식 피고인을 위한 구명운동을 전개했다. 결국 교
회의 반발과 전국적인 대정부투쟁에 힘입어 전두환 정권은 최기식
신부를 수감된 지 1년 3개월 만인 1983년 8월 12일에 광복절 특사로
석방했으며, 김현장과 문부식을 사형에서 무기징역으로, 다시 20
년으로 감형했다가 1988년 12월에 석방했다. 전두환 정권은 자신
들의 아킬레스건인 광주 문제를 자꾸 거론해야 이로울 것이 없다고
판단했고, 또한 독재정권에 대한 국내외의 비판 속에서 한국 천주
교회와 공방을 벌이는 일에 부담을 느꼈다.

　부산 미문화원 방화 사건은 한국전쟁 이후 대한민국의 혈맹으로
만 생각해온 미국에도 항의와 반대, 할 말을 할 수 있게 하는 단초
를 연 사건이었다. 또한 이 사건은 한국 민주주의 역사의 고비에서
희생하고 헌신해온 원주, 불의에 대항하다 쫓기는 사람들이 찾아

가면 너른 품으로 받아주는 원주를 세상 사람들이 다시 한번 주목하게 하는 계기가 되었다.

이런 결과 민주화에 대한 염원이 타오르면서 원주는 다시 민주화 운동의 거점 역할을 하게 되었다. 연세대 원주캠퍼스와 상지대, 원주대 등 대학을 중심으로 민속연극회가 조직되는 등 군부독재에 항거하는 의식화 모임이 들불처럼 번져나갔다. 여기에 1985년 전국민주통일민중운동연합에 장일순을 비롯해 이창복, 김승오 신부, 김기봉 등이 합류하며 전국 규모의 재야연대 조직이 탄생하는 데 결정적 기여를 하게 된다.[6]

이즈음 장일순은 민주주의를 억압하고 통일문제를 독점하는 지배세력이 민주주의의 대원칙을 지키며 사람을 살리는 길로 가야 한다고 일갈했다.

정치가 사람 살리지 않고, 사람 사는 길로 가지 않고 어떻게 잘될 수 있습니까? 그건 거짓 정치죠.

우리 사회에는 국민을 갈라놓고 지배당하고, 지배하는 쪽에 붙어먹는 패거리들이 있습니다. 정치를 통해서 어떤 개인의 명예라든지, 기선을 잡는다든지 그런 따위의 망상은 버려야 된다 이 말입니다. 근래 몇 해 동안에 찾아오는 사람과 얘기를 해보면 대개 다 그 지경이라.

그러니까 문제는 뭐냐 하면 내면의 생활이 제대로 되어 있느냐, 거기서부터 문제를 풀어서 전체적으로 보는 안목, 이것이 굉장히 중요한 자세라고 저는 생각합니다. 우리의 통일도 형식의 문제가 아니라 인간과 인간끼리 살아갈 수 있는 조건, 자연과의 관계 속에서 살아갈 수 있는 조건이 문제라고 봐요.

지금 더러 통일운동 하는 사람들이 온단 말씀이야. 그래서 내가 자네들 통일운동을 북쪽하고 하는 건가? 하고 물었더니 그렇다고 해.

그래서 이렇게 말했지. 자네들 국민하고도 통일운동을 제대로 못 하면서 무얼 북쪽하고 통일운동을 해? 또 나아가서 남한 내부가 지역감정으로 갈가리 찢어져 있는데, 그 이해관계도 감정적으로 골이 깊은데, 그런 통일운동도 못 하면서 뭐 어디하고 통일운동을 해? 나는 이해가 안 돼.

1980년 중반에 들어서면서 전두환 정권의 폭압성은 유신정권보다 더욱 심해져만 갔다. 민주화운동에 대한 탄압이 날로 강화되고 고문·의문사 등 희생자도 늘었다. 이에 대한 저항도 그만큼 격렬해졌다. 투신·분신·자결 등 극한방법이 동원되었다.

장일순은 고민이 깊어갔다. 폭력을 폭력으로 대항하기에는 힘의 우열이 너무 심한 상태에서 승패는 뻔한 것이었다. 독재세력에는 공권력이라는 무장된 폭력이 주어졌다.

원주에서 민주화운동을 함께했던 이창복(전 국회의원)의 증언에서 이 시기 장일순의 심리적 갈등의 일면을 볼 수 있다.

1979년 10·26 사태로 80년대에는 '민주화의 봄'이 오나 했더니, 12·12 쿠데타로 등장한 소위 신군부 세력이 더욱 강화된, 본격적인 군사독재를 이어가게 되고 이런 상황에서 독재정권을 타도하기 위한 민주 진영은 (저항이) 더욱 치열해지게 됩니다. 80년에 부산 미문화원 방화 사건도 발생하고 서울에서 이런저런 사건이 일어나는데, 70년대 후반도 격렬했지만, 그 못지않게 80년대에 이르러서도 이러한 저항에 대한 정부의 진압 방식이 강압적이고 폭력적인 방법이 동원되다 보니 거기에 대항하는 도전 방법도 상당히 폭력화되는 양상을 띠게 되지요.

무위당 선생께서는 인간 그 자체의 나약함과 인간의 본성을 지키기 위해서 민주화 투쟁을 하는데 그 방법 자체가 인간의 본성을 해치고 생명을 해치는 반생명적인 모습을 띠는 것은 옳지 않다고 생각하신 거죠. 그래서 그때부터 본격적으로 생명의 문제에 대해서 관심을 갖고 고민하시게 되지요.[7]

장일순은 생명사상의 논지에서 극렬투쟁보다 비폭력 무저항 운동론을 제시했다. 그러자 더러는 장일순을 오해하기도 하고 그의 사상을 배척하기도 했다. 회색분자, 투항주의자라는 심한 말도 들렸다. 그렇다고 해서 장일순은 민주전선에서 이탈하지 않았다.

1983년 여름 민주세력을 다시 결집하고 통일운동을 전개하기 위해 민족통일국민연합을 결성하는 데 장일순은 불쏘시개 역할을 했다. 과격한 투쟁 대신에 공개·투명·대중성을 바탕으로 하자는 주장을 폈다. 그리고 '국민연합'이 국민의 성원 속에서 본격적인 활동을 하게 되자 장일순은 도농직거래 조직인 '한살림'을 창립하고 본격적으로 이 운동에 헌신한다.

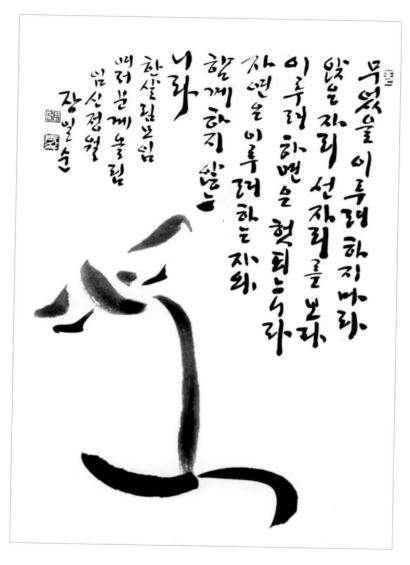

무엇을 이루려 하지 마라
앉은 자리 선 자리를 보라
이루려 하면은 헛되느니라
자연은 이루려 하는 자와 함께하지 않느니라

어머니는 끝이 없네

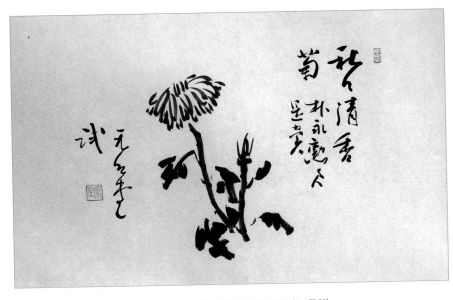

추일청향국(秋日清香菊, 가을날 맑은 향기 나는 국화)

온 세상 사람이 풀 앞의 꼬마 애들도 못 되니

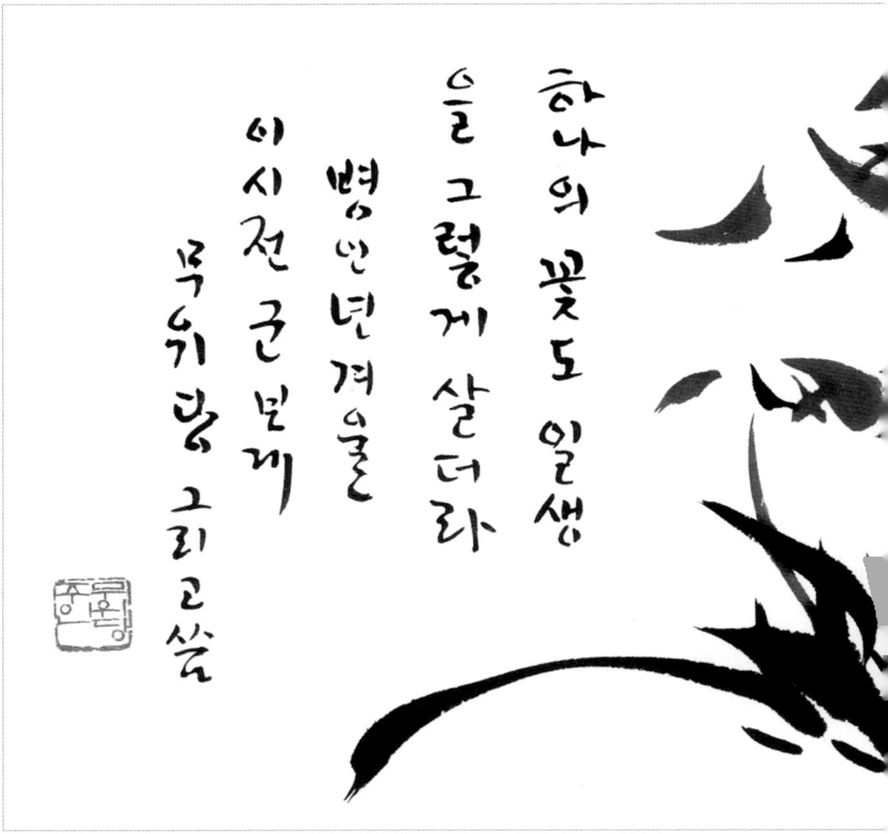

한나의 꽃도 일생

을 그렇게 살더라

병인년 겨울

이시전 근보게

무위당 그리고 쓰ㅁ

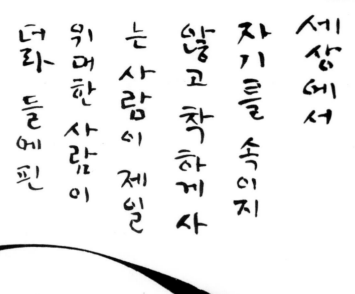

세상에서 자기를 속이지 않고 착하게 사는 사람이 제일 위대한 사람이더라

들에 핀 하나의 꽃도 일생을 그렇게 살더라

미능견촌보전(未能見寸步前, 한 치 앞을 보지 못한다)

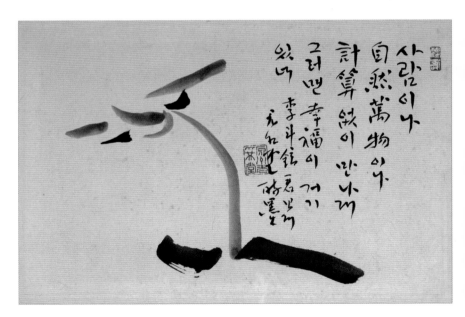

사람이나 자연만물(自然萬物)이나 계산(計算) 없이 만나게
그러면 행복(幸福)이 거기 있네

아아, 온 천하가 비바람 거세게 불던 날
꺾이지 아니하고 눈보라치며 얼어붙던 날
죽지 않고 그대는 따사롭게 가슴에 파고드는 맑은 향기 있어라
(지학순 주교님의 생전을 기리며 무위당은 이 난초를 칩니다)

포신이정(抱神以靜, 정신을 고요히 하여 안에 간직해야 한다)

필래동국평화춘(必來東國平和春, 반드시 우리나라에 평화의 봄이 오리라)

옛날에 어디서 보니까 성서가 밑씻개가 되더군

역시 예수님이 사람 살리더군

유곡청향 천고길상

(幽谷淸香 千古吉祥, 깊은 골짜기의 맑은 향기 천고의 상서로움이라)

오늘은 1990년 입추(立秋)
산(山)길을 걸었네
소리 없이 아름답게
피었다가는 너를 보고
나는 부끄러웠네

석불능언 시아사

(石不能言 是我師, 돌은 말은 못 하나 나의 스승이다)

바람 바람

바람은

서 있는 놈이 없으면

바람도 아니야

하나의 풀이었으면 좋겠네

차라리 밟아도 좋고

짓밟아도 소리 없이

그 속에 그 속에 어쩌면 그렇게

나무아미타불

(南無阿彌陀佛, 아미타불에 귀의한다)

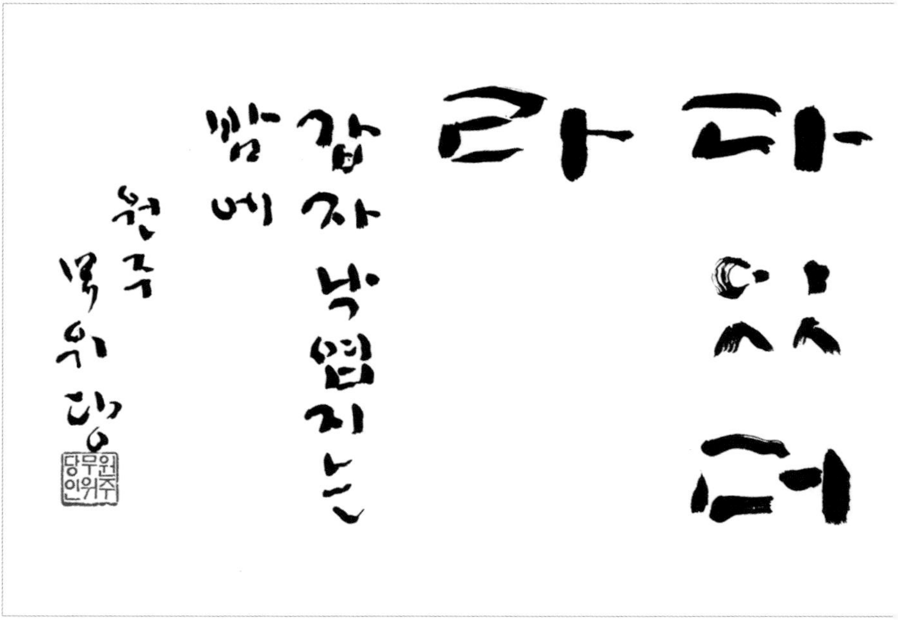

다 쉬어라

감자 낙엽지는

밤에

원주 명우당

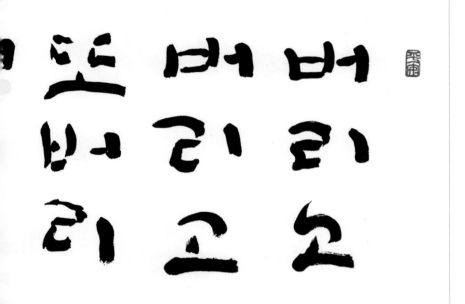

버리고 버리고 또 버리면 거기 다 있더라

傷

張錫箕叔
清賞
辛丑歲元
己丑金□

老農

論語句
李炯哲道
伴尚賞
辛丑歲元
己丑金瀾亢

시민여상(視民如傷, 백성 보기를 불쌍히 여기듯 하라)

오불여노농(吾不如老農, 나는 늙은 농부에 미치지 못하네)

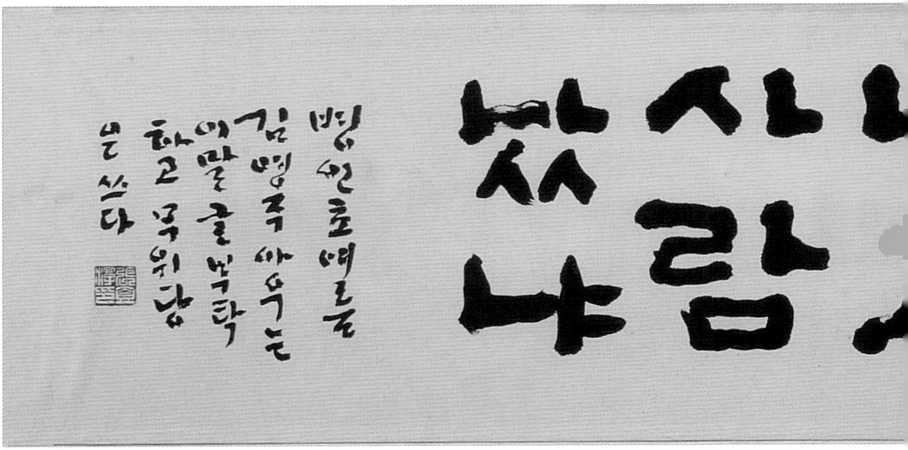

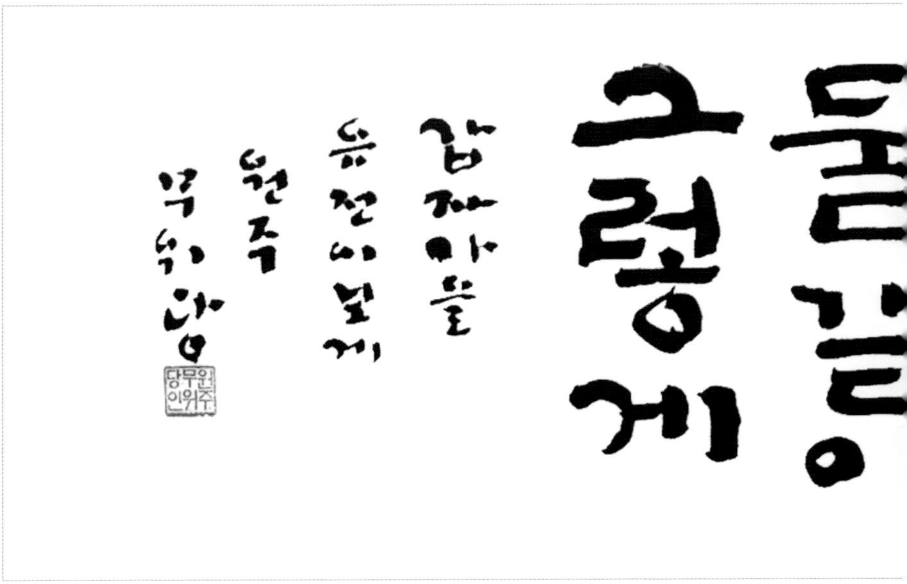

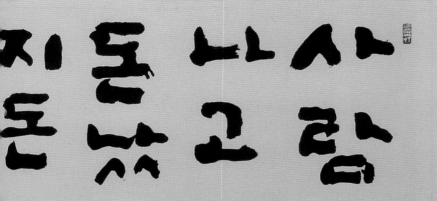

사람 나고 돈 났지 돈 나고 사람 났냐

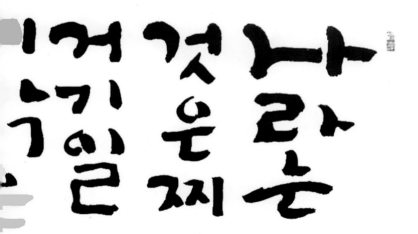

나라는 것은 찌꺼기일세. 맑은 물같이 그렇게

모심시해(母心是海, 바다 같은 어머니 마음)

난생유곡 불구문달
(蘭生幽谷 不求聞達, 그윽한 골짜기에 핀 난초는 알려지기를 바라지 않는다)

향아설위(向我設位, 자신을 공경하라)

14. 한살림운동: 밥상살림, 농업살림, 생명살림

'한살림운동'을 시작하면서

어떤 폭압이나 금제에도 굴하거나 좌절하지 않고 일어서고 새로운 길을 모색하는 것이 장일순의 억척정신이다. 그는 그 시대에 자신만이 해야 할 합당한 사명을 찾고 실천하고자 했다.

장일순은 1977년쯤에 '종래의 방향으로는 안 되겠다'고 깨달았다. 지금까지 자신이 해온 노동운동, 농민운동 등 여러 운동들의 문제점을 발견했기 때문이다. 지금까지의 민주화운동이 투쟁 일변도의 운동에 머물러 있을 뿐 전 지구적 문제인 생명 존중, 자연 및 환경 보전에 관심을 갖지 못했다면서 이제부터 산업문명 때문에 병들어가는 지구의 문제, 환경의 문제에 관심을 두지 않으면 미래에는 파멸의 길밖에 없다고 생각했다.

난 사실은 77년서부터 결정적으로 바꿔야 되겠다고 생각을 했습니다. 땅이 죽어가고 생산을 하는 농사꾼들이 농약중독에 의해서 쓰러져가고, 이렇게 됐을 적에는 근본적인 문제서부터 다시 봐야지. 오늘날의 자본주의 사회나 공산주의 사회를 막론하고 산업사회에 있어서 이윤을 공평분배하자고 하는 그런 차원만 가지고 투쟁하는 것으로 풀릴 문제가 아니라고 생각했어요. 이것으로는 오늘날의 핵문제, 공해문제, 자원보존문제 등등 지구가 죽어가고 있는 이 세계의 문제는 해결되지 않습니다. 그래서 나는 (운동의) 방향을 바꿔야 되겠구나, 인간만의 공생이 아니라 자연과도 공생하는 시대가 이제 바로 왔구나 하는 것 때문에 방향을 바꿔야 하겠다고 생각을 했어요.[1]

장일순은 공동체를 기반으로 생태적 가치를 중요시 한 전통적인 농업의 원리 속에 현대 산업사회의 문제를 해결할 수 있는 해답이 있다고 확신했다. 여기에 도시와 농촌이 협력과 연대를 통해 함께 가는 새로운 운동방식을 찾았는데, 그것이 도시·농촌(도농) 간 농산물 직거래 방식이었다.

장일순은 도농 간 직거래를 할 경우 먼저 해결돼야 할 것은 오염되지 않은 농산물에 대한 소비자와 생산자 간의 신뢰를 쌓는 일이라고 생각했다. 그래서 1980년에 김영주, 박재일을 비롯해 19명으로 견학연수단을 꾸려 일본 유기농업 지역의 소비자협동조합을 둘러보게 하는 등 도농직거래 유기농법 추진을 위한 준비 작업에 나섰다.

장일순은 뒷날 한 인터뷰에서 한살림운동을 하게 된 배경을 이렇게 밝혔다.

한살림운동은 몇십 년 동안 생각해왔던 것이고, 또 하나는 70년

흙살림, 몸살림, 맘살림. 김봉준 화백 그림.

대 소비자협동조합운동을 해나가는 과정에서 또 반독재운동을 계속하다 보니까 종전의 맑스 패러다임에서 벗어나야겠다는 생각이 들었어요. 그것 가지고는 문제의 해결은 물론이고 악순환이 계속되겠더란 말입니다.

농약·비료를 마구 뿌리고 도시 산업화를 꾀하는 걸 보니 이 강토 전체가 황폐화되겠더라구요. 환경도 살고, 우리도 살자는 방향으로 가지 않으면 안 되겠더군요. 6·3 사태 이후에 원주에서 농촌운동을 하려고 한 박재일 씨에게 "기본적으로 살아가는데 공동체 내

지는 농토를 살리고 먹거리를 살리는 방향으로 가야 되지 않겠는 가" 하고 이야기했어요.[2]

1980년 초에 "이곳에서 생산되는 농산물은 우리가 모두 소비해 주겠다"면서 횡성군 공근면의 가톨릭농민회원 열 가구에서 시범적으로 유기농산물 계약재배를 시작했다. 화학비료를 안 쓰고, 제초제도 안 쓰고, 땅에 자연 퇴비와 거름만 주고 '땅 살리는 운동'을 시작한 것이다.

1985년 6월 24일, 장일순은 발기인 21명이 1,000원씩 낸 출자금 10,000원으로 농산물 도농직거래 조직인 원주소비자협동조합을 창립하고, 박재일을 초대 이사장으로 선출하여 생명운동을 생활 속의 실천운동으로 전개했다(1990년에 원주소비자협동조합은 원주한살림으로 이름을 바꾼다). 한살림이란 '하나, 전체·함께'라는 뜻인 '한'과, '살려낸다, 산다'라는 뜻인 '살림'을 합쳐 만든 뜻이다. 모든 생명을 함께 살려내고, 생명의 가치관·세계관으로 온 생명이 한집 살림을 살 듯 더불어 살자는 의미다.

그로부터 1년 뒤인 1986년 12월 4일에 박재일은 서울 제기동에 '한살림농산'이라는 이름의 유기농 쌀가게 문을 열었다. '한살림'의 역사적인 첫걸음이었다. 현재 한살림은 전국에 130여 개 조합, 65만여 조합원을 둔 거대 조직으로 성장했다.

우리 한살림 공동체에서는 생산자와 소비자가 미리 계약을 합니다. 그렇게 해서 결정된 것에 의해서 출하를 하게 되고, 그만하면

1986년 서울 제기동에 문을 연 쌀가게 한살림농산.

우리 생산하는 사람도 괜찮다 그런 가격으로 결정되는 겁니다. 그
것을 소비자들은 사서 소화를 해주고. 그렇게 하니까 어떤 해는 시
장에서 김장값이 다락같이 높아지는데, 우리 생산자는 그 10분의
1로 낼 수밖에 없는 경우도 있죠. 약속에 의해 그렇게 되는 거지요.
또한 생산자의 현장에 소비자들이 옵니다. 한창 바쁠 때는 거들어
주는 손도 많아요. 소비자들이 직접 농사일을 도와줌으로써 아, 농
사가 간단한 것이 아니구나. 또 하나는 농사를 짓는 자연 속에서
자기가 배우고 가는 거지요. 그렇게 함으로써 생산자는 소비자의
생활을, 건강을 우리가 보장해주어야 되겠구나 하는 이해도 깊어
지지요. 그러면서 도시와 농촌과의 직거래관계가, 공동유대관계
가, 도시는 도시고 농촌은 농촌이다 하는 분리됐던 관계가 하나의
관계라고 하는, 옳게 살아가는 유대를 창출해내고 있는 거지요.[3]

한살림농산 개업식을 축하하기 위해 참석한 장일순(마주 보는 사람이 박재일 한살림 초대 회장).

'생명'이라는 시대정신과 '협동'이라는 전통적이고 구체적인 가치가 결합된 한살림운동은 표면적으로는 농산물 직거래 조직이지만 병들고 죽어가는 이 땅의 하늘과 흙과 물과 밥상을 살리자는 운동이었다. 생명의 원점인 밥상에서부터 새로운 세상을 열어보자는 장일순의 생명사상이 구현된 협동운동이자, 자연과 지구를 살리고 농민과 소비자의 연대를 강화하는 공동체운동이 강원도 원주의 선각자에 의해 싹을 틔웠다.

앞에서도 말한 바 있지만, 장일순은 강의·대담·연설을 많이 했지만, 직접 글을 쓴 것은 별로 없다. 몇 권의 책이 나왔으나 모두 강연·대담 모음집이다. 그런데 예외가 하나 있었다. 한살림운동을 시작하면서 쓴 「공동체적 삶에 대하여」는 장일순이 직접 쓴 글이다. 이 글에는 한살림운동의 철학적 의미가 담겨 있다.

옛 말씀에 천지여아동근(天地與我同根)이요, 만물여아일체(萬物與我 一體)이니라고 한 말이 있습니다. 다시 말하면, 하늘과 땅은 나와 한 뿌리요, 세상 만물은 나와 한 몸이나 다를 바 없다는 얘기입니다.

일체의 현상을 유기적 관계에서 보면, 절대적인 것과 상대적인 것 은 하나이면서 둘이요, 둘이면서 하나라는 것을 직감적으로 파악하 게 되는 것입니다. 그러므로 세상 만민은 다 예수님 말씀대로 한 형 제요, 온 우주 자연은 나의 몸과 한 몸이나 다를 바 없음을 알게 될 것입니다. 공동체적 삶은 이 바탕 위에 있다고 나는 생각합니다.

인간이 사물에 대해서 선악과 애증을 갖게 되면, 취사선택이 있 게 마련이고, 좋은 것을 선택하는 선호(選好)의 관념은 이(利)를 찾 게 되고, 이것은 자연히 현실에서 이웃과 경쟁을 하게 되는 것으로 이어집니다.

많은 이들은 선의의 경쟁을 말하지만, 그것은 상황에 따라서 악 의의 경쟁도 되는 것입니다.

이러한 삶은 인간이 자기 분열을 한없이 전개함으로써 자멸을 가 져오는 것입니다. 영성적인 절대만을 유일한 진리라고 생각하여 상대적인 현상을 무시하는 삶도 아니고, 상대적인 다양한 현실만 이 전부라고 생각하는 어리석은 삶도 아닌 바탕에 공동체적 삶은 있는 것입니다.

아낌없이 나누기 위하여 부지런히 일하고 겸손하며 사양하며 검 소한 삶은 인간과 인간 사이에, 또한 인간과 자연과의 사이에 있어 서 기본이 되는 삶의 모습이라고 생각합니다. 이러한 삶에는 꾸밈 이 없을 것입니다.[4]

장일순이 생각한 한살림운동은 박정희가 5·16 쿠데타 후 정치적으로 추진한 새마을운동 등 각종 관변운동과는 격과 결이 달랐다. 어떤 의미에서는 이들 관변운동으로 해친 농촌과 도시의 생태환경을 바로잡는 작업이었다.

그래서 무엇보다 초기에는 정신적인 측면을 강조했다. 사람과 자연, 생산자와 소비자가 한 울타리에서 공생하자는 것이다. 이는 곧, '공(共)' 자만 들어가도 '공산주의'를 떠올리는 저급성이 아니라, '공생·공존·공공·공론·공영·공용·공화의 정신'으로 더불어 함께 살자는 정신이고 실천운동이다.

> 그래서 공생하자는 것인데 이제 시대는 공생의 시대예요. 자연과도 공생해야 되지만 제대로 사는 것을 모르는 사람하고도 공생해야 된다 이거예요. 그런데 그 모르는 사람들에게는 우리가 가서 만나고 안아주고 그렇게 하고 그 사람네들의 요구를 들어주고 그렇게 하는 속에서 연대가 되는 거다 이 말이에요. 다시 얘기하면 우리끼리만 맛있는 것 먹고 우리끼리만 몸에 해롭지 않은 거 먹고 뭐 이런 식으로만 운동이 된다고 할 것 같으면 언제 우리의 이 일의 영역을 확대해나가겠어요?[5]

장일순이 한살림운동을 시작할 때는 철학자나 구도자의 모습이었다. 낮은 데를 찾고 민초들과 어울리는 것이 그의 오래된 생활습관이기도 했지만, 자신뿐만 아니라 회원들에게도 그리하도록 당부했다. 한살림운동을 통해 장일순이 실천한 생명사상을 나름 키워드로

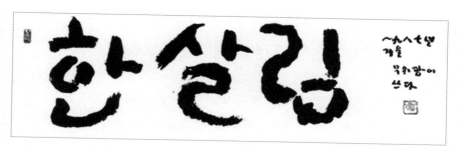

장일순이 쓴 '한살림' 글씨. 이 글씨는 일명 '지렁이체'라고 불린다(무위당기념관 소장).

정리해보면 '기어라, 모셔라, 함께하라'로 요약할 수 있다. '기어라'는 물이 '개문류하(開門流下)'하듯 아래로 아래로 흐르고 밑으로 기어 민중과 함께하라는 것이다. 해월 최시형이 37년을 보따리 하나로 전국을 돌며 민중 속으로 기어서 스며들었듯이 늘 머리 숙여 겸손하라고 당부했다. 변방에 있는 민중 속에서 지역운동, 협동운동을 지속적으로 잘 유지하려면 운동을 주도하는 사람들이 무엇보다 겸손해야 한다고 제자들에게 강조했다.

또한 '모셔라'는 생명사상의 핵심이라 할 수 있다. 장일순은 해월의 모심 사상을 잊지 않기를 당부했다. 해월의 '경인, 경천, 경물 사상'을 통해 세상의 모든 것이 온 우주의 선물인 것을 깨달아 잘 모셔야 한다는 것이다.

아무리 작은 나락도 연약한 한 포기 잡초도 모두 우주의 조화로 만들어지기 때문에 모두 잘 모셔야 하고, 그렇게 나와 자연이 하나가 되면 우리의 환경을 살릴 수 있다고 했다. 그래서 장일순은 말년에 자호를 "일속자(一粟子, 조 한 알), 일초(一艸, 하나의 풀)"로 고쳐 썼고, 이렇게 밑으로 기고, 모시는 마음으로 서로 연대하여 함께 잘 살아가는 사회를 만들고자 평생 몸소 실천했다.[6]

14. 한살림운동: 밥상살림, 농업살림, 생명살림

「한살림선언」 통해 생명운동 지향성 밝혀

장일순은 한살림운동이 어느 정도 궤도에 오르자 1988년에 '한살림연구회'를 만들었다. 연구회는 시대상황을 진단하고 성찰하는 한편 대안과 실천방향을 제시하는 모임이었다. 여러 차례의 학습 모임과 토론회를 거쳐 동학사상과 두레 공동체의 전통, 그리고 일본의 생협운동과 스페인 몬드라곤 공동체 등 다양한 내용과 사례 등을 검토하고, 토론의 결과를 문건으로 정리했다. 장일순도 빠지지 않고 회의에 참석했다.

1989년 10월, 한살림연구회는 선언문을 채택한다. 「한살림선언: 생명의 지평을 바라보면서」라는 제목으로 발표한 선언서의 주요 내용은 다음과 같다.

1장 산업문명의 위기: 핵위협과 공포이다. 자연환경의 파괴이다. 자원고갈과 인구폭발이다. 문명병의 만연과 정신분열적 사회현상이다. 경제의 구조적 모순과 악순환이다. 중앙집권화된 기술관료체제에 의한 통제와 지배이다. 낡은 기계론적 세계관의 위기이다.

2장 기계론적 모형의 이데올로기: 과학만이 진리에 이르는 유일한 길이라는 신념이다. 실제를 이원론적으로 분리해서 보는 존재론이다. 물질과 우주를 기계모형으로 보는 고전역학이다. 생명현상을 유기적으로 보지 않는 요소론적 생물관이다. 인간정신을 기계모형으로 보는 영혼 없는 행동과학과 육체 없는 정신분석이다. 직선적인 성장만을 추구하는 경제이론이다. 자연을 지배와 정복

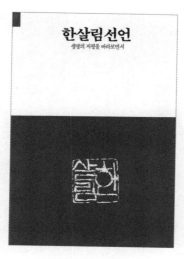

1989년에 만든 『한살림선언』.

의 대상으로 보는 반생태적 자연관이다.

3장 전일적(全一的) 생명의 창조적 진화: 생명은 자라는 것이고 기계는 만들어지는 것이다. 생명은 부분의 유기적 '전체'이고 기계는 부품의 획일적 '집합'이다. 생명은 유연한 질서이고 기계는 경직된 통제이다. 생명은 자율적으로 진화하고 기계는 타율적으로 운동한다. 생명은 개방된 체계이고 기계는 직선적인 '인과연쇄'에 따라 작동한다. 생명은 정신이다.

4장 인간 안에 모셔진 우주생명: 사람은 물건과 더불어 다 같이 공경해야 할 한울이다. 사람은 자기 안에 한울을 모시고 있다. 사람은 마땅히 한울을 길러야 한다. '한 그릇의 밥'은 우주의 열매요 자연의 젖이다. 사람은 한울을 체현해야 한다. 개벽(開闢)은 창조적 진화이다. 불연기연(不然其然)은 창조적 진화의 논리이다.

5장 한살림: 한살림은 생명에 대한 우주적 각성이다. 한살림은

「한살림선언」을 만든 제자, 후학들과 해월 추모비 앞에서(1990).

자연에 대한 생태적 각성이다. 한살림은 사회에 대한 공동체적 각
성이다. 한살림은 새로운 인식, 가치, 양식을 지향하는 '생활문화
활동'이다. 한살림은 생명의 질서를 실현하는 '사회실천활동'이다.
한살림은 자아실현을 위한 '생활수양활동'이다. 한살림은 새로운
세상을 창조하는 '생명의 통일활동'이다.

　새로운 세계를 바라보고 이를 준비하고 있는 각성되고 해방된 인
간의 정신은 '자기 안에 있는 우주 안에 자기가 있음'을 깨닫고 있
다. 진화의 분기점에 방황하고 있는 이 시대는 '우주 속의 인간',
'인간 안의 우주'라는 자기 이미지를 지닌 새로운 이념이 나와야 할
때이다. 그러기에 우리는 바로 지금 여기에서 새로운 생명의 이념
과 활동인 '한살림'을 펼친다.[7]

화합의 논리, 협동하는 삶

1980년대 중후반기에 장일순은 한살림운동에 열정을 바쳤다. 열심히 애쓴 만큼 성과도 있었으나 생각지 못했던 부작용도 적지 않았다. 새로 참여한 사람도 많았고 이탈하는 사람도 없지 않았다. 그러나 생명운동의 불모지나 다름없었던 이 땅에서 시행착오를 겪으면서 끊임없이 사람들을 만나 필요성을 강조하고, 강연을 초청받으면 마다하지 않고 나가서 이를 역설했다. 생명과 협동을 통해 우리와 우리 후손들의 살터를 살리자는 것이 한살림이 추구하는 가치이고 지향점이었다.

1987년 1월에 한살림공동체가 치악산에서 연수회를 열면서 특강을 요청했다. 장일순은 「화합의 논리, 협동하는 삶」을 주제로 열띤 강의를 했다. 그의 말이나 강의는 널리 퍼지는 울림이나 언설의 유창함보다 거기 담긴 진솔함과 조용한 확신이 듣는 이들에게 공감을 불러일으키고 회자되었다.

치악산 연수회의 특강은 장일순의 강연 중에서도 사람들에게 오랫동안 기억되고 얘깃거리도 많이 남겼다. 재미있는 예화와 비화 몇 대목을 들어보자.

원효대사의 전기를 보면, 사복이 원효하고 같이 절을 짓는데 비탈에서 터를 닦고 나무를 실어 나르고 이러는데, 사복이 있다가 "스님, 우리가 이렇게 걷는 동안에 많은 개미를 짓밟고 이렇게 나무를 해치고 하는데, 이것도 산 것을 해치는 것이 아닙니까? 큰 죄를 짓는 것 아닙니까?" 하니까 원효대사가 "그래, 네 말이 맞다. 확실히 죄를 짓는 거다. 그러나 오늘 이 절을 짓는 것은 사람만을 위해서가 아니라 살아 있는 일체의 것을 위해서 우리가 이렇게 절을 짓는 거니까 부처님께서도 이해해주실 것이다"라고 말씀하셨다는 그런 이야기를 접한 적이 있어요.

성경에 보면, 예수가 배후에 딱 계신데 제자인 베드로가 선생님하고 가다가 물에 빠지는 거라. 이 믿음이 작은 자야, 내가 오라고 했으면 겁내지 말고 그냥 와. 그런데 거기 물에 자꾸 빠지는 거라. 사람이 물에 가면 빠진다고 하는 관념이 있기 때문이지. '나'라고 하는 장벽이 없어지게 되면 그 물을 걷고 가게 되는 거라.

그러니까 여러분들이 선화(禪畵)에서 달마가 갈대를 타고 물을 건너가는 것을 보시게 될 거예요. 그건 왜? 천상천하가 바로 '자기'야. 천상천하가 바로 '자기'라고. 일체가 '자기'라고 그런데 자기 몸이 '자기'는 아니야. 자기 몸이 '자기'가 아닌 동시에 전체가 '나'란 말이야.

우리가 이렇게 소비자협동조합, 또한 한살림, '한살림'이란 이야기 그 자체가 뭐냐. 생명이란 얘기거든. 하나란 말이야. 나눌 수 없는 거다 이 말이야. 예를 들어서, 서 선생. (예.) 땅이 없인 살 수 없잖아요? (예.) 하늘이 없인 살 수 없지요. 전체가 없인는. 그런 관계로서 봤을 적에 저 지상에 있는 돌이라든가 풀이라든가 벌레라든가 모든 관계는, 이게 분리할 수가 있습니까? 분리할 수가 없어요. 하나지.

그렇기 때문에 일체의 존재는 우주에서 어떻게 분리할 수가 있겠

원주시 개운동에 있었던 초창기 한살림 매장.

어요. 우주는 분리할 수가 없잖아. 하늘과 땅과 떠나서 살 수가 있다고 하는 사람이 있으면, 떠나서 존재할 수가 있다고 하는 곳이 있다면 말씀해봐요. 일체의 존재는 하늘과 땅, 우주와 분리해서 이야기할 수 없다고. 그럼 그런 자격으로 봤을 때 일체의 중생, 풀이라든가 벌레라든가 돌이라든가 그거와 나와의 관계는 어떤가? 동격(同格)이지요. 동가(同價)다 말이야.[8]

"이 땅의 사람들이 사람답게 사느냐"

한살림공동체 치악산 연수회 특강에서 한 참석자가 물질문명의 치열한 경쟁의 시대를 협동과 공생의 시대로 전환하기 위해서 시급하게 해결하고 실천해야 할 일이 무엇인지 물었을 때 장일순은 다음과 같이 대답했다.

우리가 지금 어떤 시기에 당도해 있느냐 하면, 야 이거 이런 식으로 살면 땅이 다 죽지 않는가, 자원이 다 고갈되지 않느냐, 이런 식으로 우리가 살고 있다고. 안경 쓰신 양반, 땅이 죽으면 말이야, 자연이 살 수 있어요? (없습니다.) 사람은? (살 수 없습니다.) 그래, 택도 없지. 택도 없다고.

그러니까 여기 오늘 이렇게 모인 여러분들이 소비자협동운동을 하면서 일체의 삶이 다시 회복이 되자면 땅부터 회복이 되어야겠는데, 이 땅이 회복되게끔 하자면 비록 고달프지만 이러이러한 농사를 지어서 원상회복을 해야 하지 않겠느냐는 항심 때문에, 그렇게 하면서 같이 먹고살고, 살림을 나눠보고, 그런 걸 하자고 해서 우리가 이 자리에 와 계신 걸로 알아요.

서윤복이가 보스턴 마라톤에서 일등을 했을 때야. 그때 백범이 아직 살아계실 때거든. 그때 성균관대학교에서 학생들이 초청을 해가지고 이 영감쟁이 말씀을 하는데, "야, 뛰는 걸로 얘기를 하면 사람보다 말이 잘 뛰어." 그렇잖아? 사람이 뛰는 한계 이상 좀 뛰면 이게 제일이다 하는데, 그건 사람동네의 얘기지. 그래서 백범 선생께서 뭐라고 그러셨느냐. 거기에 도취가 되지 말아라 이 말이야.

우리가 진짜 해야 될 것은 이 어려운 시기에 어떻게 성실하게 생활을 나누고 서로 아끼고 또 전 세계 사람들이 봤을 때도 이 땅의 사람들이 사람답게 사느냐 하는 그런 일이 우리가 지금 현재 앞으로 해야 할 일이지. 그 뭐 뜀뛰기 가서 일등 했다는 거 가지고 길거리 마당에서 애들마다 전부 뛰고 말이지 이럴 수 있느냐. 야, 그 옛날에 백범 선생이 그런 말씀 했어요. 우리의 생명운동이라든가 협동운동이라든가 이런 문제가 바로 그런 거다 이 말이야.

그럼 우리가 앞으로 일상생활에서 뭘 제거하고 가야 되는 거냐. 사회적으로 대접받는, 출세하는 그런 것에 연연하지 말자 이 말이야. 또 손해를 본다, 잇속을 본다, 그런 것 계산하지 말자 이 말이야. 이거 참 말은 쉬워요. 나도 못 하는 얘기를, 그렇게 되어야겠다는 거예요.

나도 현재 그렇게는 못 해. 예수님이 오면, 와도 교회에 고개를 돌리지 않을 거예요. 교회에 고개를 돌릴 것 같아요? 담이 그렇게 높아가지고. 부처님 오시면 말이지, "이게 뭐여, 뭐 이런 것도 있는가!" 그럴 거라고.

원래의 모습으로 다시 돌아가는 거를 우리나라의 증산교의 강일순 선생은 '원시반본(原始返本)'이라고 해서 맨 시작의 근원으로 다시 돌아가보자, 뭐 그런 말씀을 하셨는데, 한마디로 주판을 다시 놓자는, 우리의 생활을 회개하고 잃어버린 '영(靈)'으로 돌아가자는 그런 거지. 그런데 그 속에서 한 가지 중요한 것은 기업가들이 생산한 것을 자꾸 소비해주어야만 그 자본주의면 자본주의, 사회주의면 사회주의가 돌아가니까 소비가 미덕이라고 하는지 모르지만, 이젠 그것도 막혔다 이 말이야.

왜? 물질을 너무 낭비하면 우리 후손들이 미래에 살 수 없으니까. 그래 가지고는 안 되지요. 그러니까 알뜰한 것, 물자에 대해서

한살림 농장 모임에서(1989).

알뜰하게 생각하자 이 말이야. 절약하며 생활하자 이 말이야. 그것
은 누가 비웃더라도 좋다 이 말이야.[9]

'내일 지구가 망한다 해도 나는'

장일순이 1980년대에 시작한 한살림운동은 다소 느리기는 했으나
우리 사회에 끼친 영향과 성과는 지대했다. 여러 가지 어려운 제약
속에서, 그것도 전두환 정권 아래에서 하는 민간운동이 쉬울 리 없
었음에도 말이다. 게다가 당시만 해도 공해 문제나 자연보호 문제
보다 속성재배와 대량생산에 더 관심이 많을 때였다.

1992년에 《녹색평론》 발행인 김종철과 '한살림운동과 공생의 논리'를 주제로 대담했을 때 장일순은 이렇게 말했다.

한살림이 생긴 이후 이름은 다르지만 유사한 움직임이 전국에 135개 정도나 되었다고 해요. 도농 직거래든 어떠한 형태든 나름대로 말이지요. 10년 동안 그만큼 커가고 있는 거지요. 비슷한 생각 가진 사람들끼리 자꾸 옆으로 만난다는 것이 중요한 거지. 제일 중요한 것은 우리가 일을 하게 되면 거기서 잘하는 것은 둘째 치고 밥을 먹을 수 있어야 하지 않겠소.

신협도 61년도에 부산에서 처음 생겨 가지고 이젠 전국에 조합원이 200만이 넘었는데, 그러고 보면 법인단체로는 막강한 힘이 된 거지. 앞으로 공해문제라든가 이런 얘기가 계속 나올 텐데 그런 얘기가 나오면 나올수록 우리는 앉아서 일할 수 있게 될 테지.

지금은 우리가 외롭고 초라하지만 고삐를 쥐고만 있으면 되겠죠. 이렇게 해야만 살 수 있다 하고 제대로 사는 길을 비춰주면서 말이지. 바로 이게 지금 우리가 지켜야 할 아주 소중한 거라고 봐요.[10]

사이비 학자와 그런 언론인들은 독재정권이나 부패정권을 추종한다. 5~6공 때도 다르지 않았다. 다시 김종철이 묻고 장일순이 답한다.

─그런데, 지금 농정을 담당하고 있는 사람들이나 농대 교수들은 말이지요. 그 사람들은 생각이 딴 데 있는 사람들이지만, 유기

농업을 반대하고 있거든요. 유기농으로는 소출이 적어지는데, 인구를 다 먹여 살릴 수 없을 거라면서요. 오염된 쌀이라도 양만 채우면 된다는 논리인 것 같습니다만.

"그 양반들의 안목은 이른바 현대과학의 논리에 빠져서 물량에 치중하고 있지요. 그래서 땅이 현실적으로 죽어가고 있다는 것, 생태계가 파괴되어간다는 것에 대해서는 계산을 안 하고 있어요. 그런데 화학농업을 할 때보다 유기농을 하면 작물 자신은 더 실해지고, 그러니까 나락이면 나락, 야채면 야채의 질이 달라진단 말이죠. 설사 섭취량이 적어진다 하더라도 질적으로 다르단 말씀이야. 또 한 가지는 유기농에는 풍흉에 큰 변화가 없이 늘 일정 수준의 수확이 가능하거든. 그러니까 일정한 기간 동안에 걸쳐 통계를 내면 유기자연농이 화학농에 비해서 훨씬 유리한 것이지요."

―예, 그건 틀림없지 싶습니다. 그런데, 저는 지금 농토오염이라든지, 토양침식 문제 같은 걸 생각하고, 또 이런 추세가 너무나 걷잡을 수 없이 진행되는 걸 보면, 맥이 다 빠지고 비관적으로 되는 경우가 많습니다.

"그래서 난 가끔 그런 생각을 해요. 내일 지구가 망한다 해도 오늘 나는 사과나무를 심겠다고 한 사람이 있었지 않아요? 어차피 사람은 자기 나름의 사는 즐거움이 있고, 보람이 있어야 하니까. 그러면 내일 망한다 해도 그냥 밀고 가야 된다고 나는 그렇게 생각하지요. 또 한 가지는, 그렇게 하면 소망이 있다고 믿어요."[11]

"내일 지구가 망한다 해도 오늘 나는 사과나무를 심겠다"는 사람이 장일순이었다. 그는 최소비용으로 최대이익을 내겠다는 자본주의 가치보다, 당대와 후손들의 삶의 터전인 땅을 살리면서 더불어 살아가는 방법(方向)을 개척했다. 장일순의 다음 이야기가 그 의미를 돋보이게 한다.

아마도 한살림운동이 현재 벌이고 있는 농산물 직거래와 같은 활동은 어떤 사람들의 시각에서 볼 때, 이 공해 세상에서 자기들만이라도 살아남아보고자 하는 지구적인 소시민운동쯤으로 보일지 모른다. 혹은, 이 운동이 급속도로 와해되어가고 있는 농촌에 유기농법으로 농사를 하는 사람이 살 수 있고, 그래서 마침내 살아 있는 땅과 마을을 새로운 형태로 돌이키는 데 기여하고자 하는 필사적인 노력의 하나라는 점을 이해한다 하더라도 그런 노력이 무슨 현실적인 효과가 있겠느냐고 냉소적인 태도를 보이는 사람들이 있을지도 모른다.

그러나 스스로의 생존의 바탕을 무자비하게 파괴하는 것을 '진보'라고 여기는 이 어리석음과 무책임의 소용돌이 속에서 지배적인 습관과 타성을 거부하고 사람살이의 올바른 방식으로 '흙의 문화'의 재생을 위해 누군가가 헌신해야 하는 것은 당연한 일이 아닌가?[12]

15. 다시 반동의 시대를 겪으며

김민기의 〈아침이슬〉

언제 누가 한(쓴) 말(글)인지 몰라도 장일순을 평하는 데 이런 말이 자주 인용된다. "시인 김지하의 스승이었고, 《녹색평론》 발행인 김종철이 단 한 번 보고 홀딱 반했다는 사람, 목사 이현주가 부모 없는 집안의 맏형 같은 사람이라 했고, 『나의 문화유산 답사기』 유홍준이 어디를 가든 함께 가고 싶다 했던 사람, 소설가 김성동과 〈아침이슬〉의 김민기가 아버지로 여기고, 판화가 이철수가 진정한 뜻에서 이 시대의 단 한 분의 선생님이라 꼽았던 사람……."

1980년대 후반에도 원주 봉산동 토담집에는 군 장성에서부터 장바닥 아주머니들까지 장일순을 찾는 발길이 끊이지 않았다. 찾는 사람은 누구라도 허투루 대하지 않고 지극함으로 따뜻하게 맞아 사람마다 그 서 있는 자리에 알맞게 가야 할 길을 일러주곤 했다. 무슨 일을 하느냐보다 그 일을 어떻게 할지를 소중하게 여기라 하며, 공무원에게는 민(民)을, 장사꾼에게는 손님을 하늘처럼 섬기며 정성을 다하라고 말했다.

자네 집에 밥 잡수러 오신 분들이 자네의 하느님이여.

그런 줄 알고 진짜 하느님이 오신 것처럼 요리를 해서 대접해야 해.

장사 안 되면 어떻게 하나 그런 생각은 일절 할 필요가 없어요.

하느님처럼 섬기면 하느님들이 알아서 다 먹여주신다 이 말이야.[1]

장일순은 술을 많이 마시지는 않았으나 사람들과 어울리면 가끔은 즐겨 마셨다. 술자리에서 노래를 부를 때는 으레 유신시대의 저항곡이던 김민기의 〈아침이슬〉을 불렀다. 김민기는 1970년대 초부터 장일순의 집을 드나들면서 가르침과 사랑을 받았다. "무위당은 김민기 노래의 아름답고 생동감 넘치는 노랫말과 우리 정서를 담은 선율을 좋아했다. 그의 음악의 독창성이 관념에서 나오는 것이 아니라 땅을 딛고 있는 두 발에서 나오며 공동체의 어울림을 가능하게 해준다는 점에 대해 매우 흐뭇해했다."[2]

김홍렬(전 원주시 교육장)은 장일순과 아주 가깝게 지냈던 사람 중 한 명이었다. 그도 장일순의 〈아침이슬〉을 많이 들었다고 한다.

봉산동 일순 형님 댁에도 자주 갔고, 시내에서도 자주 만났죠. 형님은 맨날 잠바에다 벙거지를 쓰시고……. 시내에 나오시면 추억다방에 잘 가셨어요. 거기서 사람들과 만나기도 하고, 고향 후배가 하는 서예실에 가셔서 붓글씨를 써서 사람들에게 나눠주시기도 하고, 저녁에 친구나 후배들과 만나 식사에 반주 한잔 하시고 기분 좋게 취하시면 〈아침이슬〉을 부르셨어요. 일순 형님은 〈아침이슬〉을 참 좋아하셨어요.[3]

왼쪽부터 장일순과 김민기, 김지하. 김민기는 장일순을 아버지처럼 따르며 존경했다.

장일순은 길을 가다가 아는 사람을 만나면 세세한 가정사를 묻고 어른들의 안부를 살폈다. 리어카를 끄는 사람이든 바구니 장사든 사람을 가리지 않았다. 그러다 보니 이것저것 여러 가지 사연도 따랐다. 김지하의 말에 따르면 봉산동 집에서 20분이면 충분한 거리를 보통 2시간씩 걸리는 일이 흔했다고 한다.

나는 한때 선생님의 봉산동 자택 한 구석방에서 몇 달을 머문 적이 있다. 그 무렵 선생님을 따라 매일 아침 봉산천 다리를 건너서 시내 중심가로 나와 사람들을 만나곤 하는 것이 거의 일과처럼 되었는데 문제는 그 행보 과정에 있었다.

봉산동 자택에서 중심까지는 걸어서도 이십 분 정도로 족한 거리인데 보통 두 시간씩 걸리기가 다반사였다. 왜 그랬을까. 바로 그 '밑으로 기어라' 때문이었다. 아주머니, 아저씨, 길가의 좌판장수,

장일순이 김민기에게 준 서화(무위당기념관 소장).

기계 부속품 가게 주인, 리어카 채소장수, 식당 주인, 아니면 농부들, 만나는 사람 한 사람 한 사람과 끊임없이 벌이 얘기, 아이들 소식, 농사 얘기, 살림살이며 시절 얘기를 나누는데 보통 두 시간 이상이 걸렸으니 말이다. 나는 그 진풍경을 곁에서 지켜보면서 "아하! 이것이 밑으로 기어라"로구나 했다.[4]

장일순은 때로는 민원의 해결사 노릇도 하고, 상담역도 마다하지 않았다. 한 아주머니가 소매치기당한 딸 혼수 비용을 직접 나서서 되찾아준 이야기는 특히 유명하다.

어느 날 한 시골 아낙네가 장일순을 찾아와 딸 혼수 비용으로 모아둔 돈을 기차 안에서 몽땅 소매치기당했다며, 그 돈을 찾아달라고 장일순에게 매달렸다.

장일순은 그 아주머니를 돌려보내고 원주역으로 갔다. 가서 원주역 앞 노점에서 소주를 시켜놓고 앉아 노점상들과 얘기를 나눴다. 그러기를 사나흘 하자 원주역을 무대로 활동하는 소매치기들을 죄다 알 수 있었고, 마침내는 그 시골 아주머니 돈을 훔친 작자까지 찾아낼 수 있었다.

장일순은 그를 달래서 남아 있는 돈을 받아냈다. 거기에 자기 돈을 합쳐서 아주머니에게 돌려줬다. 그렇게 일을 마무리 지은 뒤로도 장일순은 가끔 원주역에 갔는데, 그것은 그 소매치기에게 밥과 술을 사기 위해서였다. 그때 장일순은 소매치기에게 이렇게 말하고는 했다.

"미안하네. 내가 자네 영업을 방해했어. 이것은 내가 그 일에 대해 사과를 하는 밥과 술이라네. 한 잔 받으시고, 용서하시라고."

앞으로 소매치기 같은 것 하지 말라든가 나무라는 말 같은 것은 일절 하지 않았다.[5]

촌로 같은 편안함, 꾸밈없는 차림, 텁텁한 언설 때문에 장일순은 사람들과 쉽게 어울리고 함께 놀 수 있었다. 그는 결코 지도자인 척하거나 교사인 체하지 않았다. 오히려 항상 낮은 자세로, 사람들의 이야기를 많이 듣는 사람이었다. 그의 너그럽고 넓은 품은 사람들의 안식처였다.

왼쪽부터 김민기, 박창순, 장일순, 이형만, 박준길.

선생은 글을 쓰기보다는 말씀을 나눠주시는 분, 말씀보다는 사람
들의 이야기를 귀 기울여 듣는 분이셨다. 사람들의 이야기를 경청
하시고 따뜻한 위로와 삶의 지혜를 나누셨기에 오랜 군사독재 치
하의 숨 막히던 시절, 원주는 반체제 지식인, 활동가들이 숨을 돌
리는 안식처였다. 그것은 전적으로 무위당 선생의 너그럽고 넓은
품 때문이었고, 그 품에서 휴식을 취한 분들은 위로와 용기를 얻어
다시 싸움의 현장으로 돌아갈 수 있었다.[6]

눈물 많고 정이 깊은 사람

장일순은 심성이 매우 고운 편이다. 희로애락을 솔직히 드러내는 정직한 사람이기도 하다. 세속적으로 출세하고 성공한 사람들 중에는 피도 눈물도 없어 보일 만큼 성격이 강한 사람들이 많다. 장일순은 슬픈 사연을 들으면 자주 울었다. 그만큼 감성이 풍부하고 정이 깊고 정서적인 사람도 드물 것이다.

부인 이인숙은 장일순이 어려운 처지에 있는 후배나 제자들 이야기에 자주 눈물을 흘렸다고 말한다.

> 가끔 시내에 나가셨다가 술에 취해서 돌아오시면 우시는 일이 있었어요. 어떤 날은 참 슬프게 우셨어요. 왜 우시냐고 물어보면 대개 어려운 처지에 있는 후배나 제자들 누구누구가 불쌍하다면서 우시는 거예요. "내가 걔네들을 도울 힘이 없어서 안타깝다" 한탄하시면서 우시는 거예요. 제가 큰일 하시는 분이 울면 되겠냐고 해도 워낙 감성이 풍부한 분이라 말릴 수가 없었어요.
>
> 70년대에 민청학련 사건으로 친분 있는 민주인사들과 대학생들이 대거 구속되고 사형선고를 받았을 때는 밤새 통곡하셨어요. "애네들 불쌍해서 어떡하나" 하면서 너무 고통스러워하셨어요.[7]

이철수와 한기호 등도 장일순을 똑같이 기억했다.

> "제가 선생님 처음 뵙던 날 조봉암 선생님 말씀을 하면서 많이 우

셨어요. 이현주 목사님도 계셨는데…… 저도 울고 한바탕 울고 나
중에 저에게 난초를 하나 쳐 주셨는데……."[8]

　선생님은 또 잘 우셨어요. 술 좀 취하시면 같이 붙들고 울었습니
다. 어떤 때는 전화통 붙들고 30분 동안이나 같이 울기도 했어요.
선생님과 술 마시고 한밤중 함께 봉산동 댁으로 가는 길에 지금 개
봉교(당시에는 없었음) 근처 섭다리를 건너가기도 했는데, 마침 달도
밝은 원주천 뚝방길에서 선생님이 그렇게 슬피 우시더라고요. 어
찌 보면 당신의 멋이기도 하지만 얼마나 속을 끓이셨던가 하는 생
각입니다.
　지금은 다 드러났지만 당시 반독재 투쟁을 벌인 소위 United
Front, 연합전선 인사들 중에는 권력지향형 등 개성이 강한 여러
부류의 인사들이 많았어요. 이 사람들을 끌고 가려니 보통 어려운
것이 아니었을 거예요. 여러 사람의 말을 다 들어주다 보니 속이
끓고 썩으신 거예요. 술 드시고 의기상통하면 우신 거지요.[9]

　장일순은 젊어서나 나이 들어서나 인간적인, 너무 인간적인 심성
을 갖고 있었다. 혼탁한 세상을 살면서도 세속에 물들지 않고 순수
성을 지키며 살았다. 그리 살기가 쉽지 않은 시대에, 그는 삿됨이 없
이 청려하게 살면서 고매한 인격을 유지한 흔치 않은 인물이었다.
　장일순 어록 중에서 명문으로 꼽히는「삶의 도량에서」라는 글에
는 맑고 향기로운 청정도량의 인품을 지닌 장일순의 인간적인 풍모
가 잘 배어 있다.

1970년 여름, 문막 섬강 다리 밑에서 협동조합 운동가들과 피서를 즐기는 장일순.

밖에서 사람들을 만나 술도 마시고 이야기도 하다가 집으로 돌아
올 때는 꼭 원주천 방축 길을 걸어서 오지요. 혼자 걸어오면서 이
못난 나를 사람들이 많이 사랑해주는구나 하는 감사하는 마음이
듭니다.

또 내가 이러이러한 허튼소리를 많이 했구나. 오만도 아니고 망
언에 지나지 않는 얘기를 했구나 하고 반성도 합니다.

걷다가 문득 발밑의 풀들을 보게 되지요. 돌 틈에 끼어서 짓밟혀
있으면서도 풀이 턱 버티고 서 있는 걸 보게 되잖아요.

사람들에 밟혀서 구멍이 나고 흙이 묻어 있건만 그 풀들이 대지

에 뿌리내리고 밤낮으로 의연한 모습으로 해와 달을 맞이한단 말
이에요. 그 하나의 모습마저도 내가 못 미치거든요. 그 길가의 모
든 잡초들이 내 스승이요 벗이 되는 순간이죠.

　나 자신이 건전하게 대지 위에 뿌리박고 있지도 못하면서 그런
얘기를 했구나 하는 생각에 참으로 부끄러워집니다. 걸어오면서
내 마음을 씻는다고 할까……. [10]

강연회가 된 해외여행

장일순은 국제화 시대라는 20세기 후반에도 해외여행이 금지된
상태였다. 국가보안법과 사회안전법의 굴레 때문이었다. 다행히
1987년 6월항쟁과 함께 독재세력의 위세가 약화되면서 분위기는
차츰 바뀌어갔다.

　민주화 열기가 다시 뜨거워지면서 원주 봉산동 토담집은 여전히
한살림운동 관계자는 물론 민주화운동 인사들의 발길이 끊이지 않
았다. 때로는 식량이 떨어지고 반찬이 바닥을 드러냈지만 남편이나
부인은 서로를 탓하지 않았다. 부창부수란 말은 이럴 때 적격이다.

　1980년대 후반에도 당국의 감시는 계속됐다. 그런데도 선생님 댁
에는 시대의 방향을 묻고 삶의 지혜를 얻고자 찾아오는 사람들로
늘 북적거렸다. 하루 종일 손님이 끊이질 않아 선생님은 쉴 틈이
없었고, 가난한 살림에 그 많은 손님들을 치르느라 사모님의 고생

이 이만저만이 아니었다. 곁에서 무위당을 모시고 있던 김영주 씨는 '이러다 큰일나겠다' 싶었다. 선생님 건강도 염려됐지만 저렇게 많은 손님을 치르다가 사모님이 쓰러질 것 같다는 걱정이 들었다. "선생님 내외분을 며칠만이라도 편히 쉬게 해드릴 방법이 없을까? 곰곰 생각하다가 사람들이 찾아올 수 없는 해외로 모시고 가자"는 생각을 했다.[11]

측근들이 장일순 부부의 건강을 염려하여 며칠간이라도 쉬도록 하게 하자고 논의했다. 그 결과 국내보다는 가까운 일본 여행이 좋겠다고 의견을 모았다. 그런데 여권이 쉽게 발급되지 않았다. 그때 누군가가 일본에서 초청하는 사람이 있으면 여권을 발급받을 수 있다고 귀띔해주었다.

마침 김영주가 일본 현민공제협동조합의 고문으로 있어서 초청장은 어렵지 않게 받을 수 있었다. 이 초청장을 첨부해 여권을 신청했더니 역시나 두말없이 발급되었다. 이렇게 해서 김영주 부부와 장일순 부부는 1989년 5월 28일에 일본 여행길에 올랐다. 환갑을 넘긴 나이에 떠나는 해외 나들이였다.

일본에 도착해 여장을 풀자마자 김영주는 장일순과 함께 현민공제협동조합을 방문했다. 현민공제는 도쿄 북쪽 사이타마현 오미아(大宮)에 있는 생협에서 운영하는 공제조합(共濟組合)이다. 일본은 한국과는 달리 생협이 공제사업을 할 수 있게 법으로 보장돼 있다. 현민공제는 1973년에 생명보험료가 비싸서 가입할 수 없는 조합원들을 위해 설립했는데, 사이타마현 720만 명 인구 중 288만 명이 조합에 가입하고 있었다.

지금은 고인이 되었지만 당시 50대 중반이었던 현민공제의 마사키(正木) 회장은 부지런하고 활기에 넘치는 사람이었다. 장일순과 마사키 회장은 몇 마디 말을 나누자마자 서로 마음이 통했다. 금세 호형호제하는 사이가 됐다.

장일순은 집에서 써서 갖고 간 '정기이물정(正己而物正)'이라는 붓글씨 한 점을 선물로 주었다. '스스로(自己)를 바르게(正) 해야 만물(萬物)을 바르게(正) 할 수 있다'는 뜻이다.

장일순은 '정기(正己)'라고 쓴 부분을 손으로 가리키며 말했다. "기(己) 자를 당신의 이름인 목(木)으로 바꾸어 읽어라. 그러면 정기이물정(正己而物正)이 정목이물정(正木而物正)이 된다. 정목(正木)이 만든 물건은 바르고 정확하다는 의미가 되지 않느냐." 장일순의 설명을 듣고 난 마사키 회장이 환호작약했다. 고사성어에 자신의 이름을 넣어 풀이한 지성과 위트가 넘치는 해석에 회장의 입이 귀에 걸렸다.[12]

장일순의 휘호 이야기가 알려지자 공제조합 회사 직원들이 너도 나도 부탁하여 그날 하루에만 30여 점의 작품을 써주었다. 일행은 이튿날 도쿄를 구경하고 나라를 거쳐 고베에 도착했다. 이곳에는 일본 유기농운동의 선구자로 장일순을 오래전부터 존경하는 고베대학의 야스다 교수가 기다리고 있었다.

다음 날, 야스다 교수의 안내로 해안국립공원으로 유명한 도요오카로 향했다. 그곳은 야스다 교수의 고향이기도 한데, 그는 아름

일본 여행 중 협동조합 관계자들에게 30여 점의 작품을 써주었다.

다운 고향을 장일순에게 구경시켜주고 싶었다.

　도요오카로 가는 도중에 야스다 교수가 지도하고 있는 유기농 마을에 들렀다. 야스다 교수가 주민들에게 장일순을 "한국에서 오신 유명한 분"이라고 소개하자 마을 촌장이 강연을 부탁했다. 장일순은 주민 30여 명을 대상으로 즉석에서 생명사상에 대한 강연을 했다. "여러분, 야스다 선생이 하는 유기농운동은 생명을 살리는 운동입니다. 여러분이 사람의 목숨을 살리는 농사꾼인데 인간에게 해로운 농약을 친 농산물을 생산하면 되겠는가 이 말입니다. 야스다 선생이 왜 이렇게 열심히 하냐 하면 착한 여러분들이 농약으로 살인자가 되면 안 된다고 생각했기 때문입니다." 장일순의 말에 야스다 교수는 한껏 우쭐해했다.

부부동반으로 떠난 일본 여행에서(1989).

그때만 해도 일본에서 유기농업은 초창기였고 농약을 친 농산물
보다 수확량이 적어서 인기가 별로 없었다. 그런데 장일순이 야스
다 교수를 한껏 치켜세워주니 얼마나 신바람이 났겠는가. 신이 난
건 농부들도 마찬가지였다.

유창한 일본어로 게다가 한문까지 써가며 편안하면서도 재미있
게 강연하는 장일순의 지성에 다들 반한 표정이었다. 농부들은 "우
리들이 야스다 교수님의 권유로 유기농업을 시작했지만 과연 성공
할 수 있을까 하는 의구심을 갖고 있었는데, 선생님 말씀을 듣고 자
신감을 갖게 되었다"라며 고마움을 표시했다.

도요오카에 도착할 때까지 몇 군데 유기농 마을을 더 들렀는데

장일순이 강연을 잘한다는 소문이 돌았는지 가는 곳마다 강연을 부탁해왔다. 졸지에 순회강연자가 돼버렸다. 김영주가 귀엣말로 "어찌하다 보니 유람여행이 강연여행이 되고 말았습니다"라고 말하니까 장일순이 "그래, 그렇게 됐구먼" 하며 기분 좋게 웃었다.

장일순 부부는 도요오카에 도착해서야 비로소 제대로 된 관광을 즐길 수가 있었다. 일행은 벳푸 온천관광과 규슈 여행을 한 뒤 열흘간의 일본 여행을 마치고 귀국했다.[13]

국무총리직 제안을 거절하다

장일순이 한살림운동에 열정을 쏟던 1980년대 중후반의 한국 사회는 격동기였다. 1986년 2월 12일 신민당과 민추협의 대통령직선제 개헌 1,000만 명 서명운동, 4월 28일 서울대생 김세진·이재호 분신자살, 7월 2일 부천서 성고문 사건 폭로, 10월 28일 건국대 사건, 1987년 1월 14일 서울대생 박종철 고문치사 사건, 4월 13일 전두환 호헌조치 발표, 5월 1일 통일민주당 창당, 6월 9일 연세대생 이한열 시위 도중 최루탄 맞아 중상, 6월 10일 민주항쟁 시작, 6월 26일 전국 37개 도시에서 100만 명이 참여한 대규모 시위, 6월 29일 노태우 민정당 대표 6·29 항복선언 등 수많은 사건이 연이어 일어났다.

결국 국민의 저항에 굴복한 전두환 정권의 6·29 선언으로 직선제 개헌이 이루어졌다. 그러나 1987년 12월 16일 실시된 제13대 대통령 선거에서 노태우 후보가 3김(김대중, 김영삼, 김종필)을 제치고 당선되면서 국민이 바라던 민주화의 길은 다시 뒤로 미뤄졌다. 노태우는 전두환과 함께 12·12 군부 하극상과 5·17 신군부 쿠데타를 일으킨 제2인자였다. 이 같은 정국의 변화를 소개한 데는 까닭이 있다.

노태우는 1988년 2월 25일 제13대 대통령에 취임하기에 앞서 장일순에게 비밀리에 측근을 보냈다. 그는 전두환과 동향으로 군부의 같은 뿌리이지만, 6월항쟁을 지켜보면서 민중의 역량을 두렵게 여겼다. 그래서 전두환식 통치로는 정권을 유지하는 데 한계가 있다고 보고, 다른 방향을 모색했다.

노태우가 국무총리 후보로 1차로 점찍은 인물은 광복군 출신인 전 고려대 총장 김준엽이었다. 안기부장 안무혁을 김준엽 자택으로 보내 입각을 제안한 데 이어 며칠 뒤에는 노태우가 직접 승용차를 보내 만나길 원한다고 전했다. 서울 동빙고 '안가'에서 김준엽과 마주앉은 노태우는 김준엽에게 국무총리를 맡아달라고 부탁했다. 그러나 김준엽은 학자로서 남고 싶다며 노태우의 제안을 거절했다.

그런데 김준엽이 국무총리 자리를 거절하자 2차로 점찍은 사람이 장일순이었던 것 같다. 그의 폭넓은 식견과 다양한 재야의 인맥, 그리고 저간의 활동, 강원도 출신이라는 정치적 무채색의 지역성, 무엇보다 표면에 드러내지는 않지만 반독재 투쟁의 핵심인물이라는 점 등이 복합적으로 작용했을 것이다.

장일순과 생협 활동을 함께하고 오랫동안 그를 지켜봐온 사람 중의 한 사람인 김영주(무위당만인회 고문)는 이러한 일이 실제 있었다고 말한다. "노태우 때 국무총리를 선정할 때 무위당이 후보군에 들어갔어. 그 정보를 강원일보 한 모 편집국장이 알게 돼서 무위당에게 물었어. 무위당이 웃으면서 말도 안 되는 소리 말라고 했어. 나더러

구정물이 있는 썩은 웅덩이에 뛰어들라고? 어림없는 소리 말아."[14]

노태우 측은 김준엽 영입에 실패하고, 이런 내용이 세간에 알려지면서부터 후보 찾는 일을 극비리에 진행했다. 그래서 장일순을 영입하려고 했던 일은 철저히 비밀리에 진행되었던 것 같다. 그러나 지역신문 편집국장의 안테나는 피할 수 없었고, 그는 장일순의 측근이었던 김영주를 통해 사실을 확인하고자 했던 것 같다.

이와 관련해 노태우 집권기의 사정을 알 만한 몇 사람에게 이를 물었다. 그러자 비실명을 전제로 "상위권 물망에 올랐지만 구체적으로 어떤 사람이 접촉했는지는 알지 못한다"라고 했다. 장일순도 생전에 이와 관련해서는 단 한 번도 언급하지 않았다.

다만 김영주의 증언대로 "나더러 구정물이 있는 썩은 웅덩이에 뛰어들라고? 어림없는 소리 말아"라고 한 것이 장일순의 속내 그대로였을 것이다.

장일순은 '걸어다니는 노자'라는 말을 들을 만큼 노장사상에 조예가 깊은 인물이다. 아무리 '일인지하 만인지상'의 감투라고 하더라도 쿠데타와 부정선거로 집권한 독재권력의 틈바구니에 들어갈 인물이 아니었다. 중국 노장사상의 원조 격인 요(堯) 임금이 젊은 시절의 친구 소부(巢父)와 허유(許由)에게 벼슬을 권하니까, 그들이 더러운 소리를 들었다며 영수 흐르는 물에 귀를 씻었다는 고사를 익히 알았을 터이다. 장일순도 치악산 계곡을 찾아 귀를 씻었을지 모른다.

또한 장자가 초나라에 갔을 때 왕이 벼슬을 권하자, 제상(祭床)에 올리는 돼지나 사당의 점치는 죽은 거북보다 진창 속의 돼지, 바다

배고픈 사람 배불리 해주어라. 세금 조금 내보내라. 부역 없게 하라.

감탕 속의 거북이 되고자 한다고 했다는 고사는 장일순이 이제까지
걸어온 이정표에 속한다.

장일순에게 노태우의 국무총리직 제안은 한갓 귓등에 스치는 바
람결에 불과했을 것이다. 젊어서 한때 선거에 나서기도 했지만, 그
것은 정치개혁을 위한 수단이었지 결코 권력이나 감투가 탐나서는
아니었다.

이런 일화도 전해진다.

고향 후배가 선생님을 찾아와 선거에 출마하겠다는 포부를 밝혔
다. 후배의 말을 다 듣고 난 무위당은 아무 말 없이 붓과 벼루를 꺼
내 글을 써내려갔다. '배고픈 사람 배 불리 해주어라. 세금 조금 내
보내라. 부역 없게 하라.' 다 쓴 글을 후배에게 보여주며 "이대로
실천할 자신 있으면 출마하고, 자신 없거든 출마하지 말라"고 준엄
하게 말했다. 글을 본 후배는 얼굴이 화끈거렸다.[15]

16. 해월 최시형 추모사업

해월 최시형 추모비문 세우다

장일순에게 가장 큰 영향을 준 스승은 해월 최시형이다. 해월 연구를 얼마나 열심히 했는지 사람들이 장일순을 '걸어다니는 동학', '살아 있는 해월'이라 부를 정도였다. 그의 집 안방 아랫목에는 언제나 해월의 낡은 흑백사진이 놓여 있었다. 최시형은 동학 1세 교조 수운 최제우와 함께 우리나라 근대의 문을 연 선구자이다. 그는 반봉건·척왜척양의 근대적 민족주의자일 뿐만 아니라 앞에서 소개한 대로 생명사상의 원조이기도 하다.

장일순은 수운이 처형된 뒤 강원도 산간지방을 누비며 37년 동안 동학의 포교와 민중 계몽에 앞장서다 원주에서 관군에 붙잡힌 해월에 관심이 많았다. 장일순에게 해월은 『용담유사』와 『동경대전』 등 교조의 경전을 간행하여 동학사상을 완성하고, 이와 함께 독창적인 생명사상을 이루어낸 인물이었다.

측근들에 따르면 말년에 장일순은 해월을 닮아갔다고 한다. 제자들이나 찾는 사람에게 또는 초청 강연 때는 늘 해월의 사상과 신앙·철학을 강조하고 그를 배워야 한다고 역설했다. 그래서 '살아 있는 해월'이라는 말이 스스럼없이 나왔다.

해월은 관군과 일본군의 끈질기고 집요한 추적을 피해 강원도, 경기도, 경상도 지역을 넘나들며 숨어다녔다. 그러던 1898년 3월 17일, 오랜 포교활동 끝에 원주시 호저면 고산리 송골의 원진녀 집에 머무르게 되었다. 그러나 그동안 조정에서 각지에 풀어놓은 밀정에게 발각되고 만다. 결국 관군에게 붙잡혀 서울로 압송된 뒤 한성감옥에 갇혔다가 그곳에서 72살에 처형되었다.

장일순은 오래전부터 해월을 기리는 사업을 하고 싶었다. 그러나 더 시급한 일들에 쫓기다 보니 겨를이 없었다. 고난의 역사에서 해월은 그냥 묻혀선 안 되는 선각자여서, 장일순은 무엇이든지 현세와 후세인들에게 해월의 작은 족적이라도 알리고자 했다.

그래서 해월이 관군에게 붙잡힌 현장에 추모비라도 세우기로 했다. 천도교나 학계에서 해야 할 일을 그가 맡고 나선 것이다. 원주의 제자 그룹 중에 '치악고미술동우회' 회원들이 모금을 하고 헌신하여 마침내 일이 성사되었다. 제막식 행사에 참여했던 박경종(치과의원 원장)은 당시의 모습을 이렇게 기억한다.

1990년 4월 12일에 제막식 행사를 가졌어요. 그날 선생님이 감격하셔서 울먹울먹하신 모습이 눈에 선연합니다. 고산리 주민들도 무척 좋아했어요. 그날 아침에 비가 많이 내려서 급하게 고산초등학교 강당으로 행사장을 옮겼어요. 제막식에는 정말 많은 분들이 오셨어요. 특히 민주화운동을 한 재야인사들이 많이 오셔서 깜짝 놀랐어요. 행사장 주변에 사복형사들이 쭉 깔려서 감시하기도 했

1990년 4월 12일, 원주시 호저면 고산리 해월 최시형 추모비 제막식에서.

어요. 그때만 해도 선생님의 일거수일투족을 당국에서 감시하고 있었던 시절이었으니까요.

그날 해월 선생의 증손자인 최정간 씨도 참석했어요. 이분은 경남 하동에서 도예를 하시는 분이셨는데, 선생님이 너무 고마워하셨어요. 제막식 끝나고 고산초등학교에서 선생님이 해월 선생에 대한 강연도 하셨죠.

그날 저녁에 원주 시내 식당에서 선생님 모시고 술을 먹었는데 선생님이 제일 많이 취하셨어요. 기분이 너무 좋으셨는지 노래를 두 곡이나 부르셨어요. 해월 선생이 동학농민혁명이 좌절된 후 관의 추적을 피해 3개월간 숨어 지내다가 체포될 때까지 은거했던 원

해월 추모비 제막식에서 치악고미술동우회 회원들과 함께.

 진녀라는 분의 집터도 '치악고미술동우회'에서 찾아냈어요.

 해월 선생 추모비를 세우고 7개월 뒤인 1990년 11월 1일에 집터에
피체지 표지석을 세웠습니다. 이때도 선생님이 무척 감격스러워
하셨어요. 선생님이 돌아가시고 나서 고미술동우회와 고산리 주
민들이 역사적 현장을 기리기 위해 원진녀 씨 생가를 복원해줄 것
을 원주시에 건의해서 2008년에 복원하게 되었죠.[1]

 고산리 고산초등학교에서 열린 추모비 제막식에서 장일순은 인
사말을 통해 해월 선생의 업적을 평가했다.

최시형 추모비를 세운 이유

장일순은 제막식 행사를 끝내고, 이날 비 때문에 또는 행사를 알지 못하여 참석하지 못한 이들에게 해월 최시형 추모비를 세운 이유와 제막식 준비 과정, 그리고 자신이 추모비에 쓴 비문 등을 편지에 담아 보냈다. 편지 내용은 다음과 같다.

해월 최시형 선생님의 추모비를 세운 데 대하여 몇 자 적어주기를 부탁해서 몇 마디 적어 보냅니다. 원주에 계시는 치악고미술동우회 회원님들이 모두 22명이에요. 금년 4월엔가 봅니다. 모임에서 해월 최시형 선생님의 추모비를 세우는 것을 회원들에게 제언했습니다.

원주군 호저면 고산리 송골 원진녀 씨 집에서 경병에게 체포되신지 금년이 92년 됩니다. 선생께서 동학에 입도하시고 체포되어 순도하시기까지 만 37년이나 되는데 파란만장한 일생을 끝내게 되는 원주군 호저면 고산리 송골 동구에다가 선생님의 거룩한 일생을 기리는 비를 세우고 싶었던 것이에요. 그래서 동우회 회원님들이 각자 염출해서 세우게 됐는데 바쁜 중에도 몸으로 거들어야 할 흙일과 환경작업 등 고마웠어요.

더욱 회원 각자는 천도교 신도가 아니라 천주교 신자, 기독교 신자, 불교 신자, 유교를 받드는 사람도 있어요. 요(要)는 예수님이 기독교만의 예수님이 아니라 모든 이의 예수님이고, 석가모니 부처님이 모든 중생의 부처님이지 불신도만의 부처님이 아닌 것처럼,

원주시 호저면 고산리 송골에 있는 해월 최시형 추모비.

우리 해월 최시형 선생님도 마찬가지로 모든 이의 선생님이시더란
말이에요.

그래서 이번 선생님의 추모비 건립이 지난 4월 12일에 있기까지
잘 진척이 되었어요. 더욱이나 원주군수 이돈섭 님, 원주군번영회
장 배자옥 씨, 부회장 이영철 씨, 그리고 호저면장 장학성 씨, 그리
고 고산리 이장님, 동리 사시는 여러분들이 협조적이었지요. 참 고
마운 일이지요.

이 겨레와 가난하고 어려웠던 농민들에게 신명을 바쳐 거룩한 일
생을 보내신 선생님을 기리는 일에 누구 하나 기억하는 이가 없었
다는 것은 얼찐 생각하기에는 당연하다 하겠으나 거룩했던 선생님
의 일생의 하신 일에 죄명을 씌워 죽였던 일을 생각하면 세월의 변

화를 알게 되지요.

지난 4월 12일 추모비 제막식에 오셨던 분들은 아시는 일이지만 못 오셨던 분들을 위해서 몇 마디 적습니다. 비석의 본면(本面)이 되는 맨 위의 비면(碑面)은 가로가 4척(尺) 5촌(寸) 세로가 2척(尺) 5촌(寸)입니다. 앞면은 경사 15도 각으로 되었고 뒷면은 수직입니다.

옆에서 보면 뾰족한 삼각형인데 오석으로 되어 있습니다. 앞면에는 "모든 이웃의 벗 최보따리 선생님을 기리며"라고 쓰여 음각되어 있습니다.

여러분이 아시다시피 해월 선생은 삼경(三敬)을 설파하셨어요. 경천(敬天), 경인(敬人), 경물(敬物)의 이치를 볼 때에 인간과 천지만물에 이르기까지 모두를 한울님으로 섬기고 공경하시고 가셨기에 모든 이웃이라는 말로 했고, 벗이란 말은 삼경의 도리로 볼 때에 선생님께서는 도덕의 극치를 행하셨기 때문에 일체와의 관계가 동심원적 자리, 절대적 자리에 서 계셨기 때문에 벗이라는 말을 쓰게 되었습니다.

그리고 최보따리라는 말은 방방곡곡 어디를 가시나 지극히 간단한 행장으로 보따리를 매시고 다니셨기에 일행을 지긋이 한자리에 머무실 수 없이 설법하고 민중들과 같이하셨으므로 최(崔)보따리라고 했습니다.

뒷면에는 선생님의 생년과 나신 장소, 동학에 입도하시고 도통을 수운(水雲) 님으로부터 이어받은 날짜, 체포되신 날짜와 장소, 그리고 순도하신 일자와 곳, 끝으로 간단한 선생님의 일생을 말하는 몇 마디가 있습니다. 옆면에는 김대호 글 짓고 장일순 쓰다, 치악고미술동우회 세움, 건립일자가 각(刻)되어 있습니다.

그리고 오석비 밑으로 중태(中台)가 5촌(寸) 두께의 화강암으로 되어 놓여 있으며 하태(下台)는 6톤 무게 나가는 크기의 화강암으로 되어 있는데 넓이가 6척 2촌 5분이고 높이가 2척 2촌입니다. 이 하태 전면에는 "천지즉부모요 부모즉천지니 천지부모는 일체야(天地卽父母 父母卽天地 天地父母一體也, 천지는 곧 부모요 부모는 곧 천지니, 천지부모는 일체니라)니라 해월 선생님 법설에서"라고 각(刻)되어 있습니다.

이 한마디 법설에는 해월 삼경(三敬)의 일체의 도리가 다 들어 있고 이렇게 하태(下台) 전면에 쓰게 된 것은 산업문명에서 탈출하여 앞으로의 지구 나아가서 우주의 일체의 존재가 공생할 수 있는 도리가 여기에 있음으로 이렇게 써서 각(刻)했습니다.

이번 추모비 제막식에는 해월 선생님의 증손자인 최정간 씨가 하동에서 오셔서 참석해주어서 각별한 기쁨이 있어요. 많은 분들이 오셔서 선생님을 기려주셔서 고마웠어요.

1990년 4월 17일 장일순

"아이들까지도 지극히 섬기는 모범적인 삶"

오랫동안 장일순의 추모사업과 《무위당사람들》 편집장으로 활동해온 김찬수가 장일순의 서화와 강연·말씀 중에서 동학사상과 해월 최시형 관련 내용을 정리했다. 그중에서 몇 편을 소개한다.

"겨레에 대한 구원을 위해 수운 선생님이 무척 진력하셨고, 그 제 자인 해월 선생이 37년 동안을 동학사상, 바로 天地人(천지인)의 기 본사상을 풀이하고 가셨기 때문에, 또 그거에 의해서 우리나라의 주권을 찾고자 했던 노력들이 집결돼 있고, 그래서 그런 점으로 봐서 오늘날에 와서도 최시형 선생의 말씀은, 예를 들어서, 천지만 물이 막비시천주야(天地萬物 莫非侍天主也)라, 한울님을, 생명의 본질을, 본체를 모시지 않은 게 하나도 없다. 그것은 불가에서 '풀 하나 돌 하나도 부처'라는 이야기와 성경에서 이야기하는 '일체 존재에는 하느님 아버지께서 같이하신다'는 이야기와 그 생명사상은 다 같은 거지요.

그런 점에서 우리는 최수운 선생, 최해월 선생 속에서 생활의 모범을 봅니다. 특히 37년 동안 그 뜻을 가르치며 돌아다니셨는데, 언제나 그 지역에 가서 모든 사람의 생활을 돕고, 일을 하면서 도와주고, 말씀하시고, 천세의 모범이셨죠. 그래서 선생님을 기리지 않을 수 없다 하는 얘깁니다. 그렇기 때문에 우리의 일상생활과 선생님의 말씀과, 또 비단 동학이나 해월 선생님의 말씀뿐만 아니라 지난날 예수님이라든가 부처님이 말씀하신, 선인들이 생명에 입각해서 말씀하신 모든 것을 다시 새겨서 생활 속에서 전개해가야 하겠지요."

"해월 선생께서는 37년이란 세월을 언제나 농민이나 가난하게 사는 사람들과 같이 살아가시는 동안 남녀 공히, 아이들까지도 지극히 섬기는 모범적인 삶을 사셨지요. 해월 선생은 땅에도 침을 뱉지

해월 최시형(1827~1898).

말라 하셨어요. 그건 부모님 얼굴에 침을 뱉는 거나 같다고. 그래
서 나막신 신고 딱딱 소리내는 것을 보고 해월 선생이 놀래시잖아
요. 좀 사뿐사뿐 조용히 걷지, 딱딱 소리나게 걸으면 부모님을 상
하게 한다라는 생각이셨죠. 그분은 미물에서부터 근원에 이르기
까지 수미일관 속에서 사신 거죠. 그리고 영원한 생명의 자리가 자
기 안에 있다고 하는 것을 매일 염송하시면서 말이지요. 이렇게 보
면 오늘날 우리가 어떻게 살아야 하는가 하는 것은 이미 말씀 다 하
신 거지요."

"그렇게 보면, 앞으로 만 년이 될지 얼마가 될지 모르지만 이 땅
에서 우리 겨레가 모범적으로 어떻게 살아가야 하고, 또 온 세계
인류가 어떻게 살아가야 하는가를 정확하게 알려주신 분이 그분
이지요. 우리 겨레로서는 가장 자주적으로 사는 길이 무엇이며, 또
그 자주적인 것은 일체와 평등한 관계에 있어야 한다는 것을 잘 설

명해주셨지요. 눌리고 억압받던 한반도 100년의 역사 속에서 그 이상 거룩한 모범이 어디 있어요? 그래서 저는 그분에 대한 향심 (向心)이 많았지요. 물론 예수님이나 석가모니나 다 거룩한 모범이지만, 해월 선생은 바로 우리 지척에서 삶의 가장 거룩한 모범을 보여주시고 가셨죠."

"들풀 한 포기에도 존경을 바치는 마음"

김찬수가 소개한 '장일순의 해월관'을 조금 더 들어보자.

"그래서 이 겨레가 존재한다는 결정적인 하나의 표정을 그의 일생을 통해서 우리에게 보여주셨는데, 세상의 이치는 묘해서, 그런 일생의 결과가 3·1 만세나 중국의 혁명운동에 영향을 주었고, 그런 기운의 변화 속에서 인도의 간디도 역시 예외는 아니라고 나는 보지요. 간디와 해월을 바로 비교한다는 것은 이치에 안 맞지만 비폭력이나 비협력에 대해서도 아주 근원적으로 해월께서 다 말해주셨거든요. 원래 동학의 면모는 옳지 않은 것에 대해 협력하지 않고, 매사에 폭력을 사용해서는 안 된다는 입장이죠. 우주가 전부 일심동체라는 것을 그분은 몸으로써 설명해주셨어요. 그래서 저는 지극히 해월 선생을 존경하게 되었죠."

"사회과학의 관점으로 해월의 삶을 투사해보면 전혀 맞질 않아

향아설위(向我設位, 제사상을 벽을 향해 놓지 말고 살아 있는 사람 쪽으로 놓아야 한다는 뜻으로, 자신을 공경하라는 의미가 담겨 있다)(1988년 작품).

요. 사회과학이 갖는 한계 때문입니다. 역사학도들의 입장으로는 해월 선생의 삶에서 거부감이 왔겠죠. 그런데 종래 사회과학의 잣대로는 안 된다라는 것을 파악하게 되는 시기에 있어서는 사정이 달라지겠죠. 전 우주가 하나의 생태적인 관계에 있다든가 하나의 생명관계에 있다든가 하는 이런 것이 자꾸 증명이 되고 고증이 되는 과정에서 해월의 일생을 보게 되면 이건 그대로 다 맞아떨어지는 것이거든요. 사회과학도들이나 오늘날 교육을 받은 대다수 사람들의 시각과는 달리, 새로운 현대물리학이나 우주과학이나 현대 생물학의 안목으로 들여다보면 해월의 말씀은 그냥 전부가 경탄해 마지않을 거라고 봐요. 우리 땅에 이런 선각이 계셨나 하는 생각이 들 거예요."

"그리고 특히 내가 좋아하는 것은 향아설위(向我設位)라는 거 있잖소. 그것은 종래의 모든 종교에 대한 대혁명이죠. 늘 저쪽에다 목적을 설정해놓고 대개 이렇게 이렇게 해주시오 하고 바라면서 벽에다 신위(神位)를 모셔놓고 제사를 지내는데, 그게 아니라 일체의 근원이 내 안에 있는 영원한 한울님을 향해 올려야 한다는 말씀이

조석으로 끼마다 상머리에 앉아 한울림의 큰 은혜에 감사하자. 하늘과 땅과 일하는
만민과 부모에게 감사하자. 이 모두가 살아가는 한 틀이요 한 뿌리요 한 몸이요 한울이니라
(1988년 작품).

죠. 그러니까 '밥이 하늘이라'는 말씀을 수운도 하셨지만 해월이
일체 생활 속에서 몸소 실천하신 점이라든지."

"아(我)란 너와 내가 따로 없는 그런 나를 말하지요. 석가모니의
'천상천하 유아독존'이란 말씀 있잖아요. 현상뿐만 아니라 모든 것
속에 배태되어 있는 하나의 생명, 그것을 얘기하신 거죠. 해월 선
생 말씀도 그거죠. 전 우주에 편재해 있는 생명, 한울님, 그것이 내
안에 있다는 얘기거든요. 그러니까 어디를 향해서 절하느냐 하는
말씀이란 말이죠. 해월이 말하는 향아설위에서 나[我]는 현상적인
나이면서 또 그 안에 있는 진짜 나는 한울님 아(我)란 말이야."

"이천식천(以天食天), 하늘이 하늘을 먹는다는 말씀이지요. 천주
교에서는 의식을 하고서는 축성을 한 다음에 그게 예수님의 몸이
라고 생각하거든. 그런데 그건 풀이로 보아서 한참 모자라는 거지.
해월 이야기로는 하늘이 하늘을 기르는 거니까 뭐 기도드리고 말

16. 해월 최시형 추모사업

일완지식 함천지인(一碗之食 含天地人. 밥 한 그릇에 우주가 담겨 있다)(1987년 작품).

고도 없는 거지. 해월 이야기로는 하늘이 하늘을 가르는 거니까 기도드리고 말고도 없이, 이미 하늘이야. 그런데 우주가 존재하지 않으면 나락 하나가 안 되잖아요. 나락이 작다고 해서 그게 결코 작은 게 아니지. 나락 한 알에 우주가 함께하신다고, 그러니 지금 우리가 다 한울이 한울을 먹고 있는 거란 말이지. 엄청난 영광의 행사를 하고 있는 거 아닐까?"

"해월은 밥 한 그릇을 알게 되면 세상의 만 가지를 다 알게 된다고 말씀하셨지요. 저는 멍텅구리라서 뭔 얘긴가 하고 수없이 더듬어봤어요. 그런데 그게 다른 얘기가 아니야. 풀 하나 돌 하나 예를 들어서 나락 하나도 땅과 하늘이 없으면 나락 하나가 되지 않는다 이거예요. 그 나락 하나가 우주 없이 될 수 있느냐 이 말이에요. 바로 그 나락 하나는 하늘이다 이거야. 그래서 해월은 이천식천(以天食天), 하늘이 하늘을 먹는다는 말씀을 하신 거예요. 이 말은 우리가 다 하늘이다, 이거야. 우리 안에 불생불멸(不生不滅)의 영원한 아버지께서 함께하신다 이 말이야."

"해월 선생은 이렇게 말했습니다. '여자든 어린아이든 그 행동이나 말이 올바르면 나의 선생님이다'라고. 그것이 우리들의 바탕이자, 인간관계의 모든 것이라고 생각합니다. 그것이 들풀 한 포기에도 존경을 바치는 마음이라고 할 수 있겠지요."

17. 부드러움으로 강함을 이기다

겸손한 마음, 부드러움의 철학

장일순의 일생을 두고 관통하는 습성의 하나는 겸손이다. 그는 사회적 위상과 명성이 따를수록 더욱 겸양하고 겸손했다. 겸손의 덕목에는 부드러움을 빼놓을 수 없다. 부드러움으로 강한 것을 이긴다는 노장사상의 발현이었다. 5공 시대에 이런 주장을 폈다가 오해를 받기도 했지만, 그는 그 어떤 것에도 굴하지 않고 부드러움의 철학을 실천하며 살았다.

아주 부드러워야 할 필요가 있어. 부드러운 것만이 딱딱한 땅을 뚫고 나와 꽃을 피울 수 있는 것이거든. 사회를 변혁하려면 상대를 소중히 여겨야 해. 상대는 소중히 여겼을 적에만 변하거든. 무시하고 적대시하면 더욱 강하게 나오려고 하지 않겠어?

상대를 없애는 게 아니라 변화시키는 것이 중요하다면 다르다는 것을 적대관계로만 보지 말았으면 좋겠다, 이 말이야.[1]

장일순은 중년 이후로 만성 중이염을 앓았다. 자신을 치료해주는 이비인후과 원장(강대형)에게 글씨 한 폭을 선사한 적이 있는데, "목에 힘 빼 그래야 살아"라는 내용이었다. 원장은 목에 힘주는 의사가 아니라 친절하기로 잘 알려진 사람이었다.

장일순은 민주화운동 인사들이나 관리, 한살림운동 관계자 등 누구에게나 겸손할 것을 당부했다. '목에 힘 빼'라는 말은 그야말로 그의 인사말이 되다시피 했다. 사람이 지켜야 할 온전한 도리는 겸손이라고 믿었다. 이것은 사람과 사람 사이의 관계뿐만 아니라 사람과 자연과 나아가 모든 생명체의 관계에 해당했다.

그는 또 연설할 때나 사람들을 만나 이야기할 때면 노자의 물처럼 살라고 당부했다. "물은 자기를 고집하지 않는다. 둥근 그릇에선 둥글고, 모진 데선 모지다. 많이 모아도 물, 작게 갈라놓아도 물이다. 끓여 증발해도 물이요, 얼어도 물이다. 물은 자기를 고집하지 않지만 끝내 자기를 잃지 않는다. 또한 물은 아래로 아래로 흘러 강이 되고 바다가 된다. 한 방울의 물은 아무것도 아니나 바다의 성난 파도는 무섭다. 즉 가장 유약한 것이 가장 강할 수 있다."

전두환의 광기가 펄펄 날뛰던 시절, 대한성공회 광주교회 김경일 신부가 원주로 장일순을 방문하고 소감을 남겼다.

장일순 선생님을 처음 뵈었을 때의 첫인상은 맑고 큰 눈 때문에 유순한 소 같다는 느낌을 받았으나, 시국과 정치에 대해 조근조근 말씀하실 때면, 크고 오뚝한 코가 철학이 분명한 강직한 정치가라는 느낌을 주었고, 선시를 읊고 노자를 말씀하다 동학으로 넘어가서 예수의 복음을 새롭게 해석하는 지경에 이르면, 종교의 경계를 목에 힘 빼 그래야 살아(1985년 작품).

넘어가서 그 본질에 들어가 일반 종교인이 넘볼 수 없는 경지에 계
신 분이라는 생각이 들었다.[2]

여기서 중요한 것은 김경일 신부의 '장일순관'이 아니라 그날 있
었던 다음의 대담 내용이다.

"선생님! 소문을 들으셨겠지만, 군사정권이 민주화운동을 하는
사람들을 몽땅 잡아들여 한꺼번에 학살하려는 계획을 세우고, 구
체적인 명단 작성에 들어갔다고 하는데, 어떻게 생각하십니까?"
"그게 사실이라면 당국에서 혹 실수로 내 이름을 빠뜨릴까 걱정
이네. 그거야말로 큰 망신 아닌가? 사람들이 전두환을 겁내지만,
그 사람이 사람 죽이는 거 외에 무얼 알겠는가? 군대라는 게 그런
것 아닌가? 그 정도는 주머니 속의 공깃돌처럼 굴릴 수 있어야 하
지 않겠는가?"[3]

부드러움으로 강한 것을 물리쳐야 한다는 신념이고 철학이었다.
다음과 같은 일화도 있었다고 한다.

17. 부드러움으로 강함을 이기다

착한 사람은 맑은 물처럼 생활한다(1993년 작품).

1970년대 중반 원주와 연고가 없는 김 모 씨가 낙하산 공천으로 원주 지역구 여당 국회의원에 당선되자 시내 고급 술집에서 원주 시장을 비롯하여 지청장, 지원장, 경찰서장 등 권력기관장들과 지역인사들이 함께하여 축하연을 가졌는데 이 자리에서 기관장들이 당선자에게 술을 먼저 따르면서 설설 기니까 무위당이 화를 벌컥 내며 '김 의원, 이분들 덕에 당선되었으니 당신이 먼저 술을 따르시오. 대접만 받지 말고 먼저 대접하시오'라고 하면서 자리에서 일어나 나갔습니다.

그런데 나가면서 술집 주인에게 부탁하여 술값을 외상으로 하고 절대 다른 사람의 돈은 받지 말라고 다짐을 하고 갔어요. 나중에 이를 알고 경찰서장이 돈을 싸들고 무위당을 찾아갔지만 끝까지 거절했습니다. 술값이 적지 않은 금액이었는데 무위당이 무일푼인 사정을 잘 아는 전 중앙의원 원장 이관형(작고) 씨 등이 나중에 슬그머니 대납했어요.

당시는 지역구 국회의원이 모든 것을 쥐고 흔들 때였는데 무위당은 지역 출신도 아닌 사람이 관권선거 덕에 당선되고도 유권자인 지역민을 우습게 보는 데 대해 분노했던 것이지요. 지금 같으면 상상조차 할 수 없는 부끄러운 지방 정가의 현실이었습니다.[4]

전두환·노태우 정권 시기에 공권력은 '산적의 칼'과 다르지 않았다. 그러면서 내세우기는 정의라는 깃발을 들었다. 당시 집권당이 민주정의당(민정당)이었다. 가장 비민주적이고 반정의, 불의한 집단이 모여서 만든 당명을 민주정의당이라 이름한 것은 희대의 코미디였다. 그런데도 정치꾼들은 물론 학계·언론계·법조계 등 엘리트들이 이 당에 들어가 국회의원 배지를 달거나 고위 관료가 되어 으스댔다.

무욕의 자세로 보통사람이 되고자

장일순은 많은 사람과 교유했다. 그를 따르고 존경하는 사람도 많았다. 정치인이나 연예인들의 팬과는 수준이 다른 사람들이 따랐다. 세평도 그만큼 많았고, 연구 논문도 적지 않았다. 그 가운데 출중한 글 하나는 작가 김성동이 쓴 「우리 시대의 마지막 도덕정치가」일 것이다. 제목과는 상관없이 다음의 글은 장일순의 정신세계를 압축하는 것 같다.

> 유가(儒家)인가 하면 불가(佛家)요 불가인가 하면 노장(老莊)이며 노장인가 하면 또 야소(耶蘇)의 참얼을 온몸으로 받아 실천하여온 독가(督家)였던 선생은, 무엇보다도 진인(眞人)이었다.
>
> 속류 과학주의와 속류 유물론과 유사종교적이고 혹세무민적이며 종교적 신비주의에 추상적 형이상학만이 어지럽게 춤추는 판에서 대중성·민중성·소박성·일상성 속에 들어 있는 거룩함을 되찾아내어 사람과 사람, 사람과 자연이 한 몸뚱어리의 두 이름으로 더불어 함께 영적 진보를 이루어나가야 한다는 것을, 그 길밖에 길이 없다는 것을, 순평(順平)한 입말로 남겨준 선생이시다.[5]

인파출명 저파비(人怕出名 猪怕肥, 사람은 이름나는 것을 두려워해야 하고 돼지는 살찌는 것을 두려워해야 한다)(1985년 작품).

한국 현대사회에서 이만한 평가를 받을 수 있는 사람이 몇이나 될까. 더욱이 장일순은 전문학자도, 언론인도, 철학교수 또는 종교 지도자도 아닌 평범한 인물이다. 군사쿠데타를 주동한 인물 중 하나인 노태우가 대통령 후보에 나서면서 '보통사람 노태우'를 들고 나오면서 정치용어로 크게 오염되고 말았지만, 장일순이야말로 이 땅의 보통사람이었다.

장일순이 제자나 가까운 사람들에게 자주 한 말이 있다. 글씨로도 써서 나눠주었다. '저파비(猪怕肥)'였다. '돼지 저, 두려울 파, 살찔 비', 곧 돼지는 살찌는 것을 두려워해야 한다는 뜻이다. 돼지는 살이 찌면 도살당하기 때문이다.

'저파비' 앞에 '인파출명(人怕出名)'이 있었다. "사람은 세상에 허명이 나는 것을 두려워하라"라는 뜻이다. 군사정권기는 물론 지금도 얼마나 많은 각계의 명사들이 허명을 날리다 날개도 없이 추락하는가. 장일순은 이를 경계하고 항상 허명을 내지 않으려 애썼다. 마음을 비우는 일, 달리 말하면 욕심을 부리지 않는 삶을 살고자 했고 이웃들에게 솔선했다.

불가(佛家)의 선(禪)에 허회자조(虛懷自照)라는 말이 있어요. 자기를
비운다는 말씀입니다. 그런데 이 얘기는 노자의 도덕경에도 있고,
또 성경에도 있습니다. 복음을 보면 예수가 산으로 자꾸 올라가시지
요. 세상에 내려가니까 자꾸 따지고 이것저것 얘기를 해. 사람들이
말귀를 못 알아듣고 욕심만 부려. 그렇게 되니까 답답해서 산으로
올라가서, 어찌하오리까 하거든. 가서 좌선을 해요. 하느님과의 대
화란 건 뭐냐. 자기를 비우고 스스로 그 비운 마음을 보는 거예요.[6]

장일순은 자기를 비우는 대신 타인을 돕는 일에 앞장섰다. 방법
도 각양각색이었다. 황도근(무위당 학교장)의 이야기를 들어보자.

재밌는 얘기 하나 해드릴게요. 김진홍 씨라는 분인데, 합기도 도
장 사범이었어요. 그런데 그 도장이 판잣집같이 엉망이었어요. 돈
이 없으니까 그러고 있는데, 자연히 사람들도 안 오고 영업이 안
되죠. 그래서 장 선생님한테 찾아갔어요. 저 좀 먹고살게 해주세
요. 그런데 선생님이 돈을 대줄 수도 없고 어떻게 해요? 방법을 찾
으신 게 뭐냐 하면, 당신이 직접 매일 거기를 가셔서 정식 회원으
로 등록하고, 도복을 입고 앉아 계신 거예요. 그때 도복 입고 찍은
사진도 있어요.(웃음)
원래 운동도 못하시는 분인데, 합기도 도장에 그렇게 앉아 계시
니까 제자들이고 이런저런 사람들이 찾아올 거 아니에요? 그래서
회원들이 크게 늘어나서 1년 반인가 2년 만에 돈 벌어서 옮겼어요.
그런 일화도 있어요.[7]

도복을 입고 합기도장에 앉아 있는 장일순(1980년경).

한국 사회 지도층 인사들의 도덕적 타락이 극에 이르렀을 때 장
일순은 금욕 또는 무욕을 실천하면서, 작은 영역에서나마 앉은 자
리에서 향내 나는 본보기가 되었다.

오염되지 않는 도덕의 목소리

장일순은 학자도 문사도 아니요, 종교지도자도 사회사업가도 아니
다. 그렇다고 사상가도 철학자도 아니다. 물론 정치인도 아니고 사
업가는 더욱 아니다. 뚜렷하게 내세울 전공이 무엇인지 헷갈리기
도 하고, 이렇다 할 저술을 남긴 것도 없다.

사는 것이나 먹고 입는 것도 보통사람들과 다르지 않고, 평소에
말을 하거나 연설·강연을 할 때도 대학교수나 무지랭이나 함께 들
을 수 있는 내용으로 들려주었다. 그런데 그의 초라한 집에 시도

때도 없이 전국 각지에서 사람의 발길이 끊이지 않는 것은 오염되지 않은 청아한 도덕의 목소리를 듣기 위해서였다. 그는 말과 행동이 다르지 않았다. 그동안 사람들은 위선의 가면을 쓴 정치인, 언론인, 종교인, 지식인들의 말에 식상해하고 실망해왔다.

그런데 그는 달랐다. 중년기를 넘기면서 호남형은 아니지만 수려한 얼굴은 골격이 아니라 인격으로 가꾸어진 모습이었다. "40이 넘으면 자기 얼굴에 책임을 져야 한다"라는 링컨의 말이 아니라도 사람의 얼굴은 살아온 역정과 마음·수양의 결정판이다. 중년기 이후 장일순의 얼굴은 근엄하거나 화사한 모습이 아니라 청순한 농부의 얼굴에 가까웠다.

그의 연설은 어디서 남의 말이나 글을 빌려오거나 주워들은 지식을 풀어놓은 것이 아니라 원전을 주체적으로 해석하고 자신의 생각을 덧붙여 정리한 내용이었다. 그래서 말이 늘 새롭고 참신하여 듣는 이들에게 공감을 불러일으켰다. 장일순의 언설은 이런 식이다. 예를 들면, '시(侍)'에 대해 이렇게 말한다.

사람이 일상생활에 있어서 만 가지를 다 헤아리고 갈 수는 없는 거지요. 그러나 자기가 타고난 성품대로 물가에 피는 꽃이면 물가에 피는 꽃대로, 돌이 놓여 있을 자리면 돌이 놓여 있을 만큼의 자리에서 자기 몫을 다하고 가면 '모시는 것을 다 하는 것'이라고 저는 생각해요. 그렇다고 해서 딴 사람이 모시고 가는 것을 잘못됐다고 할 수도 없지요. 있음으로써 즐거운 거니까. 동고동락(同苦同樂) 관계거든요.

공생시도(共生是道, 함께 사는 것이 도리이다)(1991년 작품).

요샌 공생(共生)이라고도 하는데 본능적으로, 감각적으로 편하고
즐거운 것만 동락(同樂)하려고 든단 말이에요. 그런데 고(苦)가 없이
는 낙(樂)이 없는 거지요. 한살림 속에서도 '고'와 '낙'이 함께 있어
야 된다고 생각해요. 더불어 함께하는 것이지요. 즉 공생하는 건
데, 공생관계는 각자를 긍정해주는 것이란 말이에요. 각자를 긍정
해줘야 모시는 것이 되는 거잖아요?[8]

장일순의 무욕 또는 탈욕정신은 자연계로 확대되었다. 이런 정
신은 오래전부터 시작되었다. 그리고 국제적으로 폭이 넓어졌다.
1980년대에 미국 청년들을 만났을 때의 일이다.

10년 전 미국의 젊은 친구들이 한국에 왔는데 마침 돌아가신 함
석헌 옹이 원주에 가서 장일순을 만나보라 해서 찾아왔기에 그 미
국 사람 보고 "너희 나라에서 달나라 간 사람 있지?" 하고 물으니
까 "암스트롱이 갔었다"고 하기에 "그가 달나라에 가서 성조기 꽂
고 왔지?" 했더니 "그렇습니다" 하길래 그러면 "그 달이 미국 달
이 되느냐? 했지. 그게 바로 제국주의야. 내가 먼저 보고 내가 가

질 수 있다는 태도 말이지. 미국이 세계에서 대국을 자랑하고 계속 영광을 누리겠다고 하면 그런 태도 가지고 되겠느냐 이 말이야. 그 달은 일체 중생의 살아 있는 유정물과 무정물까지도 다 함께 즐기는 달이잖아요? 그런데 우리는 경쟁의식 속에서만 살고 있으며 또 사회가 경쟁을 촉구하고, 바로 이것이 문제인 것입니다.[9]

국제적으로는 양육강식의 논리로 무장한 제국주의에서부터 내부적으로는 99마지기 논을 가진 부자가 100마지기를 채우고자 이웃의 한 마지기 땅을 빼앗고자 하는 욕심에 이르기까지, 사람들의 무한한 탐욕을 질타한다. 그의 언설은 누구처럼 '유체이탈'이 아니어서 듣는 이들이 감동했다.

장일순은 영웅도 초인도, 지도자도 아니다. 그냥 보통사람이다. 아무것이나 먹고 아무 옷이나 입었다. 음식을 가리지 않았다. 그중에서 제일 좋아하는 음식은 칼국수였다.

밥을 먹기 전에는 반드시 밥상을 향해 고개를 숙여 말했다. "밥 한 사발만 알면 모든 것을 알 수 있습니다. 해월 선생도 그런 말씀을 하셨지요. 우리가 평생 배워 아는 것이 밥 한 사발을 아는 것만 못하다"라고.

다음과 같은 말은 평범한 사람 장일순의 진면목을 잘 보여준다. 1980년대 어느 날, 천주교 교회봉사자들에게 했던 특강에서 나온 말이다.

만약에 여러분에게 대통령직 인수위에서 장관이나 그럴듯한 기

밥(1989년 작품).

업체 사장 자리를 줄 테니 그쪽 생활을 정리하고 서울로 올라오라고 한다면 어떻게 하시겠습니까?

그 대답이 '예, 열심히 하겠습니다'였다면 그는 열심히 사는 사람이 아니고, 정말 열심히 사는 사람이라면, '저는 지금 하는 일을 정말로 사랑하고, 또한 긍지를 갖고 있으며 저의 계획에 따라서 일을 마무리하여야 하므로 갈 수가 없습니다' 하는 사람이라야 정말로 잘 사는 사람이고 멋쟁이가 되는 겁니다.[10]

이 말은 또한 장일순이 왜 국무총리직 제안을 그렇게 칼로 무 자르듯 좌고우면 없이 거절했는지, 알 수 있게 해준다.

18. 올곧은 정신으로 깨어 있기를

병고에도 왕성한 활동

노태우 정권 초기는 전두환 정권 때와는 분위기가 사뭇 달랐다. 비록 두 김 씨의 양보 없는 출마로 노태우가 어부지리로 대통령에 당선되었으나 6월항쟁을 일군 민중의 역량은 만만치 않았다. 더 이상 유신과 5공 시대의 시민이 아니었다. 노태우는 1988년 4월에 실시한 제13대 총선에서 여당이 과반수 의석을 확보하는 데 실패하자, 1990년 1월에 김영삼과 김종필을 끌어들여 3당통합(야합)으로 과반수 의석을 확보한다.

거대 여당을 만든 노태우는 다시 폭압정치로 회귀하고, 이에 맞서 학생·노동자와 김대중이 이끄는 평화민주당의 저항이 거세게 작동했다. 1988년 5월에는 국민주 모금으로 《한겨레신문》이 창간되어 민족·민주·민중의 뜻을 대변했다.

《한겨레신문》이 창간 1주년을 맞았을 때 장일순은 안중근 의사가 옥중에서 유묵으로 남긴 '견리사의 견위수명(見利思義 見危授命)'(이로움을 보았을 때는 정의를 생각하고, 위태로움을 당했을 때는 목숨을 바쳐라)을 인용해 쓰고 그 위에 대나무를 그린 서화 작품을 기증했다. 언론인

활짝 웃는 장일순(1988년 그림마당 민 전시회에서).

들이 올곧은 펜으로 세상을 지켜달라는 큰 뜻과 무거운 짐을 당부한 것이다.

　제국주의의 침략에 단호히 신명을 바쳐 가신 안중근 의사의 한 구절 견리사의(見利思義), 참으로 모골이 송연케 합니다. 전 세계가 이(利)만 보고 의(義)를 망각한 지 오래인 금일 의사께서 남기고 가신 견리사의 견위수명을 염하며 묵죽일지를 치고 장일순 선생님의 호 일속자(一粟子)를 쓰셨습니다.

　앞서 87년 겨울 한겨레신문 창간 준비를 하면서 강원 원주로 무위당 선생님께 도움을 청하러 갔을 때 해주신 '충고'가 있어요. '좋

은 일을 할수록 성급한 마음을 억제해야 된다', '지금 재야 언론인
들이 한겨레에 모두 모여 있는데 좋은 일에는 항상 마가 많이 낀
다. 모두 한꺼번에 당할 수 있으니 후위도 대비해야 한다'는 염려
였지요.

　이 서화를 받은 직후인 89년 4월에 이른바 '방북취재 사건'이 터
져 리영희 선생이 구속당하고 부사장이었던 저를 비롯한 임원들이
안기부에 불려가 조사를 받았습니다. 그런 어려움을 겪을 때마다
무위당의 혜안을 새삼 깨달았어요. '목숨 바칠 각오로 지켜야 한다'
는 예언이었던 겁니다. [1]

　그 뒤로 한겨레신문사는 서경원 의원 방북 사건으로 편집국이 압
수수색을 당하는 등 노태우 정권의 언론탄압에 끊임없이 시달려야
했다.

　노태우는 쿠데타 출신이라는 DNA를 숨길 수 없었던지, 5공 청
산을 거부하고 국군조직법·방송관계법 등을 날치기로 처리하고,
정보기관을 통해 민간인 사찰을 일삼았다.

　1991년 4월 26일 명지대생 강경대 군이 시위 도중 경찰에 맞아
사망하고, 이에 저항하는 학생들의 시위가 전국적으로 확대되었
다. 대학생들의 분신과 투신이 이어지고, 정부의 강경조치로 정국
은 다시 5공으로 회귀하는 듯한 모습이었다. 그런데 이때 원주캠프
의 일원이라 할 김지하가 《조선일보》에 「죽음의 굿 당장 걷어치워
라」라는 칼럼을 써서 세상을 발칵 뒤집어놓았다. 청년과 학생들이
생명을 던져 독재와 싸우는 것을, 왕년의 저항작가라는 사람이, 그

参으로 眉이 悚然케하는다 全世界小利만보고 義를 忘却하지못하지 義士께서 남기고 見危授命 見危利義를 念하매 墨竹一枝를 効嚬하여 笑納하시 길재

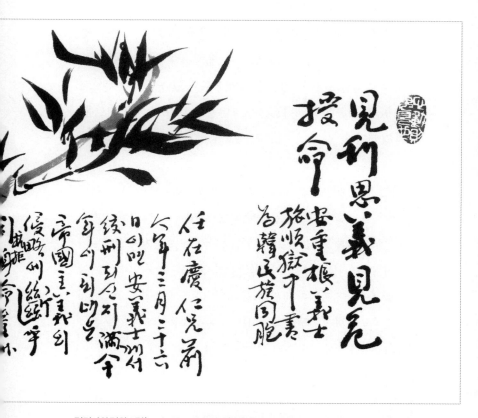

견리사의 견위수명(見利思義 見危授命, 이로움을 보았을 때는 정의를 생각하고, 위태로움을 당했을 때는 목숨을 바쳐라). 한겨레신문사 소장.

18. 올곧은 정신으로 깨어 있기를

것도 《조선일보》에 이들을 원색적으로 비난한 글을 싣다니. 민족문학작가회의는 김 씨를 제명했고, 장일순 주변에서는 그의 돌출적인 행동에 말문이 막혔다.

이즈음 장일순은 서울의 대학가를 비롯하여 여기저기 강연을 했다. 1991년 2월에는 가톨릭농민회(가농) 제21차 대의원총회에서 기념 강연을 초청받고, 「나락 한 알 속에 우주가 있다」라는 제목으로 강연을 했다. 나중에 녹색평론사가 장일순의 책을 낼 때 표제로 쓴 제목의 강연이다.

> 저는 사실 60년대 중반 가농이 처음 시작되었을 때 서울 명동회관에 있던 가농에 가본 기억밖에 없어요. 무서워서 못 가봤습니다. 가농에 가면 붙잡혀갈 것 같아서 겁이 나서.(웃음) 주변에 같이 일하던 사람들이 "오시지는 말고 일러만 주십시오" 자꾸 그러고 가농이 빨갱이라 가까이하지 말라니, 가까이하지도 못하고 멀리하지도 못하고 그렇게 일생을 보냈어요. 그런데 오늘 이렇게 가농 본당에 와보니까 감동이 아주 참 깊습니다.[2]

장일순의 강연은 솔직하고 구김이 없는 대화체이다. 그래서 듣는 사람들이 편하고 쉽게 공감했다. 어려운 고전도 그의 입을 통하면 쉽게 풀렸다.

> 노자에 그런 말이 있어요. '생이불유(生而不有)요 장이부재(長而不宰)라'. 이것은 자연하고 함께 살아가는 데 있어서의 귀중한 제목입

니다. 자식은 자기가 낳지마는 그 자식은 자기 것이 아니란 말이에요. 많은 사람들을 가르치고 많은 제자들을 가르치고 그랬어도 그 사람들을 '야, 자' 하고 부리는 것은 옳은 태도가 아니다 그 말이에요. '야, 자' 하고 마구 부리는 그런 태도는 다시 얘기해서 독재의 태도요 내 맘대로 하려는 태도요 소유하려는 그런 태도란 말이에요. 그건 자연스런 태도가 아네요. 자연은 소유하려는 게 없어요.[3]

당시 가톨릭농민회는 군사정권의 갖은 탄압을 받으면서 민주화운동과 장일순이 제창한 생명공동체운동을 열심히 하고 있었다.

여러분들이 생명공동체운동을 하신다는데 그 생명공동체는 눈에 보이는 우리끼리만의 생명공동체가 아니라 전체를 포용하는 생명공동체예요. 다시 말해서 공과 색은, 즉 눈에 보이는 것과 보이지 않는 것은 진실의 양면인 거예요. 눈이 양쪽에 있는 거와 마찬가지로, 앞뒤가 있는 거와 마찬가지로, 눈에 보이지 않는 것 그것을 보지 못하고 가게 되면 농사를 지어도 헛농사를 짓게 되는 거와 마찬가지예요.[4]

강연장을 가득 메운 농민 수백 명에게 장일순은 거듭 '생명공동체'의 중요성을 역설했다.

생명과 공동체라는 말은 그게 아니다 이 말이야. 삶, 움직이는 삶, 죽지 않는 삶, 죽어서도 살아 있는 삶, 영원히 불멸하는 삶, 그

걸 어떻게 연구하느냐 이거예요. 사물의 이치와 우주의 원리가 뭐다 하는 것을 알았을 때 우리의 신앙도 깊어지는 거고, 예수님이 우리에게 가르쳐주시려던 간절한 심정도 우리가 이해할 수 있게 되는 거예요. 지금 우리가 얘기하고자 하는 생명의 실체가 어떤 것이냐. 귀한 것도 천한 것도 아녜요. 높으냐 낮으냐 하는 것도 아녜요. 생명공동체 속에서는 그게 드러나야 해요. 그게 관건이지.

우선 자신이 잘못 살아온 것에 대해 반성하는 고백의 시대가 되어야 합니다. 넘어진 얘기, 부끄러운 얘기를 하자는 겁니다. 실수하고 또 욕심부린 얘기, 그래서 감추고 싶은 얘기를 고백하며 가자는 거지요.

지금은 삶이 뭐냐, 생명이 뭐냐 하는 것을 헤아려야 하는 시기입니다. 뭘 더 갖고 꾸며야 되느냐에 몰두하는 시대는 이미 절정을 넘었어요.

글 쓰는 사람들이 가급적이면 고백의 글을 많이 써줬으면 좋겠어요.[5]

대학에서의 특강과 열띤 반응

연세대학교 원주캠퍼스는 여러 차례 장일순을 초청하여 강연회를 열었다. 1992년 5월 신학기에는 학장이 부탁하고 학생대표들이 찾아와 요청했다. 그는 1991년 6월 14일 병을 얻어 원주기독병원에서 수술을 받고 투병 중이었다. 그런데도 학생들의 요청을 뿌리치지

1992년, 연세대에서 강연하는 장일순.

18. 올곧은 정신으로 깨어 있기를

못하고 강연에 나섰다. 강연 제목은「내 안에 아버지 계시고」였다. 그는 투병 사실을 숨기지 않고 서두에 털어놓았다.

오늘 이 귀한 자리에 나와서 여러분들에게 말씀을 드리는 것을 굉장히 주저했습니다. 사실은 제가 근자에 앓고 있습니다. 내가 앓고 있는 뿌리를 찾아보니까 그동안 철없이 살아서 병이 났구나 하는 느낌을 받고 있습니다. 그래서 아직도 철없는 이 사람이 열심히 착하게 공부하고 있는 여러분 앞에 나와서 말씀을 드린다는 것이 어딘지 모르게 쑥스러운 생각이 듭니다.[6]

장일순은 청중이 학생들일 때에는 과학적인 논증의 내용을 담으면서도 경쟁보다는 협력, 상생의 원리를 역설했다. 20세기 세계 질서가 과도하게 넘친 경쟁으로 두 차례 세계대전과 이에 맞먹는 수준의 내전, 즉 한국전쟁, 베트남전쟁, 스페인내전이 일어나게 된 것

하심공경(下心恭敬 마음을 낮추고 공경하라)(1992년 작품).

을 뼈저리게 인식해온 그로서는 국내적으로나 국제적으로나 지나친 경쟁을 지양해야 한다는 것이 소신이었다.

이 한반도는 작은 것 같지만 큰 나라입니다. 큰 나라이면서 아직도 눈을 덜 뜨고 있기 때문에 고생하고 있습니다.

소련이 써먹던 그 방법 가지고 이 한반도에 평화가 오겠습니까? 그렇다고 해서 미국이 써먹던 방법 가지고 여기서 해결되겠느냐 이 말입니다. (중략)

오늘날까지의 경쟁문명은 서로가 어떻게 이용하느냐, 어디에 이용하느냐, 어디에 이익이 있느냐 하는 것으로 시작과 끝을 이루고 있다는 사실입니다. 며칠 전 신문에 지구의 온난 효과 때문에 바닷물이 상승한다는 말이 있었습니다. 이런 현상은 결국 인간이 만들어놓은 것이며 산업문명이 만들어낸 우주질서의 파괴를 실증하는 것입니다.

18. 올곧은 정신으로 깨어 있기를

우리는 이제 인간끼리만의 공생이 아니라 자연과도 공생한다는 생각을 가져야 될 시점입니다. 그런데 오늘 찬송가 속에서도 말씀했지만 "모든 만물이 하느님 아버지의 나타나심이며, 생명의 나타나심이라" 이런 말씀입니다.

그러니까 "아버지 안에 내가 있고 내 안에 아버지가 있다"고 하는 등식(等式), 이것을 잘 이해해야 될 것입니다. 우리는 그동안 경쟁문화, 경쟁문명 속에서 살아왔기 때문에 언제나 모든 것을 일방적으로 본다는 점입니다.[7]

장일순의 연세대 원주캠퍼스 강연 소식이 서울 신촌 연세대학에 알려지면서 여기서도 초청되었다. 1992년 12월 채플 시간에 특강을 해달라는 요청이었다. 건강을 이유로 거절하기가 어려웠다. 그래서 「자기부정을 하고 가면」이라는 제목으로 강의를 했다.

장일순은 이날 노자의 '아유삼보(我有三寶)', 나에게 보물이 세 가지가 있다는 것, 즉 자비·검약·겸손을 들어 설명했다. 특히 겸손과 관련해서는, '남을 도와서 남이 앞에 서게 하라, 이웃이 잘되게 하라, 꽃 하나 벌레 하나 풀 하나를 보더라도 다 하심(下心)으로서 겸손한 마음으로 섬기라'라고 역설했다.

노자가 한 말이지만 예수님이 다 말씀하신 것이라고 덧붙여 학생들의 박수를 받았다. 다음은 강연 도중에 '여담'으로 한 말이다.

내가 여담을 한마디 하지요. 일본에서 조그마한 공장을 하는 실업가인데 그 사람이 한국에 가끔 오면 어쩌다 날 만나요. 날 보고 얘기가 한국 사람들 참 이거 큰일 났다 이거야. 그래 무슨 얘기냐 했더니 음식점에 가보면 물건을 낭비하는 게 깍두기고 김치고 먹는 음식이 그냥 남아서 나가니 이거 다 버릴 게 아니냐 이 말이야.

그럼 그 무나 배추나 쌈이나 그게 하루아침에 되는 것이냐 이 말이야. 이건 엄청난 낭비다, 그런 얘기를 하더라고.

그래서 저는 "자네 말이 옳네, 그것도 아주 큰 문제지. 그런데 너희 나라도 큰 문제더구만" 했지. "너희들은 전 세계 공장에서 나오는 물건들을, 상품을 석 달에 한 번씩 유행을 바꾸더구만. 그러니까 그 물건 가지고는 십 년 써도 괜찮을 물건을 석 달마다 바꿔서 모양도 바꿔놓고 뭐 편리하다는 이름으로 자꾸 바꿔놓으니까 십 년 이상 이십 년 쓸 것을 갖다가 그냥 막 버린다더구만." 그럼 그거하고 깍두기 김치 버리는 거하고 어떤 게 더 대단하냐 이거야.[8]

'자기를 속이지 않는 삶'

장일순의 명성이 알려지면서 매스컴이 가만히 내버려 두지 않았다. 이것은 언론의 속성이기도 하다. 신문·잡지·주간지 등의 인터뷰 요청이 이어지고, 텔레비전 방송국도 이에 뒤지지 않았다. 특히 MBC 〈현장인터뷰─이 사람〉(1992년 6월 12일 방송)이라는 프로그램에서 동국대 철학과 황필호 교수를 대담자로 내세워 장일순의 말과 모습을 한 시간 동안 방영했다. 이 방송은 전국적으로 장일순의 생애와 사상, 올곧은 삶의 정신을 알리는 계기가 되었다.

그때 장일순은 1991년 6월 위암 진단을 받고 치료받던 중이었다. 〈현장인터뷰〉에는 원주 봉산동 토담집에서 황필호 교수와 대담하는 모습, 농부들과 들녘에서 직접 대화하는 장면 등이 고스란히 담겼다. 방송에서 황필호와 장일순은 이런 이야기를 주고받았다.

황필호: 그런데 선생님, 요즈음 병환 중이라고 그렇게 들었는데요.

장일순: 작년 6월에 위암으로 수술을 했었습니다.

황필호: 수술을 받으셨습니까?

장일순: 네, 지금도 일주일에 한 번씩 통원치료를 받고 있습니다.

황필호: 그런데 환자 같지 않으세요!

장일순: 아유 저, 글쎄올시다. 우리말에 앓으면 벼슬한다는 이야기가 있는데, 병을 앓으면, 이 암이 시대의 병 아닙니까?

황필호: 하하하, 그래서요.

장일순: 그러니까 자연도, 지구도 암을 앓고 있고, 자연 전체가 암을 앓고 있는데, 사람도 자연의 하나인데 사람이라고 왜 암에 안 걸리겠어요. 그러니까 큰 것을 나한테 가르쳐주느라고, 결국은 지금 뭐냐 하면 너 좀 앓아봐라 하고 그러시는 것 같아요.

황필호: 그래서 앓는 것을 벼슬한다 그렇게 이야길 합니까?

장일순: 네, 그렇게 생각합니다. 그래서 잘 모시고 가지요.

황필호: 특별히 선생님, 옛날에, 정치운동이라고 하면 선생님이 싫어하십니다만, 그래도 사회운동을 하셨는데, 그런 일을 하시다가 풀 한 포기를 가꾸는, 이렇게 변하셨다고 할까, 그렇게 되신 동기는 어디 있습니까?

자택에서 동국대 황필호 교수와 이야기를 나누는 장일순(1992).

장일순: 기본적으로 운동을 하다 보니까, 이 산업문명 자체가 계속
자연을 파괴해가고, 우리가 살아가는 땅마저도 망가뜨려가고,
또 그 속에서 생산되는 우리들의 농산물까지도 많은 사람들에
게 질병을 가져오고 이렇게 되니까, 이래 가지고는 아무 의미
가 없지 않느냐. 땅이 죽고 사람이 병들고 그러면 끝나는 게 아
닙니까? 자연이, 생태계가 전부 파괴되고, 그것은 정치 이전
의 문제요 근원적인 사람의 문제다, 이 말씀이야. 그러니까 오
늘날의 정치라든가 경제라든가 이런 것은 경륜이 없는 거라,
살아가는 길이 없는 거예요. 막힌 짓들을 하고 있어요. 그래서
살아가는 길을 틔워주는 방향에서 우리가 서로 이야기가 되어
야 하지 않겠느냐, 그렇게 저는 생각을 하고 있는 겁니다.

18. 올곧은 정신으로 깨어 있기를

황필호: 이거 실례되는 질문인지 모르겠습니다만, 선생님 연세도 많으시니까, 선생님의 생사관을 듣고 싶습니다.

장일순: 글쎄요, 단적으로 말씀드리기는 어렵겠네요. 그러나 사는 동안에는 건강하게 살아야 되겠구나. 또 최소한도 자기를 속이지 않는 삶을 살다 가면 지극히 행복하겠구나 하는 생각을 합니다. 그런데 맨날 그럼에도 불구하고 자기를 속이는 생활을 많이 하거든요. 그래서 매일 넘어지지요. 넘어지고 난 다음에는 "아이구 이러면 안 되는데" 하고 다시 툭툭 털고 일어서고, 그런 꼬라지예요.

황필호: 죽은 다음에 천당 가는 건 중요하지 않습니까?

장일순: 그런 거 생각 안 해요. 천당이고 지옥이고가 다 여기 있으니까, 잘못하면 잘못한 만큼 또 보상을 하고 가야 되지 않겠습니까? 그렇지 않다면 세상이 불공평해서 재미가 없지요. 예수님께서는 나는 죄진 자를 위해서 세상에 왔다고 하니까 지옥을 자청했고, 또 부처님께서도 다 극락에 가지 못한다면 나는 지옥에 남겠다고 말씀을 했는데.

황필호: 선생님, 마지막으로 시청자들을 위해서, 우리나라 국민을 위해서 하시고 싶은 말씀이 있으면 한마디 해주시면 좋겠네요.

장일순: 어차피 어떤 한 시대가 가고 변화하는 시대가 아니라, 문명 자체가 지금 종말을 고하는 세상이고, 지구가 죽느냐 사느냐 하는 그런 시대니까, 삶의 방향이 어디로 가야 되는가에 대해서 결정적으로, 결단적으로 다시 생각해야 하는 위기에 왔

막걸리 잔을 든 장일순(1970년경).

다고 하는 것을 한마디 드리고 싶어요. 이것은 기복신앙이라든가 미신신앙에 있어서 어떤 극락에 가야 하겠다든가, 언제 지구가 망한다든가 하는 그런 것이 아니라, 현실적으로 인간이 저지른 과오 때문에 자연이 파괴되고 인간과 인간끼리의 영성이 다 파괴됐는데 이것을 회복해야 하는 중요한 국면에 놓여 있다고 하는 것만은 명심해야 되겠다 하는 얘깁니다.[9]

'노자'를 좋아하고 닮고 싶어 하다

한국 사회의 고질적인 병폐들 중 하나를 꼽는다면 지도층 인사들의 언행불일치를 들 수 있다. 말은 '요(堯)'처럼 하면서 행동은 '도척(盜拓)'을 방불케 한다는 점이다. 요는 중국 고대 전설상의 성군을, 도척은 공자 시대 도적 무리의 수괴를 일컫는다. 정치계, 언론계, 종교계, 재벌, 문화계의 내로라하는 작자들의 언행 이중성은 실망을 넘어 분노를 자아낸다.

그래서 어떤 이는 대한민국 엘리트의 능력과 도덕성이 일치가 될 때 민주공화국이 제대로 자리 잡게 될 것이라고 말했다. 정치인들은 말 따로 행동 따로를 밥 먹듯이 하지만, 시민들은 감쪽같이 속거나 더러는 알면서도 공범의식에서 뽑아주고 덮어준다.

그리고 무의식적으로 출세자들의 모습(방법)을 따르려 든다. 그것이 빠르다고 판단하기 때문이다. 일제강점기와 군사독재 시기에 권력에 빌붙은 이들이 보여준, 변칙과 탈선의 행태이다.

광란의 시대에도 정도를 당당하게 걷는 사람들이 있었다. 장일순도 그중의 한 사람이다. 장일순은 '수심청정(守心淸淨)'이라는 글씨를 자주 썼다. '맑은 심성을 지니고 착하게 살라'는 뜻이다. 착하게 살려면 맑은 심성을 지녀야 한다. 도척의 마음을 갖고 요처럼 행동하기란 불가능하다.

장일순은 일체의 삿(邪)됨과 속(俗)됨이 없는 품격 있는 생각과 행동을 하고자 했다. 세속에 살면서 그렇게 살기도 쉽지 않은 것이 현실이다. 하지만 그는 궁하면서도 흐트러지지 않았고, 가득 차 있는 것 같지만 비어 있는 사람 같았다. 기교를 모르고 어리숙하지만 진정성이 있고, 신분을 뛰어넘어 사람들과 사귀었다. 그가 태어난 시기, 그러니까 일제 말기와 이승만부터 노태우로 이어지는 야만성이 짙은 한국 사회에서 지명도 있는 사람이 품격을 지키며 살기는 쉽지 않았다.

그런 시대에 장일순이 오염되지 않는 정신과 품격을 유지할 수 있었던, 마음과 행동거지의 준거는 어디서 기원하는 것일까. 큰 줄기의 밑둥은 해월의 사상과 노자의 사유가 아닐까 싶다. 장일순은 노자를 유독 좋아하고 그를 닮고자 했다.

돌이켜 보면 속물들이 주류가 되던 시절에 장일순은 인품이 속되지 않고 고아한 자세로 살았다. 행동이 형식적인 인습의 굴레에 얽매이지 않고 활달 무애했다. 일반적으로 유교를 중정지도(中正之道), 불교를 원명지도(圓明之道), 도교를 현허지도(玄虛之道), 풍류도를 현묘지도(玄妙之道)라 하는데, 장일순은 도교와 풍류도 쪽에 가깝다.

노자를 좋아해서, 그의 저술『도덕경』은 늘 장일순의 책상머리에 놓여 있었다. 사마천의『사기』에 따르면, 노자는 초나라 고현(苦縣) 여향(厲鄕) 곡인리 사람으로 성은 이(李) 씨이고, 이름은 이(耳), 자는 담(聃)이라 했다. 주(周) 왕실의 수장실(守藏室)의 사(史, '사'는 주나라 천자의 궁전 안에 있는 장서실의 책임자를 말함)를 지냈다고 한다.

우리나라에는 오래전부터 노자와 장자를 중심으로 하는 노장사상·노장철학이 들어왔다. 하지만 조선왕조 500년간 공자의 유교사상이 중심이 되면서 노장사상은 중심에서 벗어난 처지가 되었다. 그러나 사람들의 마음과 습성 속에는 노자의 사상이 살아 있다. 지금도 우리는 아름다운 자연 속에 삶을 즐기는 사람들의 흐뭇한 광경에서, 또는 각박한 세파 속에서도 자기 분수를 알고 여유 있는 태도를 취하는 의젓한 사람에게서 또는 온갖 불행의 도전에 조금도 굴하는 법 없이 초연한 모습으로 자기 소임을 다하는 사람에게서, 늘 노자의 도가적 낌새를 느낀다. 그만큼 노자는 동양인의 생활 속에 또는 동양의 문화 속에 깊숙이 자리 잡고 있다.[10]

속물의 시대에 구원을 찾던 장일순이 이런 노자를 놓칠 리 없었다. 노자의 사상은 그의 생활철학이 되고 마음의 안식처로 자리 잡았다. 각박한 세태, 속물의 시대에도 청아한 마음과 청초한 생활을 지킬 수 있었던 것은 노자의 영향이 컸다.

이현주 목사와 '노자 대담', 책으로 묶여

이런 장일순을 오래전부터 지켜봐온 사람이 있었다. 기독교 이현주 목사였다. 기독교 목사가 노자사상에 심취한 가톨릭 신자를 자주 찾는 것도 특이한 일이었다. 이현주 목사는 본격적으로 장일순에게서 노자를 묻고 파고들었다.

노자(老子)를 가운데 모시고 선생님과 마주 앉아 이야기를 나눔이 나에게는 분에 넘치는 영광이요 즐거움이었다. 그 즐거움을 이웃과 나누고 싶어서 이 책을 만든다. 주고받는 눈짓 하나 또는 한동안 이어지는 깊은 침묵 속에서 소리 없이 전달되던 미세한 감동마저 문장에 담을 수 없어 미안함이 크나, 어쩔 수 없는 일이다.[11]

이현주 목사가 원주 봉산동으로 장일순을 찾아 노자를 듣고자 했던 시기는 1993년 3월부터였다. 이때는 다행히 장일순이 원주기독병원에서 수술을 받은 뒤 병세가 다소 호전되던 때였다.

원주에 왔다 갔다 하면서 선생님을 모셨는데, 깊은 병에 걸리셔서 치료가 안 된다는 얘기를 듣고는 가슴이 철렁했습니다. '아, 선생님이 가실 때가 되었구나'라고 생각했습니다.

어느 날 병중의 선생님을 찾아뵈었을 때 아무 계획이 없이 즉흥적으로 이런 제안을 드렸습니다. "선생님, 맨날 노자, 노자 하셨는데 저하고 노자 한번 읽읍시다." 선생님이 좋다고 하셨습니다. 제가 또 제안했습니다. "노자를 미리 예습하지 않았으면 좋겠습니다. 미리 읽어서 알아가지고 오지 않고 그냥 만난 자리에서 본문 가지고 서로 얘기하기로 합시다." "그래. 그거 좋은 생각이다. 미리 공부하지 말고 즉석에서 떠오르는 생각을 얘기해보자 이 말이지?"라며 빙그레 웃으셨습니다. 또 한 가지 약속을 말씀드렸습니다. "아무도 없이 단둘이 합시다." 선생님은 그것도 좋다고 하셨습니다.[12]

병세가 호전되어 퇴원한 장일순은 이현주 목사와 마주앉아서 '도가도 비상도(道可道 非常道)'로 시작하는 노자의 첫 문장을 펼쳤다. 장일순이 읽어주는 책과 이현주 목사가 갖고 있는 책이 달랐다. 어떤 때는 원문이 다르기도 했다. "어, 그 책에는 그렇게 돼 있냐? 내 책엔 이렇게 쓰여 있다." 장일순이 책에 쓰인 구절을 짚어주면서 설명해주었다.

선생님과 나는 노자의 『도덕경』을 읽어가며 그 '본문'을 주석하려고 하지 않았다. 다만 당신의 '말씀'으로 가리키는 것이 무엇인지, 그의 손가락이 가리키는 바가 무엇인지, 그걸 알아보려고 했다. 그리고 바로 그 자리, 그의 '말씀'이 손짓하고 있는 자리에 석가와 예수, 두 분 스승이 동석해 있음을 알게 되었다. 그분들도 같은 곳을 가리키고 있었다.[13]

어느 날 이철수 판화가가 우리 자리에 함께했습니다. 셋이 두런두런 얘기를 하는데 선생님이 죽산 조봉암 선생 이야기를 꺼내셨습니다. 죽산 선생이 억울하게 감옥에 갇히고 사형당한 얘기를 하시는데 선생님 눈가에 눈물이 촉촉하게 맺혀 있었습니다. 선생님의 눈물은 금세 우리에게 전염이 되어 나와 철수의 눈에도 눈물이 맺히기 시작했습니다. 누가 시작했는지 모르지만 "흑" 하는 소리가 들렸습니다. 그 소리는 점점 증폭되기 시작하더니 울음으로 터졌습니다. 아마도 선생님은 죽산 선생의 억울한 죽음을 생각하시면서 우시는 것이었겠지만, 철수와 나는 우리 눈에서 왜 그렇게 눈

장일순과 이현주의 대담집 『무위당 장일순의 노자 이야기』와 이현주 목사.

물이 철철 쏟아져 내리는지 알 수가 없었습니다. 왜 우는지 알려
고 하지도 않았습니다. 조금 뒤 선생님이 소리 내어 울기 시작하셨
습니다. 참으로 서러운 울음이었습니다. 선생님 울음소리에 또 전
염이 된 우리도 소리 높여 울기 시작했습니다. 나중에는 셋이 엉엉
소리 내어 울었습니다. 그렇게 서럽게 울었던 일은 죽을 때까지 잊
지 못할 것입니다.

'말'은 중요한 게 아닙니다. 어떤 사람이 말을 근사하게 하느냐,
그런 것은 중요한 게 아니고, 누가 감동을 주고 누가 가슴을 건드
리느냐가 진짜입니다. 선생님이 저에게 주신 것은 "머리로 살지 말
고 가슴으로 살아라" 그러셨던 것 같습니다.[14]

이현주는 『장일순의 노자 이야기』를 책으로 엮고, 뒷날 개정판
머리말에서 "선생님께서는 내 짧은 인생에서, 초등학교에 처음 등

교하는 막내의 손을 잡아 교실 문 앞까지 데려다주는 부모 없는 집안의 맏형 같은 그런 분이셨다"라고 했다.

이현주는 책을 펴내면서 "가톨릭 신자이신 선생님과 개신교 신자인 나는 결과적으로 부대사(傅大士)의 문장에서 '유(儒)' 자를 빼고 그 자리에 '기독'을 넣은 셈이 됐지만, 짠맛이야 어느 바닷물이 다르랴? 공자께서도 크게 웃으시리라"라고 덧붙였다. 그가 인용한 부대사의 시구는 이러하다.

道冠儒履佛袈裟 도관유리불가사
도가의 관 쓰고 유가의 신발 신고 불가의 옷 걸치니

會成三家作一家 회성삼가작일가
세 집안이 모여 한 집안을 이루도다.

장일순의 사상을 중국의 재가 승려 부대사의 선시로 그린 것이다. 여기에 한 가지 덧붙인다면 동학사상, 해월의 생명사상을 추가해야 하지 않을까.

장일순은 '노자 이야기'를 다 마치지 못한 채 눈을 감았다. 임종을 앞둔 어느 날 병상에서 이현주는 이렇게 다짐한다. "선생님, 이대로 가셔도 제가 마치겠습니다. 선생님은 늘 제 속에 계시니까 제 속에 계신 선생님과 이야기를 계속해서 마치도록 하겠어요. 『무위당 장일순의 노자 이야기』를 완성해야 하지 않겠습니까?"

이렇게 하여 세 권(상·중·하)으로 엮었던 책이 뒷날 730쪽에 이르는 단권으로 간행되었다. 총 81장에 이르는 제목으로 풀이된 방대한 내용이다. 뒤의 일부는 엮은이의 작품이랄 수 있겠지만, 『논어』
나 『성경』이 모두 제자들이 정리한 것이라 하여 공자와 예수의 말씀
이 아니라고 하지 않듯이, "선생님은 늘 제 속에 계시니까"라고 했
던 이현주의 풀이는 곧 장일순의 말씀이라 할 수 있다.

19. 삶의 이삭 줍기

추수 끝난 논에서 주운 이삭 몇 알

그릇이 크고 도량이 깊고 활동 범위가 넓은 사람은 정사(正史)와 함께 야사(野史)나 비사(秘史)도 많다. 거물 정치인이나 유명 연예인 또는 고위 관료는 언론에 노출되기가 쉬워서 사사건건이 알려지지만, 재야인사는 묻힌 사연(야사와 비사)이 많을 수밖에 없다.

장일순의 경우도 많은 재야인사와 다르지 않았다. 원주라는 지역의 한계, 재야라는 샛길, 30대 이후 '민주화운동→한살림운동→생명운동'이라는, 길이 없는 땅 위에 길을 만들어갔음에도 불구하고, 그는 많은 사람을 만나고 여러 가지 일을 했다. 마실 다니고 품앗이하면서 사귄 사람들에서부터 각계의 거물에 이르기까지 많은 사람에게 감명을 주고, 각각의 사연과 삽화를 남겼다.

농부의 추수가 끝난 논에는 떨어진 이삭이 남아 있다. 버리기 아까운 이삭은 새들의 먹이가 되거나, 그냥 땅에 묻혀 썩는다. 여기서는 장일순이 남긴 많은 일화 중에서 세상에 잘 알려지지 않은 이삭 몇 알을 소개한다.

"무위당 선생은 지성스러운 분"

1970년대 초반에 민주화운동을 하면서 장일순을 알게 된 김정남(전 청와대 교육문화수석)은 당국의 감시망을 뚫고 여러 번 원주를 찾아와 장일순 집 대문을 두드렸다.

수배로 쫓기면서 내 몸 하나 의탁할 공간이 어디에도 없어 하염 없이 밤길을 걸을 때는 절망감이 밀려들곤 했어요. 이럴 때 원주는 가장 안전한 피신처였어요. 불의에 저항하는 동지들이 피할 곳을 찾아 원주로 가면 너른 품으로 받아주시고 은신처를 마련해주신 분이 무위당 선생님이셨어요.

1960년대부터 원주에 살았던 대학 친구 김지하로부터 장일순 선 생님에 대해서 자주 말씀을 들었습니다. 지하를 만나러 원주에 갔 을 때 무위당 선생님을 소개받고 여러 번 선생님 댁에서 자기도 했 어요. 선생님은 댁에서도 자신에게 엄격하셨고, 예의범절도 철저 하셨어요. 부인에게 꼭 존칭을 쓰셨고, 이웃에 살고 있는 장화순 교장선생님과 나누는 우애도 보통 형제 이상이었어요. 밤늦도록 선생님께 민주화운동에 대한 조언을 듣기도 했죠.

김지하가 구속되어 생사의 기로를 헤맬 때 재판 진행과정을 말씀 드리고 조언을 듣기 위해 선생님 댁을 자주 찾았어요. 그때마다 선 생님은 김지하가 변소(辯訴)해야 할 내용을 빽빽하게 손 글씨로 쓴 메모장을 보여주셨어요. '1항의 경우는 이렇게 소명을 하고, 2항에 대해서는 이렇게 대응하면 된다'는 내용의 글을 세세하게 설명해주신 뒤 지하에게 전해주라면서 메모장을 건네주셨어요. 선생님 설명을 듣는 동안 '참으로 지성스러운 분이구나' 하고 생각했어요. 감옥에 있는 김지하를 생각하시면서 애태워하시면서 노심초사하시는 모습을 보면서 선생님이 김지하를 얼마나 사랑하는지 짐작할 수 있었어요. 김지하가 최후 진술 때 했던 '시천주 양천주(侍天主 養天主)', '모심'이라는 말이 모두 선생님으로부터 가르침 받은 말씀이었다는 것을 나중에 알게 됐죠. 오랜 옥고 끝에 석방된 김지하에게 가장 어렵다는 표연란(飄然蘭)부터 치게 하여 마음을 다스리게 하셨어요.[1]

"다음에 작품이 필요하면 또 찾아오십시오"

1988년, 민주화운동 유가족협의회에서 만남의 집 건립기금을 마련을 위한 서화전을 준비할 때였다. 박종철 열사의 아버지 박정기는 유명한 서울대 교수에게서 작품 기증을 거절당한 뒤, 전태일 열사의 모친 이소선 여사와 함께 장일순을 찾아갔다. 장일순은 이들에게 두말없이 난을 쳐서 건네주었다.

　　1987년 1월 공안당국의 물고문으로 사망한 박종철 열사의 아버지 박정기 씨와 무위당 선생에 얽힌 일화는 참으로 감동적이다. 1988년에 민주화운동 유가족협의회에서 만남의 집 건립기금 마련을 위해 서화전을 준비하고 있을 때였다. 박정기 씨는 유명한 서울대 교

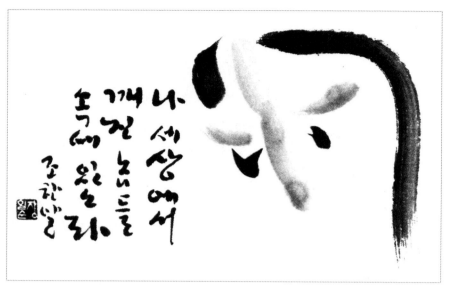

장일순이 박종철 열사의 부친 박정기에게 써준 작품, 〈나 세상에서 깨진 놈들 속에 있노라〉.

수를 찾아가 작품 후원을 부탁했다. "제 작품은 아무리 작아도 400
만 원이 넘습니다. 제가 박종철이 죽은 거하고 무슨 연관이 있나
요? 그 아이가 죽으면 죽었지, 왜 이렇게 와서 날 괴롭히는 겁니
까?" 교수에게 단번에 거절당한 박정기 씨는 전태일 열사의 모친
이소선 여사와 함께 무위당 선생 댁을 찾았다. 서화전 계획에 대한
얘기를 듣고 난 무위당은 두말없이 그 자리에서 벼루와 먹을 꺼내
난을 쳤다. 무위당 선생은 눈물을 흘리는 사람의 형상을 한 난을
포함해 다섯 점의 작품을 신문지에 말아 건네주며 말했다. "원하시
는 일 꼭 이루시기 바랍니다. 다음에 작품이 필요하면 또 찾아오십
시오.[2]

부채질로 아내를 재우다

장일순 내외가 쓰던 방은 남향으로 앉은 집의 문간방이었다. 하루 종일 해가 들어 여름에는 무척 더웠다. 게다가 아내 이인숙은 더위를 많이 탔다. 한여름에는 더워서 잠 못 드는 날이 많았다.

그런 날에는 장일순이 옆에 앉아 부채질로 아내의 더위를 쫓아주었다. 장일순은 그렇게 먼저 아내를 재운 뒤에 잠자리에 들었다. 어느 해, 아내의 생일날 장일순은 나무 칠기 바구니를 선물했는데, 그 안에 메모를 딱지 모양으로 접어서 넣어두었다. 메모의 내용은 다음과 같다.

> 여(汝)보세요.
> 평생을 피곤하게 사시는 당신에게 드리고 싶은 것이 마음에 있는데 표시가 잘 안 되네요. 오늘 보니까 피나무로 만든 목기가 있어 들고 왔어요. 마음에 드실지.
> 이 목기가 겉에 수없이 파인 비늘을 통해 목기가 되었듯이 당신 또한 수많은 고통을 넘기며 한 그릇을 이루어가는 것 같아요.[3]

올 수 없는 아이들

지금은 두레출판사의 발행인인 조추자는 대학생 때 두메산골 마을에 가서 교육봉사활동을 하는 이화여대 '횃불회'의 회원이었다. 대학을 졸업한 뒤 조추자는 한 친구와 함께 강원도 원주시 문막면의 한 마을로 들어갔다. 그곳에서 이들은 빈 초가를 얻어 불편한 시골 생활을 하며, 학교에 다니지 못하는 아이들을 모아 가르쳤다. 그 무렵에 조추자는 장일순을 만났다.

"돈 한 푼 안 받아도 올 수 없는 아이들이 있을 겁니다. 버려져 있는 아이들입니다. 그런 아이들을 찾아가야 합니다. 찾아가 그 애들과 함께 일하며 나누세요. 책이 없어도 서로 아는 것을 주고받을 수 있잖아요? 'A, B, C, D…'가 중요한 게 아니잖아요? 일 속에서 당신들이 원하는 것을 모두 가르칠 수 있어요."[4]

50여 년 전의 일이었다. 그러나 조추자는 장일순의 이 말을 아직도 잊지 못하고 있다.

아인슈타인과 서신 교환

장일순은 젊은 시절부터 남다른 대목이 더러 있었다. 20대 초반에 그는 상대성이론 연구로 세계적으로 명성이 높았던 미국의 아인슈타인과 서신을 주고받았다. 장일순은 당시 세계연방운동 한국지부 상임이사로서 세계연방정부운동을 펴는 생면부지의 아인슈타인에게 편지를 썼다.

아인슈타인은 답신을 두 번 보냈는데, 그 내용은 다음과 같다.

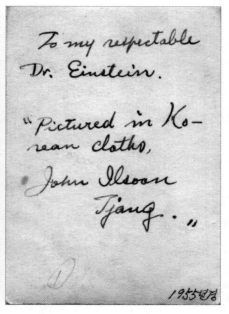

아인슈타인이 장일순에게 보낸 편지(무위당기념관 소장, 왼쪽)와,
당시 장일순이 아인슈타인에게 보내는 자신의 사진 뒷면에 적은 글(오른쪽).

〈아인슈타인의 첫 번째 편지〉

1월 8일 자 편지, 감사히 받았습니다. 세계 연방주의자들을 비롯하여 세계의 안전 문제를 초국가적인 차원에서 해결하려고 노력하는 사람들은 지금 전 세계를 풍미하는 국수주의자들의 거센 열기에 부딪혀 느린 걸음으로 앞으로 나아가며 힘든 상황을 견뎌가고 있습니다. 저는 미국 주재의 세계 연방주의자 본부에 편지를 써서 원하시는 정보를 당신에게 보내라고 촉구하겠습니다.

〈아인슈타인의 두 번째 편지〉

당신의 편지를 받고 저는 세계연방정부작가연맹에 연락을 취했습니다. 이 자료들이 너무 늦게 처리되어 죄송하다는 말씀을 드려야겠군요. 자료는 별도의 봉투에 넣어 보내겠습니다.

　솔직히 고백하자면, 저는 이렇게 중차대한 문제를 두고 사람들이 취하는 무관심한 태도가 못마땅합니다. 6·25 전쟁이나 일본의 원자폭탄 투하와 같은 위험한 상황이 아닌 그 나머지 문제들에 대해서 사람들은 관심이 없습니다. 그들은 그런 문제들은 중요하게 보지 않는 듯합니다.

　만약 당신의 나라에 여전히 거센 정치적인 열기가 남아 있다면, 저는 이 자료가 참혹한 상황을 겪고 있는 한국에 유용하게 쓰일 수 있다고 보며, 또 그렇게 쓰이기를 바랍니다.[5]

'나는 미처 몰랐네, 그대가 나였다는 것을'

장일순은 수많은 작품, 즉 글씨와 그림을 쓰고 그렸기에 이 지면에 다 소개할 수는 없다. 다음은 1990년대 초에 김원화(현 무위당사람들 이사)에게 그려준 난초 그림의 화제(畵題)이다.

　나는 미처 몰랐네

　그대가 나였다는 것을

　달이 나이고 해가 나이거늘

　분명

　그대는 나일세.

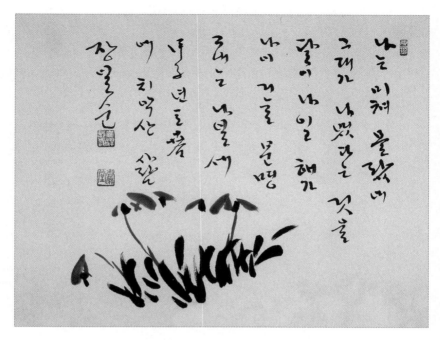

나는 미처 몰랐네, 그대가 나였다는 것을(1984년 작품).

'그대가 곧 나'라는 말은 내가 곧 달이고 해인 것처럼 그대도 마찬가지라는 의미로, 인류의 평등사상을 넘어 자연과의 일체를 말하고 있다. 이 화제는 그의 사후 강원도 미술인들이 '장일순의 유작전'을 마련할 때 전시회의 제목이 되었다. 그리고 우창수가 곡을 붙여 같은 이름의 노래로 만들어지기도 했다.

원주천 둑방길에서 주워 핀 담배꽁초

하루는 장일순이 원주천 둑방길을 걷다가 가난한 후배 화가를 만났다. 그림은 잘 그리지만 이름이 알려지지 않은 탓에 작품이 팔리지 않아 담배도 못 사 필 정도로 생활이 곤궁한 고향 후배였다.

장일순은 골초 후배에게 담배 사 피우라고 돈을 주고 싶었지만 가난한 자신도 가진 돈이 없었다. 주머니에 있는 담뱃갑을 꺼내서 통째로 손에 쥐어주고 걸음을 옮겼다. 후배 화가가 멀어져가는 장일순의 뒷모습을 한참 바라보고 있었다. 그런데 저만치 가던 장일순이 땅바닥을 한참 두리번거리며 뭔가를 찾는 것이 아닌가. 잠시 후 길가에 버려진 담배꽁초 하나를 집어 들더니 불을 붙이곤 한 모금 길게 내뿜으며 원주천을 바라보았다. 순간 화가는 눈물이 핑 돌았다.

스스로 매 맞은 사연

장일순이 1952년 성육학교 교사로 일할 때이다. 한국전쟁으로 혼란한 시기이고 먹고살기도 어려워서 아이들이 착실하게 공부할 처지가 아니었다. 가정형편이 어려운 아이들은 정규 중학 대신 고등공민학교에 다니는 경우가 많았다.

장일순이 보기에 아이들이 공부를 너무 하지 않았다. 장일순과 다른 교사들이 아무리 열정적으로 가르쳐도 소용이 없었다. 어느 날, 장일순이 지게 작대기를 하나 들고 수업시간에 들어왔다. 그러고는 "너희들이 공부를 하지 않는 것은 선생인 내가 너희들을 잘못 가르쳤기 때문이다. 제대로 못 가르친 내가 매를 맞아야 한다"고 하면서 학생들에게 자신을 때리도록 명령하고는 교탁에 서서 바지를 걷어 올렸다.

한복을 입고 학생들과 함께.

　　학생들이 머뭇거리자 학생대표를 불러 자기를 때리도록 지시했
다. 학생대표가 때리는 시늉만 내자 세게 때리도록 하고, 결국 학생
들이 돌아가면서 선생님을 때렸다. 마지막 학생이 때릴 때까지 장
일순은 자세를 흩트리지 않았다. 그러나 학생들의 매를 다 맞고 난
뒤 교실을 나가려다가 걷지를 못하고 주저앉아 엎드려 기어나갔다
고 한다.

　　그때 성육학교 학생으로 이 일을 겪었던 이기춘 목사는 장일순의
모습이 큰 충격이었다고 한다. "저에게는 그날 밤 집에서 한참 깨달
음이 온 거예요. 세상에 이런 선생님이 다 있나? 제자들에게 맞으
면서 공부를 가르치는 선생님, 이런 선생님을 만났을 때 공부해야

겠다고 결심을 했습니다. 그리고 열심히 했죠. 제 인생에서 가장 큰 전환점을 맞은 것입니다. 저에게는 어린 나이에 정말 훌륭하신 선생님을 만난 것입니다."[6]

원주에서 길을 물어야

2018년에 경희대 전호근 교수는 '원주의 민주화운동과 무위당의 평화사상'을 주제로 한 무위당학교 강연에서, 한국 사회에서 민주주의 성장 과정을 이해하려면 원주에서 시작해야 한다고 말했다. 그리고 원주 하면 장일순의 얼굴이 떠오른다고 했는데, 그 이유를 이렇게 설명했다.

"현대 한국 사회에서 민주주의가 어떤 고난을 거쳐 성장해왔는지 알려면, 그리고 앞으로 그 가치를 지킬 수 있을지 알아보려면 원주에 가서 길을 물어야 한다고 학생들에게 말을 합니다. 그만큼 원주는 현대 한국 사회의 시대정신과 밀접한 관계를 가지고 있는 역사적 공간입니다. 원주는 1970년대 서슬 퍼런 유신독재 체제 아래서 '원주선언'을 시작으로 민주화의 불길을 지폈고, 이후 계속해서 인권운동, 농민운동, 협동조합운동, 생명운동 등이 일어난 공동체 정신을 구현하는 요람이라고 할 수 있습니다.

이런 일련의 운동을 조사해보면 늘 장일순이라는 이름이 나옵니다. 원주는 작은 도시이지만, 무위당 선생님의 정신을 물려받은 도시, 원주에서의 뜻깊은 활동과 원주에서 이룬 성취들이 한국 사회

의 정신을 형성하는 데 기여한 바가 큰 도시라고 생각합니다. 그래서 원주와 무위당을 떼어서 설명할 수 없는 것입니다."[7]

20. 운명 그리고 삶의 궤적

자택에서 조용히 눈을 감다

장일순은 1990년부터 차츰 건강에 이상징후가 나타났다. 그러나 벌여놓은 일이 많았고, 찾는 사람도 줄지 않아서 일상을 멈출 순 없었다. 결국 이듬해인 1991년 6월 14일에 위암 진단을 받았다. 생과 사에 크게 괘념하지 않는 성격이어서 원주기독병원에서 수술을 받고 투병생활을 하면서도 계속 강연을 하고, 업무를 보고, 사람들을 만났다.

누군가 장일순의 암은 위암이 아니라 '사리암'이라는 말을 했다. 사람들이 찾아와 자신의 문제를 놓고 얘기를 하거나 놓고 가면 그것을 가슴속에서 녹이고 푸는 과정에서 암이 생긴 것이라는 이야기다.

1993년 3월부터 병세가 조금 나아지는 듯하자 이현주 목사와 '노자 풀이'를 시작하고 강연도 다녔다. 그러나 9월부터 병세가 다시 악화되면서 원주기독병원에 재입원했으나 차도가 없어, 10월 13일 서울 세브란스병원으로 옮겨 치료를 받았다. 11월 13일에는 민청학련운동계승사업회로부터 투옥 인사들의 인권보호와 석방을 위해 노력한 공로로 감사패를 받았다.

병세가 다시 호전되면서 1994년 2월 14일에는 세브란스병원을 떠나 원주기독병원으로 옮겨 치료를 받았다.

투병생활을 하면서도 장일순은 한 해 전에 선종한 지학순주교기념사업회 구성을 지도하는 등 열정을 다해 평생의 동지이던 지학순 주교의 추모사업을 독려했다. 추모사업회가 어느 정도 마무리될 즈음 다시 병세가 악화되었다. 병원에 장기 입원하게 되었을 때는 제자들이 당번을 정해 돌아가면서 병구완을 했다. 고통스러운 투병생활이었지만, 삶과 죽음 모두 자연의 일부로 흘러가는 것이라고 믿었던 장일순은 죽음에 대해 놀랄 만큼 초연했다. 그는 죽음을 나무에 비유하면서, "나무가 고목이 돼 썩으면 밑동에서 새싹이 나와야 한다. 그래야 그 나무가 다시 큰다. 고목은 고목대로 한 시대를 마무리하고 가야 한다. 거기에 자꾸 매달려서는 안 된다"라고 말했다.

문병 온 사람이 투병이라는 말을 입에 올리자 장일순은 이렇게 말했다.

투병이라니? 뭐하고 싸운단 말인가? 암세포는 내 몸 안의 세포 아닌가? 잘 모시고 의논하면서 가야지. 병하고 싸우고 가면 말이지, 나에게 계속 고달픔을 줘. 암세포도 견뎌내는 내성이 생긴단 말이야. 그러니까 편안하게 해줘야 낫는다는 거야. 모시고 간다는 건 병을 편안하게 해줌으로써 풀어주는 거지. 병하고 싸우면 말이지 병은 점점 기승을 부리거든. 그러니까 잘 모시고 가야지.[1]

장일순은 자신이 살날이 얼마 남지 않았음을 예감하면서도 우리

무위당 장일순의 초상화(방재기 단국대 명예교수 그림).

민족의 미래는 희망이 있다고 강조했다.

　어차피 어떤 한 시대가 가고 변화하는 시대가 아니라, 문명 자체가 지금 종말을 고하는 세상이고, 지구가 죽느냐 사느냐 하는 그런 시대니까, 삶의 방향이 어디로 가야 되는가에 대해서 결정적으로, 결단적으로 다시 생각해야 할 시기에 와 있다는 것을 말씀드리고 싶어요. 우리 국민이 그만큼 고생했으면 희망이 내재하지 않겠어요? 우리 각자의 마음 가운데 있는 생명의 아버지, 거기서 길이 트일 것이 분명하다고 생각합니다. 반드시 희망이 오겠지요.[2]

1994년 5월 22일, 장일순은 부인과 세 아들이 지켜보는 가운데 봉산동 자택에서 조용히 눈을 감았다. 67살이었다. 자신에게는 엄격했지만 힘들고 어려운 사람들에게 자신을 쪼개어 남김없이 나누어주고, 자신을 낮추어 누군가를 떠받든 삶이었다. 한마디로 춘풍추상(春風秋霜) 같은 삶이었다.

도종환 시인은 장일순을 애도하는 추모시에서 그를 '물 같고, 흙 같은 분'이라고 했다.

> 그는 물 같은 분이셨다
>
> (중략)
>
> 그는 가장 낮은 곳으로 가라고 하셨다
>
> 낮은 곳을 택해 나아간 것들이
>
> 물줄기를 이루고 강이 되어 멀리까지 가듯
>
> 낮아지고 낮아져야 한다고 하셨다
>
> 낮은 곳에 누워
>
> 강물이 가르쳐주는 소리를 듣고자 하셨다
>
> 그리해야 바다에 이를 수 있다고 믿으셨다
>
> 그는 흙 같은 분이셨다
>
> 풀도 꽃도 나무도 다 모여 살게 하는
>
> 그는 대지의 생을 사신 분이셨다
>
> 생이불유(生而不有)하여 풀 한 포기도
>
> 내 것이라 집착하지 않으셨다
>
> 씨앗이 그곳에 자리 잡고 싶어 하고

나무들이 거기 와 뿌리를 내리고 싶어 했다

지나가던 풀들이 던지는 말에 귀 기울이셨고

그들을 섬기고 모시고 살리고자 하셨다

그래서 생명이 그 대지에 푸르게 출렁였다

그는

순한 물 같고

편안한 흙 같은 분이셨다.³

    장례절차는 자택과 자택 앞에 살고 있는 동생 장화순의 집 텃밭에서 진행되었다. 유족들은 고인의 뜻에 따라 간소하게 3일장으로 장례를 치렀는데, 전국에서 장일순을 존경하는 3,000여 명의 조문객이 찾아와 그의 죽음을 슬퍼했다. 5월 24일에 장일순이 다녔던 원주시 봉산동 천주교에서 장례미사가 거행되었다. 생전에 장일순과 인연을 맺은 민주인사 다수와 한살림운동 관계자들을 비롯하여 많은 시민이 참석하여 고인을 추모했다. 흔한 훈장 하나 없는 장례식이었으나 여느 명사의 장례식 못지않은, 그러나 경건한 장례식이었다.

    아침의 화려한 일출보다 황혼의 일몰이 더 아름다울 수 있고 더욱 장엄하다는 것을 장일순의 죽음과 장례식이 보여주었다. 여러 사람의 추도문 중에 장일순과 각별한 사이였던 리영희가 쓴 〈민주와 통일의 꽃 끝내 못 보시고〉를 소개한다.

    삼가 일속자 장일순 선생님의 영전에 바치나이다.

    선생님은 이 나라의 민주화를 위해서 선생님의 가르침을 따라 군

원주시 소초면 수암리, 치악산을 바라보는 동산에 있는 장일순 묘소.

부독재와 싸워온 모든 동지·후학·후배들의 뜨거운 기도의 효험
도 없이 유명을 달리하셨습니다. 야만적인 군부통치를 물리치고
이제 막 민주주의의 막이 열리는 순간에 선생님은 그토록 갈구하
신 민주주의가 꽃피는 것을 기다리지 못하고 가셨습니다. 슬픕니
다. 원통합니다.

돌이켜 보면 선생님은 대한민국의 국가와 사회가 기꺼이 받아들
이기에는 너무나 고결하셨습니다. 병든 이 시대가 반기기에는 선
생님께서는 너무나 올곧은 삶을 일관하셨습니다.

악하고 추악한 것들은 목에 낀 가시처럼 선생님을 마다하고 박해
했습니다. 그럴수록 선생님이 계신 강원도 원주시 봉산동 929번지
는 인권과 양심과 자유와 민주주의의 대의에 몸 바치려고 수많은 사
람들이 찾아오는 하나의 작은 성지였습니다. 진정 그러했습니다.

세상이 온통 적막하여 숨소리를 내기조차 두려웠던 30여 년 동안, 선생님은 원주의 그곳을 찾는 이들에게 그들이 원하는 모든 것을 주셨습니다. 싸우는 전선에서 비틀거리는 자에게는 용기를 주시고, 싸움의 방법을 모색하는 이에게는 지혜를 주셨습니다. 회의를 고백하는 이에게는 신앙과 신념을 주셨고, 방향을 잃는 이에게는 사상과 철학을 주셨습니다. 선생님은 언제나 공과 영예를 후배들에게 돌리시는 민중적 선각자이시고 지도자이셨습니다. 원주의 그 잡초가 무성한 집은 군부독재 아래에서 치열하게 싸우다가 지친 동지들이 찾아가는 오아시스였고, 선생님은 언제나 상처받은 가슴을 쓰다듬는 위로의 손을 주셨습니다.

선생님은 한 시대를 변혁한 큰 업적과 공로에도 불구하고, 평생을 '한 알의 작은 좁쌀(一粟子)'로 자처하며 사셨습니다. 원주시 봉산동의 그 누옥에서 오로지 먹과 벼루와 붓과 화선지를 벗 삼아 한낱 이름 없는 선비로 생을 마치셨습니다. 참으로 고결한 삶이었습니다.

덧붙이는 말: 고결한 삶,
　　　　　　참되게 살아온 생애

『노자』의 풀이 "死而不亡者壽(사이불망자수)(죽어도 잊혀지지 않는 사람이 오래 사는 것이다)" 그대로였다.

오래 산다는 말은 육신을 두고 한 말이 아니지. 병원의 자리에 있는 사람한테는 육체의 삶이라는 게 하나의 꿈과 같은 것이거든, 생사가 모두 한바탕 꿈인지라. 그러니까 여기서 말하는 '오래 산다는 것'은 영원한 삶을 말하는 거지.

장일순은 병상에서도 문병을 온 사람들에게 그림이나 글씨를 써주었다. 그중의 몇 편을 골라본다.

守本眞心知天地與我同根(수본진심지천지여아동근)
본래의 참된 마음을 지키면 천지가 나와 더불어 한 뿌리임을 깨닫는다.

난재유곡 천위부지위모(蘭在幽谷 天爲父地爲母, 난초가 깊은 골짜기에 있어 하늘을 아버지로 삼고 땅을 어머니로 삼는다).

君子雖風雨之不移香(군자수풍우지불이향)

군자는 비록 비바람 속에 있더라도 결코 향기를 바꾸지 않는다.

蘭在幽谷不以無人不芳(난재유곡불이무인불방)

난초는 깊은 골짜기에 있어도 사람 없다고 향기를 내지 않는 것은 아니다.

水流元在海(수류원재해)

月落不離天(월락불리천)

물은 흘러가도 본디 바다에 있고

수류원재해 월락불리천(水流元在海 月落不離天).

달은 져도 하늘을 벗어나지 않는다.

　장일순의 심경을 보여주는, 모두 생과 사를 초탈한 경지의 글귀들
이다. 자신의 내면적 자화상이며 정신적 상흔의 기록으로도 보인다.
　장일순은 67세의 삶을 '　'하게 살다 갔다. 따옴표 안에 무슨 글
자를 넣을까, 한참을 망설인 끝에 조촐하고 깨끗함, 고상하고 순결
함이라는 뜻의 '고결(高潔)'이라는 말이 떠올랐다. 그는 평생 자신의
정체성을 유지하고 도덕적인 순수성을 지키며 고결하게 살았다.
세속적 출세의 기회가 여러 차례 있었음에도 불구하고, 항상 주류
와는 격과 결이 다르게, 오히려 수렁으로 빠지는 쪽을 택했다. 그러

면서 고결하게 살았다.

그는 세상의 척도에 자신을 맞추기보다 정의의 가치와 자연의 이치에 자신을 맞춰가며 살았다. 한 번도 사적인 이익을 위해 손을 대거나 자리를 탐하여 조직에 참여한 적이 없었다. 그리고 신(神) 위에 올라선 물신주의와 위선으로 포장된 권위가 지배하던 시대와 치열하게 맞섰다. 그런 과정에서 자계(自戒)와 자성(自省)을 게을리하지 않았다. 자신의 정신과 육신에 스며드는 허위와 세속의 때를 씻어내고자 부단히 노력했다. 그래서 정신의 명징함과 생활의 청빈함을 갖게 되었고, 체관이 아니라 달관에 이르렀다.

청년 시절 교육사업을 시작하면서 '참되자'를 학교의 교훈으로 내건 이래 언제 어디서 무슨 일을 할 때에도 '참'의 가치를 버리지 않았다. 참되게 살고자 노력하고, 그렇게 살라고 가르치고, 그 가치의 중요성을 일깨우고, 참의 가치관을 정립했다. 참으로 참되게 살기 어려운 세상에서 그는 참되게 산 '참사람'이었다.

그래서 어느 철학자보다 웅숭깊고 절절할 수 있었다. 대화나 연설은 때론 객쩍고 넋두리가 담겼지만, 가식이 없고 수식이 없는 담백한 내용이어서 사람들을 애잔하게, 때로는 가슴 뭉클하게 이끌었다. 영혼이 순수한 사람에게서만 가능한 감동이었다.

장일순이 그렇다고 초월적인 성자이거나 도사 또는 고매한 성직자는 아니었다. 평범한 이웃이고 생활인이었다. 남과 다르기 위하여 남다른 행동을 한 것이 아니라 인간의 본성을 찾고 본성대로 살고자 노력했다. 다르다면 당대와 후대를 위해 극한점으로 치닫는 물질문명 대신에 생태문명을 만들자는 생각을 갖고 또 몸소 실천으

장일순은 임종을 앞두고 평상심으로 죽음을 맞았다.

로 보여주었다는 점이다.

　장일순의 또 다른 특색이라면 틀에 박힌 것을 무시하고 남들이 가지 않은 길을, 그것도 도덕적인 품위와 순수성을 지키면서 걸었다는 점일 것이다. "제일 잘 놀다 간 자유인"이라는 어느 평자의 말처럼, 그는 자유인이었고, 그 자유는 도덕률의 울타리를 벗어나지 않았다.

　그의 길에는 동반자도 적지 않았고, 그가 뿌린 씨앗도 많았다. 그래서 동시대 세속의 '성공자'들이 앉았던 자리와 비교되고, "그이처럼 살아도 성공할 수 있다"는 가치관의 새 지평을 열어 보였다. 이부분이 그가 남긴 가장 값진 유산이 아닐까. 고결한 삶만이 남길 수 있는 유산.

조선 후기의 학자 홍길주의 글에 이런 내용이 있다. "문장보다 귀한 것은 몸을 지키는 위엄을 갖추는 데 있다. 지위가 낮아 미천하고 문장도 별반 놀랄 만한 것이 없는데도, 가는 곳마다 존경받는 사람이 있다. 반면에 지위가 위세당당하고 문장도 화려함을 갖추었는데도, 가는 곳마다 능멸과 업신여김을 받는 사람이 있다. 어째서 그러겠는가."

장일순은 높은 관직을 맡은 적도 없고 책 한 권 쓰지 않았는데도 가는 곳마다 존경을 받고, 사후 25년이 지난 지금도 그리워하고 따르는 사람이 줄을 선다. 왜일까? 지식인으로서 정직함과 엄격성, 불의에 맞서는 장렬함과 자신에 대한 청렴함을 갖춘 데다가, 시대를 앞서가는 정신과 방향을 제시하고 실천하는 모습이, 시공을 넘어 사람들의 마음에 와닿기 때문일 것이다.

장일순은 일속자(一粟子)의 낙관으로 쓴 글씨에서 자신의 삶을 압축하듯 말한다.

萬古長空 一朝情華 (만고장공 일조정화)
영원한 시간과 공간에서 어느 아침 피어난 꽃

무위당 장일순 생애 연보(年譜)

1928년   10월 16일, 강원도 원주시 평원동에서 부친 장복흥(張福興)과 모친 김복희(金福姬) 사이에서 6남매 중 차남으로 태어남. 호(號)는 호암(湖岩)이었으나, 1960년대에는 청강(靑江)으로, 박정희 사망 이후 1980년대부터 무위당(无爲堂)과 일속자(一粟子)를 번갈아가며 씀. 어린 시절부터 할아버지 여운(旅雲) 장경호(張慶浩) 밑에서 한학을 익히는 한편 생명 공경의 자세를 배움. 묵객으로 할아버지와 절친하던 우국지사 차강(此江) 박기정(朴基正)에게서 서화를 익힘.

1940년   원주초등학교 졸업. 천주교 원동교회에서 세례명 요한으로 영세를 받음. 서울로 유학 떠남.

1944년   배재고등학교를 졸업하고 경성공업전문학교(서울대학교 공과대학 전신)에 입학함.

1945년   미군 대령의 총장 취임을 핵심으로 하는 국립 서울대학교 설립안(이른바 국대안) 반대 투쟁의 주요 참여자로 지목되어 제적됨.

1946년	서울대학교 미학과(1회)에 입학함.
1950년	6·25 전쟁으로 학업을 중단하고 원주로 돌아옴. 이후부터 줄곧 원주에서 생활함.
1954년	도산 안창호 선생이 평양에 설립한 대성학원의 맥을 계승한다는 뜻에서 대성학원을 설립. 이후 5년간 이 학교의 이사장으로 봉직함.
1955년	봉산동에 손수 토담집을 지어서 살기 시작함.
1957년	이인숙(李仁淑)과 결혼. 슬하에 3남을 둠.
1958년	무소속 국회의원에 입후보했으나 낙선함.
1960년	사회대중당 후보로 다시 국회의원에 출마했으나 극심한 정치적 탄압으로 낙선함.
1961년	5·16 군사쿠데타가 일어난 직후 평소 주창하던 중립화 평화통일론이 빌미가 되어 서대문형무소와 춘천형무소에서 3년간 옥고를 치름.
1963년	출소 뒤 다시 대성학원 이사장에 취임했으나, 한일굴욕외교 반대운동에 연루되어 이사장직을 박탈당함. 정치활동정화법과 사회안전법 등에 묶여 모든 활동에 철저한 감시를 받기 시작함.
1964년	이 해부터 몇 해 동안 포도 농사에 전념함.
1968년	피폐해진 농촌과 광산촌을 살리고자 강원도 일대에서 신용협동조합운동을 전개하기 시작함.

1971년	지학순 주교 등과 함께 박정희 정권의 부정부패를 폭로하고 사회정의를 촉구하는 가두시위를 주도함. 이 시위는 1970년대의 반독재 민주화 투쟁을 촉발하는 데 큰 역할을 함. 이후부터는 민주화운동을 막후에서 전개함.
1973년	전해 여름에 닥친 큰 홍수로 수해를 입은 지역을 복구하기 위해 지학순 주교와 함께 재해대책사업위원회를 발족함.
1974년	민청학련 사건에 연루된 구속자들의 석방을 위해 당시 로마에서 주교회의를 마치고 일본을 거쳐 귀국을 준비하던 지학순 주교와 함께 국제사회에 관심과 연대를 호소함.
1977년	종래의 방향만으로는 안 되겠다고 깨닫고 지금까지 해오던 노동운동과 농민운동을 공생의 논리에 입각한 생명운동으로 전환할 것을 결심함.
1983년	민주세력을 결집시켜 통일 운동을 전개하기 위해 '민주통일 국민연합'을 발족하는 데 일조함.
1985년	6월 24일, 도농직거래조직인 '한살림'의 전신인 원주소비자협동조합 설립을 주도하고, 이후부터 본격적으로 생명운동을 전개함.
1988년	한살림운동의 기금조성을 위해 '그림마당 민'에서 서화전 개최. 다섯 번에 걸쳐 전시회를 가짐.
1990년	해월(海月) 최시형(崔時亨) 선생의 뜻을 기리고자 원주시 호저면 송곡(松谷)에 비문을 쓰고 기념비를 세움.

1991년	지방자치제 선거를 앞두고 '참여와 자치를 위한 시민연대회의'를 발족하는데, 고문으로 참여함. 6월 14일, 위암으로 원주기독병원에서 수술함.
1992년	생명사상을 주제로 강연함.
1993년	노자의 『도덕경』을 생명사상의 관점에서 풀이한 『무위당 장일순의 노자 이야기』(다산글방)를 이현주 목사의 도움으로 펴냄. 9월에 병세가 악화해 재입원함. 11월 13일, 민청학련운동 계승사업회로부터 투옥 인사들의 인권 보호와 석방을 위해 애쓴 공로로 감사패를 받음. 평생의 동지였던 지학순 주교의 정신을 잇기 위해 '지학순 주교 기념사업회'의 결성을 병상에서 독려함.
1994년	5월 22일, 봉산동 자택에서 67살을 일기로 영면함.
1997년	장일순의 이야기를 모은 『나락 한 알 속의 우주』(녹색평론사)가 출간됨.
1998년	상지대학교 전시관에서 장일순 유작전이 열흘간 열림.
2001년	7주기를 맞이하여 원주시립박물관 주최 무위당 선생 기획전시회를 두 달 동안 개최함.
2004년	10주기를 맞이하여 토지문화관과 원주 가톨릭센터, 원주시립박물관 일원에서 추모행사가 열림. 최성현이 쓴 『좁쌀 한 알』(도솔출판사), 최종덕이 편집한 『너를 보고 나는 부끄러웠네』(녹색평론사)가 출간됨.

2007년   9월 6일, 장일순의 사상적 유산인 원주밝음신협 건물 4층
        에 '무위당 기념관' 개관됨.
2010년   3월 4일, 장일순의 삶과 정신을 계승하기 위해 사단법인
        무위당사람들 창립됨.

주(註)

1장

1. 《한겨레신문》, 1994년 5월 24일 자.
2. 헨리 D. 소로우, 윤규상 옮김, 『소로우의 일기』, 도솔, 2003.
3. 위의 책.

2장

1. 김찬수, 〈무위당 선생 동생 장화순 선생 인터뷰〉, 2017년 9월 6일, 무위당사람들 제공.
2. 최성현, 『좁쌀 한 알, 장일순』, 도솔, 2004, 92~93쪽.
3. 위의 책, 102쪽.
4. 위의 책, 84~85쪽.
5. 위의 책, 86쪽.
6. 김홍렬, 「일순 형님의 어릴 적 별명은 '애어른'이었어요」, 《무위당사람들》, 65호, 73쪽.
7. 김찬수, 〈무위당 선생 동생 장화순 선생 인터뷰〉.
8. 김영주, 「내 삶 속의 무위당」, 《무위당사람들》, 59호, 89쪽.

3장

1. 김영주, 「내 삶 속의 무위당」, 90~91쪽.
2. 이창언, 「좁쌀 한 알 장일순 선생의 삶과 사상」, 《진보정치》 64호, 메이데이, 2015, 222쪽.

3. 위의 글, 223쪽.

4. 김찬수, 〈무위당 선생 동생 장화순 선생 인터뷰〉.

5. 김영주, 「내 삶 속의 무위당」, 92쪽.

6. 김홍렬, 앞의 글, 74~75쪽.

4장

1. 황도근, 〈이인숙 사모님 인터뷰〉, 2017년 4월 12일, 무위당사람들 제공.

2. 위의 인터뷰.

3. 시인사 편집부, 『한국의 주요 정당·사회단체 강령·정책』, 시인사, 1978, 381~382쪽.

4. 위의 책, 384쪽.

5. 노중선, 『민족과 통일(1): 자료편』, 사계절, 1985, 398쪽.

6. 위의 책, 339~340쪽.

7. 위의 책, 400쪽.

8. 김영주, 「나의 회고록」, 《무위당사람들》, 60호, 86쪽.

5장

1. 황도근, 〈이인숙 사모님 인터뷰〉, 2017년 3월 24일, 무위당사람들 제공.

2. 민주화운동기념사업회 연구소, 『한국민주화운동사 1』, 돌베개, 2008, 356~357쪽.

3. 서중석, 『한국현대사 60년』, 역사비평사, 2007, 95쪽.

4. 유원식, 『5·16 비록, 혁명은 어디로 갔나』, 인물연구소, 1987, 296~297쪽.

5. 한국혁명재판사편찬위원회, 「강원도2대학법반대공동위원회사건」, 『한국혁명재판사 제3집』, 1963, 821~823쪽.

6. 고정훈, 『사형수를 지켜보면서』, 대한출판사, 1972, 148쪽.

7. 위의 책, 162쪽.

6장

1. 원충현, 『옥중 회고록―이 줄을 잡아라』, 선우사, 1981, 103~104쪽.

2. 황도근, 「이인숙 사모님 인터뷰」, 2017년 3월 24일.

3. 위의 인터뷰.

4. 김영주, 「나의 회고록」, 88쪽.

5. 황도근, 「무위당 선생 동생 장화순 인터뷰」, 2017년 9월 6일, 무위당 사람들 제공.

6. 최성현, 앞의 책, 77쪽.

7. 장일순, 『나락 한 알 속의 우주』, 녹색평론, 1997, 22쪽.

8. 김찬수, 〈김상범 선생님 인터뷰〉, 2019년 1월 22일, 무위당사람들 제공.

7장

1. 이용포, 『무위당 장일순: 생명사상의 큰 스승』, 작은씨앗, 2011, 93~94쪽.

2. 추진수, 〈최정옥 선생 인터뷰〉, 2018년 10월 12일, 무위당사람들 제공.

3. 위의 인터뷰.

4. 이창언, 앞의 글, 23쪽.

5. 비노바 바베, 김문호 옮김, 『비노바 바베, 간디를 만나다』, 오늘의

책, 2003, 9쪽.

6. 위의 책, 17쪽.

7. 이현주, 『무위당 장일순의 노자 이야기』, 삼인, 2004(초판 4쇄), 51쪽.

8장

1. 김영주 구술, 〈원주지역 협동운동과 민주화운동(1960~80년대)〉, 국사
   편찬위원회, 2011.

2. 이영화, 「무위당 장일순의 사상과 활동」, 강원대학교 교육대학원,
   2006, 61쪽.

3. 장일순·최준석, 「민주의 길에서 생명의 길로」, 《무위당을 기리는 사
   람들》, 5호, 6쪽.

4. 김정하, 「내가 만난 장일순 선생님」, 《무위당을 기리는 사람들》, 12
   호, 11~12쪽.

5. 이영화, 앞의 글, 63쪽.

6. 이경국, 「무위당의 사상과 협동운동」, 무위당을 기리는 사람들 엮음,
   『너를 보고 나는 부끄러웠네』, 녹색평론사, 2004, 50~51쪽.

7. 지학순정의평화기금, 『그이는 나무를 심었다: 지학순 주교의 삶과
   사랑』, 공동선, 2000, 80쪽.

8. 박재일·윤형근, 「언제나 생명 가진 모든 존재와 함께」, 무위당을 기
   리는 사람들 엮음, 『너를 보고 나는 부끄러웠네』, 녹색평론사, 2004,
   164~165쪽.

9. 김지하, 『흰 그늘의 길 2』, 학고재, 2008, 121쪽.

10. 박재일·윤형근, 「언제나 생명 가진 모든 존재와 함께」, 《무위당을 기

리는 사람들》, 3호, 11쪽.

11. 정인재, 「원주 진광협동교육연구소의 활동」, 《무위당사람들》, 66호, 36쪽.

12. 한기호, 「모든 것 다 주고 모든 것 다 얻은 분」, 《무위당사람들》, 33호, 38~39쪽.

13. 이경국 구술, 〈원주지역 협동운동과 민주화운동(1960~80년대)〉, 국사편찬위원회, 2011.

14. 위의 구술.

15. 위의 구술.

9장

1. 이창언, 앞의 글, 26쪽.

2. 김삼웅, 『한국 민주사상의 탐구』, 일월서각, 1985, 119쪽.

3. 최성현, 앞의 책, 149쪽.

4. 이현주, 앞의 책, 8쪽.

5. 이계열, 「무위당 선생님과의 인연」, 《무위당을 기리는 사람들》, 18호, 11~12쪽.

6. 추진수, 〈이창선 선생 인터뷰〉, 2018년 11월 16일, 무위당사람들 제공.

7. 김정남, 『이 사람을 보라 1』, 두레, 2016, 60쪽.

8. 함세웅, 〈70년대 원주의 민주화운동〉, 무위당학교 강연, 2016년 4월 26일.

9. 한인섭, 『이 땅에 정의를: 함세웅 신부의 시대증언』, 창비, 2018, 77쪽.

10. 최장문, 「원주의 두 지성인 지학순 주교와 장일순 선생」, 《무위당을 기리는 사람들》, 17호, 9쪽.

11. 김영주, 「나의 회고록」, 93쪽.

10장

1. 장일순, 앞의 책, 104쪽.

2. 여운연, 「장일순 인터뷰」, 《시사저널》, 1991년 3월 21일 자, 52쪽.

3. 박맹수, 〈무위당과 해월 최시형〉, 무위당학교 강연, 2015년 11월 21일.

4. 김종철, 「한살림운동과 공생의 논리: 장일순 선생을 찾아서」, 『나락 한 알 속의 우주』, 169쪽.

5. 송향숙, 「늘 깨어 있는 사람」, 《생활성서》, 1990년 6월, 93쪽.

6. 장일순과 황필호의 대담, MBC TV 〈현장인터뷰-이 사람〉, 1992년 6월 12일 방영.

7. 위의 대담.

8. 김종철, 앞의 글, 169쪽

9. 이기상, 「생명, 그 의미의 갈래와 얼개」, 우리사상연구소 엮음, 『우리말 철학사전 2』, 127쪽, 지식산업사, 2002, 127쪽.

10. 장일순, 앞의 책, 8쪽.

11. 위의 책, 45쪽.

12. 위의 책, 41쪽.

11장

1. 이용포, 앞의 책, 18~19쪽.

2. 리영희·임헌영, 『대화』, 한길사, 2005, 466쪽.

3. 위의 책, 468쪽.

4. 리영희·전표열 대담, 《무위당을 기리는 모임》, 2호(2001년 11월 1일), 7쪽.

5. 위의 글, 7쪽.

6. 위의 글, 7쪽.

7. 위의 글, 7쪽.

8. 위의 글, 9쪽.

9. 위의 글, 9쪽.

12장

1. 김정남, 『진실, 광장에 서다』, 창비, 2005, 144쪽.

2. 김정남, 앞의 책, 2016, 309쪽.

3. 최성현, 앞의 책, 299쪽.

4. 이어령, 『난초』, 종이나라, 2006년.

5. 앞의 장일순과 황필호의 대담.

6. 정현경 대담, 「새로운 문화와 공동체 운동」, 《대화》, 1991년 여름호.

7. 채희승, 「글씨는 삶에서 나와야 한다」, 《무위당사람들》, 38호.

8. 위의 글, 19쪽.

9. 최성현, 앞의 책, 259쪽.

10. 위의 책, 267쪽.

11. 위의 책, 291쪽.

13장

1. 무위당사람들 편집부, 「장일순 선생의 호(號) 변천과정」, 무위당사람들 제공.

2. 이계열, 「무위당 선생님과의 인연」,《무위당을 기리는 사람들》, 18호, 12쪽.

3. 민주화운동기념사업회, 「3·18 부산 미문화원 방화 사건」, 『민주화운동사연표』, 2006, 403쪽.

4. 강원일보사, 「민주화의 성지·원주를 다시 본다」,《무위당을 기리는 사람들》, 22호(2007, 겨울), 21~22쪽.

5. 최기식 구술,〈원주지역 협동운동과 민주화운동(1960~80년대)〉, 국사편찬위원회, 2011.

6. 강원일보사, 앞의 글.

7. 이창복,《무위당을 기리는 사람들》, 19호(2007, 봄), 11쪽.

14장

1. 앞의 장일순과 황필호의 대담.

2. 여운혁·장일순 대담,《시사저널》, 1991년 3월호; 장일순, 앞의 책, 123쪽.

3. 앞의 장일순과 황필호의 대담.

4. 장일순, 「공동체적 삶을 위하여」,《공동체》, 1983년 4월호.

5. 장일순,〈왜 한살림인가〉, 한살림 활동가 연수회 특강, 1991년 4월,

무위당사람들 제공.

6. 황도근, 「무위당과 원주공동체」, 《오늘의 문예비평》, 92호(2014).

7. 한살림모임 창립총회, 「한살림 선언」, 1989년 10월 29일.

8. 장일순, 〈한살림 치악산 연수회 특강〉, 1987년 11월.

9. 위의 특강.

10. 김종철, 앞의 글, 173쪽.

11. 위의 글, 177쪽.

12. 위의 글, 167쪽.

15장

1. 김익록, 『나는 미처 몰랐네 그대가 나였다는 것을: 무위당 잠언집』,
   시골생활, 2010, 45쪽.

2. 김찬수, 「김민기와 다시 돌아온 '지하철 1호선'」, 《스토리그래픽 원
   주에 사는 즐거움》, 26호, 81쪽.

3. 김홍렬, 앞의 글, 77~78쪽.

4. 최성현, 앞의 책, 6~7쪽.

5. 위의 책, 136쪽

6. 무위당을 기리는 모임 엮음, 『너를 보고 나는 부끄러웠네』, 녹색평론
   사, 2004년.

7. 황도근, 「이인숙 사모님 인터뷰」.

8. 이철수, 「장일순을 흉내 내면서 살고 싶어요」, 《무위당사람들》, 9호,
   5쪽.

9. 한기호, 「원주천 뚝방길에서 슬피 우신 무위당」, 《무위당사람들》, 33

호, 37쪽.

10. 김익록, 앞의 책, 25~27쪽.

11. 김영주, 「무위당 일본 가다」, 《무위당사람들》, 57호, 31쪽.

12. 위의 글, 31쪽.

13. 위의 글, 33쪽.

14. 황도근, 「이인숙 사모님 인터뷰」.

15. 김찬수, 「백성 돌보기를 상처 돌보듯 하라」, 《무위당사람들》, 63호, 3쪽.

16장

1. 박경종, 「만인을 내 몸처럼 모셔라」, 《무위당사람들》, 63호, 77~78쪽.

17장

1. 최성현, 앞의 책, 155쪽.

2. 김경일, 「불욕이 정천하 장차정(不欲以靜天下 將自定)」, 《무위당사람들》, 28호, 12쪽.

3. 위의 글.

4. 원제윤, 「누구나 끌어안고 생명을 소중히 여긴 무위당」, 《무위당사람들》, 28호, 14~15쪽.

5. 김성동, 「우리 시대의 마지막 도덕정치가」, 무위당을 기리는 사람들 엮음, 『너를 보고 나는 부끄러웠네』, 녹색평론사, 2004, 29쪽.

6. 장일순, 〈세상일체가 하나의 관계〉, '한살림 월례강좌' 강연, 1988년 9월 19일.

7. 김종철, 「무위당, 제일 잘 놀다가 가신 '자유인'」, 《녹색평론》, 2014년 5~6월호, 29쪽.

8. 장일순, 〈시(侍)에 대하여〉, 한살림모임 창립기념강연, 1990년 10월 29일.

9. 장일순, 〈내 안에 아버지 계시고〉, 연세대학교 원주캠퍼스 강연, 1992년 5월.

10. 최성현, 앞의 책, 235쪽.

18장

1. 임재경, 「한겨레 창간 때 무위당 당부, 서화로 돌아오다」, 《한겨레》, 2016년 5월 15일 자.

2. 장일순, 앞의 책, 64쪽.

3. 위의 책, 65쪽.

4. 위의 책, 65쪽.

5. 위의 책, 65쪽.

6. 위의 책, 84쪽.

7. 위의 책, 85쪽.

8. 위의 책, 95쪽.

9. 위의 책, 149~162쪽.

10. 김학주, 『노자의 도가사상』, 명문당, 1998, 3쪽.

11. 이현주, 앞의 책, 7쪽.

12. 이현주, '무위당 23주기 추모행사' 강연, 2017년 5월 21일.

13. 이현주, 앞의 책, 7쪽.

14. 이현주, '무위당 23주기 추모행사' 강연.

19장

1. 김정남·김찬수 인터뷰, 「민주화운동 30년 역사 김정남 선생님」, 《무위당사람들》, 56호, 41쪽.

2. 송기역, 「길을 찾아서」,《한겨레》, 2012년 3월 15일 자.

3. 최성현, 앞의 책, 82~83쪽.

4. 위의 책, 92쪽.

5. 위의 책, 168쪽.

6. 위의 책, 184쪽.

7. 전호근, 〈원주의 민주화운동과 무위당의 평화사상〉, 무위당학교 강연, 2018년 6월 26일.

20장

1. 최성현, 앞의 책, 239쪽.

2. 앞의 장일순과 황필호의 대담.

3. 도종환, 추모시 〈장일순〉, 1994.

무위당 장일순의 초상화(방재기 단국대 명예교수 그림).

지은이_**김삼웅**

독립운동사 및 친일반민족사 연구가로, 현재 신흥무관학교 기념사업회 공동대표를
맡고 있다.
《대한매일신보》(지금의《서울신문》) 주필을 거쳐 성균관대학교에서 정치문화론을 가르쳤
으며, 4년여 동안 독립기념관장을 지냈다. 민주화운동관련자 명예회복 및 보상심의
위원회 위원, 제주 4·3사건 희생자 진상규명 및 명예회복위원회 위원, 백범학술원
운영위원 등을 역임하고 친일반민족행위진상규명위원회 위원, 친일파재산환수위원
회 자문위원, 국립대한민국임시정부기념관건립위원회 위원, 3·1운동·임시정부수
립100주년기념사업회 위원 등을 맡아 바른 역사 찾기에 부단히 노력하고 있다.
역사·언론 바로잡기와 민주화·통일운동에 큰 관심을 두고, 독립운동가와 민주화
운동에 헌신한 인물의 평전 등 이 분야의 많은 저서를 집필했다. 주요 저서로『한국
필화사』,『백범 김구 평전』,『을사늑약 1905 그 끝나지 않은 백년』,『단재 신채호 평
전』,『만해 한용운 평전』,『안중근 평전』,『이회영 평전』,『노무현 평전』,『김대중 평
전』,『안창호 평전』,『빨치산 대장 홍범도 평전』,『김근태 평전』,『독부 이승만 평전』,
『안두희, 그 죄를 어찌할까』,『10대와 통하는 독립운동가 이야기』,『몽양 여운형 평
전』,『우사 김규식 평전』,『위당 정인보 평전』,『김영삼 평전』,『보재 이상설 평전』,
『의암 손병희 평전』,『조소앙 평전』,『백암 박은식 평전』,『나는 박열이다』,『박정희
평전』,『신영복 평전』,『현민 유진오 평전』,『송건호 평전』,『외솔 최현배 평전』,『3·1
혁명과 임시정부』,『의열단, 항일의 불꽃』등이 있다.

감수_**무위당사람들**

(사)무위당사람들은 무위당 장일순이 평생 추구한 생명운동과 협동운동, 지역공동체
운동을 지속적으로 전개하여 공동체적 삶을 구현하고, 더 나은 세상을 만들고자 노
력하는 사람들의 모임이다. 전국의 한살림 조직과 협동사회단체와 견고한 네트워크
체제를 구축, 협동운동과 생명운동의 구심체 역할을 하고 있다. 무위당사람들은 우
리나라 협동조합운동의 선구자이자 친환경 농산물 직거래 조직인 한살림운동과 생
명운동을 전개한 사회운동가며, 교육자이자 서예가인 무위당 장일순 선생의 삶과
사상을 기리고 세상에 알리고 있다.
무위당사람들은 전국의 12개 무위당학교와 연계하여 생명운동에 관한 다양한 교육
문화 프로그램을 지속적으로 펼쳐나감으로써 서로 연대하며 함께 잘 사는 공동체사
회를 만들고자 노력하고 있다.
www.muwidang.org | T. 033-747-4579

장일순 평전

무위당의 아름다운 삶

1판 1쇄 발행   2019년 5월 15일
1판 3쇄 발행   2022년 6월 10일

지은이 김삼웅 | 감 수 무위당사람들
펴낸이 조추자 | 펴낸곳 도서출판 두레
등 록 1978년 8월 17일 제1-101호
주 소 서울시 마포구 독막로 100 세방글로벌시티 603호
전 화 02)702-2119(영업), 02)703-8781(편집)
팩스 / 이메일 02)715-9420 / dourei@chol.com
기획·편집 장우봉 | 디자인 반수진 | 영업 신태섭

글©김삼웅, 2019

• 이 도서의 국립중앙도서관 출판예정도서목록(CIP)은 서지정보유통지원시스템 홈페이지(http://seoji.nl.go.kr)와 국가자료공동목록시스템(http://www.nl.go.kr/kolisnet)에서 이용하실 수 있습니다.(CIP제어번호: CIP2019016530)

ISBN 978-89-7443-122-8 03990